ARNO BARUZZI
PHILOSOPHIE DER LÜGE

ARNO BARUZZI

PHILOSOPHIE DER LÜGE

WISSENSCHAFTLICHE BUCHGESELLSCHAFT
DARMSTADT

Einbandgestaltung: Neil McBeath, Stuttgart.

Einbandbild entnommen aus:
Udo Becker, Lexikon der Symbole. Verlag Herder, Freiburg 1992.

Die Deutsche Bibliothek – CIP-Einheitsaufnahme

Baruzzi, Arno:
Philosophie der Lüge / Arno Baruzzi. –
Darmstadt: Wiss. Buchges., 1996
ISBN 3-534-13054-5

Bestellnummer 13054-5

© 1996 by Wissenschaftliche Buchgesellschaft, Darmstadt
Gedruckt auf säurefreiem und alterungsbeständigem Werkdruckpapier
Satz: Fotosatz Janß GmbH, Pfungstadt
Druck und Einband: VDD – Darmstadt
Printed in Germany
Schrift: Linotype Times, 9.5/11

ISBN 3-534-13054-5

INHALT

Vorwort VII

I. Einleitung: Wahrheit und Lüge   1
   A. Leben heißt lügen?   1
      1. (Evolutionäre) Logik der Lüge?   1
      2. Lob der Torheit (Erasmus) – Lob der Lüge (Volker
         Sommer)   4
      3. Artwohl, Selbsterhaltung und Selbstwohl   8
      4. Natur: Kultur der Lüge   12
      5. Freiheit, Wahrheit, Denken, Gemeinschaft   15
   B. Kultur der Wahrheit und Lüge   19
      1. Von der Wahrheit zur Gewißheit   19
      2. Lügen   27
         a) Die Auschwitzlüge   28
         b) Die Mauer- oder Freiheitslüge   30
         c) Tatsachenverweigerung   35
      3. Freiheit von und Freiheit zur Lüge   37

II. Augustinus und Kant   45
   A. Augustinus' Definition der Lüge   45
      1. Die Lüge – nur ein moralisches und religiöses Pro-
         blem?   45
      2. „Gott ist die Wahrheit"   47
      3. Mehr-haben-wollen, Habsucht und Selbstsucht . . .   52
      4. „Gott ist die Liebe" – Liebe, Begierde und Willen .   54
      5. Eitelkeit und Todesfurcht (Hobbes)   61
      6. Verachtung und Vernichtung des Menschen (Sade)   69
   B. Kants Kritik der Lüge   74
      1. Kants letztes Thema: Wahrheit, Freiheit, Frieden . .   74
      2. Kants Brief über die Lüge   76
      3. Krieg und Frieden – Lüge und Wahrheit   78
      4. Ein Recht auf Lüge?   81
      5. Selbsterhebung als Selbstverachtung (Kant und Augu-
         stinus)   89
      6. *Ethos* und der Wille zur Pflicht   92

7. Vom Anspruchsrecht zum Pflichtrecht   95
8. Recht: Sicherheit, Gemeinwohl, Gerechtigkeit . . .   97

III. Wahrheit und Lüge in Philosophie, Wissenschaft und Poli-
     tik 101
   A. Von der Seinsphilosophie zur Willensphilosophie . . . 101
      1. Sein und Wille 101
      2. Tatsachenwahrheit (Leibniz) und der Satz vom Grund 110
      3. Vom Seinsgrund zur Selbstbegründung 119
   B. Wahrheit, Freiheit, Friede – Lüge, Herrschaft, Krieg . . 129
      1. Politik 129
         a) „Grundtugend Wahrheit" (Platon) 129
         b) Meinung *(philodoxia)*, Vielgeschäftigkeit *(poly-
            pragmosyne)* und Mehr-haben-wollen *(pleonexia)* 133
         c) Klassische Güterlehre 140
      2. Wissenschaft 143
         a) Dinge, Sachen, Gegenstände 143
         b) Wirklichkeit 148
      3. Ideologie 151
         a) „Die wahre Lüge" (Platon) 151
         b) „Die Ideen, die herrschen …" 155

IV. Dimensionen der Wahrheit 161
   A. Von der Wahrheit der Idee (Platon) zur Irre der Wahr-
      heit (Heidegger) 161
      1. Unverborgenheit und Lichtung 161
      2. Die Freiheit der Wahrheit 166
      3. *Politeia*: Höhle und Lichtung 169
   B. *Alätheuein* (Aristoteles) 173
      1. Wahrheitsbereich Logik? 173
      2. Ethische Wahrheit 181
      3. *Alätheuein* in fünf Bereichen 187
      4. Die ethische Wahrheit der *phronäsis* 193

Bibliographie 199

Register 203
   Namen 203
   Sachen 204

VORWORT

„Sein und Wahrheit" (Aristoteles) sind das Thema der Philosophie. Was ist wirklich und wahr? Diese Frage kann in vielfältiger Weise gestellt werden. Was ist das wahre und wirkliche menschliche Leben? Das ist die Frage einer „praktischen Philosophie" (Aristoteles). Was ist wirkliches, wahres Wissen? Man kann diese Frage auf vieles ausdehnen, woraus viele Philosophien entstanden sind. Es gibt die Philosophie der Erkenntnis, der Geschichte, der Natur, aber auch Philosophien der Wirtschaft, des Management, der Werbung usw. Die alten Philosophen müßten sich freuen, daß nun derart die Philosophie eine Rolle spielt, jedenfalls der Name verwendet wird. Diese Philosophien richten sich auf die jeweilige Wahrheit eines Bereiches, eines Dinges, einer Tätigkeit. So wird auch heute das Wort Philosophie immer dann verwendet, wenn eine Sache, eine Tätigkeit usw. auf ihr Ganzes hin betrachtet werden soll.

Philosophie der Lüge – das hieße dann, daß ich danach frage, was denn die Lüge im ganzen sei, bzw. auch, wie man am besten lügen könne. Eine Philosophie der Werbung oder der Wirtschaft, wie aber auch eine Philosophie des Rechts oder der Erkenntnis, bemühen sich doch alle mehr oder weniger darum, zu klären, wie man im Recht oder im Erkennen, im Werben und Wirtschaften am besten vorankommen könne. Hier muß ich mich aber von diesen geläufigen Philosophien verabschieden, da es mir wahrlich nicht darum geht, eine Philosophie im Sinne einer umfassenden Lehre oder eines Know-how des Lügens anzubieten. Wenn ich zur Lüge also nicht hinführen will, dann will ich wohl vor ihr abschrecken? Aber auch dies wäre weniger ein aufregendes als eher vergebliches Unternehmen.

Der Buchtitel irritiert, hört sich provozierend, gar schockierend an. Als ich an das Thema heranging, ist mir aufgefallen, daß das Problem der Lüge kaum so intensiv behandelt wird, wie wir dies von der geläufigen Philosophie her kennen, welche die Wahrheit traktiert. Wenn die Philosophie auf Wahrheit zielt, dann richtet sie sich auch gegen die Lüge. Das ist sogleich bei Platon klar, der im Zentrum seiner Philosophie von der großen, der „wahrhaften Lüge" spricht. Was heißt das? Wie steht es um die Lüge? Wie spielt sie in allen Bereichen der menschlichen Kultur eine Rolle? Das sind die

Fragen, mit denen sich diese Einführung beschäftigt. In den einzelnen Kapiteln und Unterabschnitten wird behandelt:

„Leben heißt lügen" – darauf verweist heute die Biologie und fordert ein „Lob der Lüge". Die Natur ist eine „Kultur der Lüge". Wie verhält es sich beim Menschen und seinem Streben nach „Freiheit, Wahrheit, Denken, Gemeinschaft", der „von der Wahrheit zur Gewißheit" will und schließlich in die ambivalente „Freiheit von und Freiheit zur Lüge" (überlegt an Beispielen: „Die Auschwitzlüge" bzw. „Die Mauer- oder Freiheitslüge") gerät? (Kapitel I).

„Augustinus und Kant" (Kapitel II) sind die großen Kritiker der Lüge, in der sie die Perversion des menschlichen Daseins sehen, einmal im Verhältnis zu Gott (Augustinus), dann zur Vernunft (Kant). Hab- und Selbstsucht verstricken den Menschen in Lügen, führen ihn zu „Eitelkeit und Todesfurcht (Hobbes)", schließlich zur „Verachtung und Vernichtung des Menschen (Sade)". Im Zeitalter der Aufklärung und der Erklärung der Menschenrechte wird ein „Recht auf Lüge" diskutiert, was Kant zurückweist, weil er hierin die tiefste Verletzung der Menschenwürde sieht.

„Wahrheit und Lüge in Philosophie, Wissenschaft und Politik" (Kapitel III): Indem „von der Seinsphilosophie zur Willensphilosophie", „vom Seinsgrund zur Selbstbegründung" fortgeschritten wird, geschehen weitgreifende Veränderungen, in welchen Positionen geradezu umgekehrt und so auch verdreht werden. Der Wille ist mehr als Sein („Ursein", Schelling), kann Nichts in Sein umschaffen. „Politik", „Wissenschaft", „Ideologie" sind Bereiche, in denen die Differenz ausgetragen wird von „Wahrheit, Freiheit, Friede – Lüge, Herrschaft, Krieg".

Im IV., letzten Kapitel werden „Dimensionen der Wahrheit" überlegt. Platon spricht von „der Wahrheit der Idee", dem gegenübergestellt wird Heideggers „Irre der Wahrheit". Es zeigt sich, daß Heideggers „Unverborgenheit und Lichtung" bereits bei Platon Dimensionen der Wahrheit sind. Schließlich wird mit Aristoteles auf fünf Bereiche des Wahrheitens (alätheuein) hingewiesen. Es sind die Bereiche der Technik, Wissenschaft, Praxis, Vernunft und Weisheit, welche in allen weiteren Wahrheitsbegriffen, wie auch besonders heutigen Wahrheitstheorien, nicht berücksichtigt wurden.

Ich danke der Hochschule für Politik, die mir eine wissenschaftliche Hilfskraft finanzierte, und besonders Herrn Wiss. Ass. Fred Slanitz M. A., der mir vor allem durch seine Arbeit am Computer und beim Korrekturenlesen geholfen hat. Frau cand. phil. Anne Klöss danke ich für das Erstellen der Register.

I. EINLEITUNG: WAHRHEIT UND LÜGE

A. *Leben heißt lügen?*

1. (Evolutionäre) Logik der Lüge?

Menschen lügen. Gibt es Menschen, die nie gelogen haben? Kaum. Also wird man gar behaupten können: der Mensch lügt. Die Lüge gehört zum menschlichen Verhalten. Relativ spät, nämlich von Augustinus, wird ihr eine eigene Schrift gewidmet, in welcher von der *questio magna moralis* gesprochen wird. Weshalb ist nun die Lüge die große Frage der Ethik? Doch wohl nur deshalb, weil die Lüge uns in einer Ethik vor eine große Frage stellt. Wie verhält es sich mit der Lüge? Heißt leben auch zugleich lügen? Es gibt nun wenig Philosophien und Ethiken, welche die Lüge nicht tadeln. Von der bisherigen Philosophie her, wenn wir einmal von solchen Philosophien wie von Marquis de Sade oder auch dann ganz anders von Nietzsche absehen, hören wir einen Tadel der Lüge. Dagegen ertönt nun ein Loblied der Lüge[1], wie es noch nie zu hören war. Freilich, es wird nicht gesungen; nein, es wird noch viel anspruchsvoller vorgetragen, nämlich im Namen und der Art einer heutigen Grundwissenschaft: der Biologie. Freilich läßt der Titel schon aufhorchen, da er ganz ungewöhnlich für einen wissenschaftlichen Buchtitel klingt. Nun, die wissenschaftliche Art zu reden haben wir dann im Untertitel: „Täuschung und Selbstbetrug bei Tier und Mensch". Wenn wir dann noch einen Titel desselben Autors dazunehmen, in welchem er seine ganze Forschung bzw. These zusammenfaßt, dann kommen wir sofort auf den wissenschaftlich springenden Punkt: ›Die evolutionäre Logik der Lüge bei Tier und Mensch‹[2]. Dies ist der Hauptartikel in der neueren Zeitschrift für Streit-Debatten, wobei dieser Artikel von Volker Sommer einen vielfältigen Zu- wie auch vor allem Widerspruch ausgelöst hat, auf den er dann antwortet mit der ›Replik. Alles Denken hat Geschichte‹ (499).

[1] Volker Sommer, Lob der Lüge. Täuschung und Selbstbetrug bei Tier und Mensch, München 1992, 2. Aufl. 1993.

[2] Volker Sommer, Die evolutionäre Logik der Lüge bei Tier und Mensch, in: Ethik und Sozialwissenschaften (= EuS) 4 (1993), 3, S. 439 ff.

Aus dem Untertitel wie der Aufsatzüberschrift ersehen wir, worum es geht. Einmal wird die Lüge als ein evolutionäres Faktum, zum anderen als etwas dargestellt, was an Menschen wie Tieren vergleichbar vorkommt. Indem von evolutionärer Logik gesprochen wird, bekommt die Problemstellung aber eine bestimmte Pointe. Die Biologie käme hier zu einer Biologik, die vermutlich all das, was bislang unter Logik wie auch unter Biologie verstanden wurde, ziemlich verändert. Freilich haben wir eine große Entwicklung der Logik in die verschiedensten Logiken hinein. Darin spielen auch die Evolutionstheorie im ganzen wie dann die Evolutionsbiologie im besonderen eine Rolle, indem es zu einer evolutiven Erkenntnistheorie schon längst gekommen ist. Hier meine ich aber, daß die Titel von Sommer wissenschaftlich wie philosophisch noch weiter verweisen, ja einen bestimmten Zusammenhang zwischen philosophischem und wissenschaftlichem Denken und dessen Methoden demonstrieren, wie wir es bisher selten hatten. Dies zeigt sich auch in der Hauptthese, wonach Tier und Mensch in einem engen Zusammenhang gesehen werden, ja wir können im Sinne von Sommer durchaus formulieren, daß der Mensch ein Tier ist, was nun endlich zu entdecken, festzustellen ist. Wir können aber auch den philosophisch-wissenschaftlichen Denkzusammenhang darin sehen, wie Sommer sein Buch und den genannten Aufsatz anlegt.

Das Buch mit den biologisch-fachmännischen Kapiteln 3–8 ist eingerahmt von jeweils zwei Einleitungs- wie Schlußkapiteln, die von allgemein philosophischen und literarischen Quellen zehren, und der Aufsatz über die evolutionäre Logik bzw. dann die Replik beschäftigen sich hauptsächlich mit der Frage der Willens- und Denkfähigkeit und verwenden biologische Daten immer im Hinblick auf die neue, evolutionäre Logik. Damit entsprechen die Darlegungen auch dem Titel Logik. Wurden ursprünglich einmal Physik, Logik und Ethik als Grundbereiche der Philosophie genannt, in denen sich auch einzelne Wissenschaften weiter differenzieren und entwickeln sollten, so zeigt sich hier die Biologie als maßgeblich für logische Forschung und d. h. die Logik im ganzen, aber eben auch für die Ethik und dort in ihrer großen Frage der Lüge.

In jener klassischen Einteilung waren Pflanzen- und Tierkunde der Physik zugeordnet. Die Physik beschäftigt sich mit jenem, was in sich selbst aufgeht, von einer Anlage über einen Prozeß zu einem Ziel kommt. Das beinhaltet der *physis*- wie auch der spätere Natur-Begriff, obwohl mit letzterem auch noch anderes gesagt wird wie Geborenwerden und Wachsen. Logik und Ethik waren spezifisch dem Menschen zugeordnet, wobei gar die Ethik das für den Menschen Spezifischste war. Logik ist nicht nur die Lehre vom Denken, wie dann später gemeint wurde, sondern *logos* in seiner vielfältigen Bedeutung, wie unter anderem Sprache und Vernunft, beschäftigt sich mit jenem, was in der Sprache vorkommt.

Ganz anders steht es um die Ethik, welche dem Menschen als einem ethischen Lebewesen nachfragt, wobei die Schwierigkeit der Ethik darin besteht, den Menschen als ethisches Lebewesen in seinem vielfältigen Verhalten zu betrachten. Das erste und schwierigste Problem besagt, daß der Mensch sich nicht aus einer Anlage über einen Prozeß auf ein Ziel hin entwickelt, wie dies bei der *physis* gesehen wurde, auch nicht einfach ein denkendes Lebewesen ist, was ja dann in der Logik behandelt werden könnte, nein, daß er vor allem so lebt, daß er im Leben handelt und sich übt. Dies wird ausgedrückt mit den alt überkommenen Namen *ethos* und *praxis*: Üben im Handeln auf einen guten Zustand *(aretä)* hin. Bei einem so verstandenen *ethos* in *praxis* gelangt man kaum zu einer Logik, wäre Logik hier gar ein abwegiges Thema, wie sich damals Aristoteles über den Unterschied von Ethik und Logik im klaren war.

Nun haben wir also die evolutionäre Logik der Lüge bei Mensch und Tier. Von der Biologie, der Verhaltens- und Evolutionsbiologie her, wie man heute wohl sagen müßte, weil diese Namen üblich geworden sind, kommt es also nicht nur zu Einsichten in der Biologie, nein, zur evolutionären Logik der Lüge und somit zu einem ethischen Problem. Dies ist nun nicht mehr ein ethisches Problem im gewöhnlichen Sinn, vielmehr ein biologisches. Lüge gehört hier zum Verhalten und zur Entwicklung des Menschen, nein, nicht nur des Menschen, sondern zu Tier und Mensch. Und wenn die Tiere älter sind als der Mensch, dann gab es die Lüge auch viel länger als bislang angenommen. Nicht der Mensch hat die Lüge in die Welt gesetzt, nein, mit dem Tier, ja überhaupt mit dem Lebendigen ist die Lüge zur Welt gekommen. So erfahren wir durch die Biologie, daß Leben nur leben kann, wenn gelogen wird, und wir können gar etwas pointiert sagen: Je mehr und je besser gelogen wird, um so mehr und besser kann gelebt werden. Die Lüge ist damit keinesfalls eine späte Erfahrung eines degenerierten Menschentums, das immer wieder in Mythos, Religion und Philosophie auf Zeiten zurücksinnt, in denen der Mensch von Natur ohne Lüge, im Paradies der Wahrheit war.

Volker Sommer will nicht nur ein bisheriges Weltbild, das vor allem ein Menschenbild war, korrigieren, auch nicht einfach den Menschen an die Verwandtschaft, ja an die Identität mit dem Tier erinnern, nein, mit dem Titel ›Lob der Lüge‹ geht er über alle Biologie hinaus, jedenfalls im Sinne der Wissenschaft. Er will einen Titel von Erasmus von Rotterdam aufnehmen und variieren: ›Lob der Torheit‹. Ein Philosoph und Humanist lobt nicht die Weisheit, sondern die Torheit, weil sie für ihn die wahre Weisheit ist. Wissenschaft und Philosophie können demgegenüber eher eingebildetes Wissen sein. Wissen macht befangen, kritisch und selbstkritisch. Der Tor lebt unbefangen und heiter.

Ich möchte hier nicht Erasmus zitieren oder weiter ausloten, auch nicht auf die mehr oder weniger indirekten Zitate bei Sommer eingehen (vgl. Lob der Lüge, 10 f.). Dieser beruft sich auf Erasmus und will in Konkurrenz mit dessen ›Lob der Torheit‹ nun die Lüge loben. Die Torheit wurde und wird kritisiert, ja in die Nähe der Dummheit gebracht. Indessen bringt sie fürs Leben mehr als gar manch andere Haltung und besonders jene des Wissens und der Weisheit. Es geht um die Lebenskraft, die in der Torheit liegt. Und hier liegt für Sommer die vergleichbare Wahrheit der Lüge. Mit der Lüge läßt sich ebenso leben. Sie schwächt nicht, sondern stärkt das Leben, ja bringt es überhaupt hervor. Sie ist eine wesentliche Lebenskraft. Darauf ist endlich aufmerksam zu machen. Weisheit und Wahrheit werden immer gelobt. Es gilt die Torheit und jetzt auch die Lüge zu loben. Weisheit und Wahrheit sind nicht ohne Tadel. Und die Lüge ist nicht nur tadelnswert. „Es scheint an der Zeit, eine Rehabilitierung der Lüge voranzutreiben" (ebd.).

2. Lob der Torheit (Erasmus) – Lob der Lüge (Volker Sommer)

Sommer lehnt sich an Erasmus und sein Lob der Torheit an und will die Lüge damit vergleichen. Die Lüge soll wie die Torheit gesehen werden. Ich möchte den von Sommer beanspruchten Vergleich von Torheit und Lüge so kurz reflektieren, wie dies wohl philosophisch möglich und für die Problemstellung erforderlich ist, wobei ich freilich weder auf Erasmus und den dortigen Zusammenhang, um den es auch letztlich nicht geht, noch auf Sommer und seine vergleichende Problemstellung weiter eingehen möchte. Wenn Torheit und Lüge miteinander verglichen werden, wenn beide ein Lob verdienen, dann können wir aber doch folgenden Unterschied festhalten:

1. Ein Tor zeigt immer sein wahres Gesicht. An ihm ist alles offen,

was ist. Er gibt sich, wie er ist. Er täuscht nicht, verstellt nicht, führt kein Leben mit Maske und Schein. Dagegen wäre zu sagen: Die Lüge verbirgt, verstellt.

2. In der Torheit sehen wir etwas Unmittelbares, zu dem kaum ein Antrieb gehört oder jenes, was man Willen nennt. Zur Torheit entschließt man sich nicht. Man ist einfach ein Tor. Es wird vom reinen Tor gesprochen. Zum Lügen gehört Wille und Entscheidung. Mittel und Ziele des Lebens werden vorgenommen und mit Lüge erreicht. Der reine Tor lebt offen und unbefangen allem und allen Menschen gegenüber. Es gibt keine Vor- und Umsicht, keinen Plan und keine Rechnung, die aufgehen soll. All dies trifft für den Lügner nicht zu, der in einem ständigen Lebenskalkül steht und so auch befangen ist. Er kann nichts und niemand unbefangen gegenübertreten, da er in allem etwas sieht, gegenüber dem er sich in bestimmter Weise behaupten will. Der Tor begegnet offen allem und kann so auch auf alles hereinfallen. Der Lügner sieht in allem einen Gegner, den er von vornherein hintergehen muß.

3. Der reine Lügner wird besonders gelobt, weil er trefflich lügen kann. Hier geht es um die Lebens- als Lügengeschichte wie jene vom Lügenbaron. Der reine Lügner kann nichts dafür, wenn er lügt. Seine Erfahrungen und Einfälle bestehen durch und durch in Lügen, die er als solche vielleicht gar nicht mehr wahrnimmt. Man kann hierin ein Lebensspiel sehen, was literarisch in vielen Lügengeschichten, Lügenromanen seinen Niederschlag gefunden hat. In reinen Lügengeschichten kann man den reinen Lügner mit dem reinen Tor vergleichen, ja ihn auch für einen Tor halten, weil er ganz unbefangen, offen lügt. Denn es kann ja, wie zumindest die Lügengeschichten uns erzählen, die Lüge durchaus durchschaut werden. Es geht um die Lust an der Lüge, über die sich auch die anderen freuen können.

4. In der Torheit kann man ein Spiel sehen, in dem der Mensch sich aufs Spiel setzt. Denn mit Torheit kommt man kaum durchs Leben. Anders indessen mit der Lüge, die ja gerade darauf angelegt ist, bei allem im Leben gut, ja immer besser zu bestehen. Lüge ist Auseinandersetzung und Kampf, auch und gerade im Spiel, bei dem aber der Lügner vielleicht viel wagt, aber nie eigentlich sich selbst aufs Spiel setzt, während dies zur Torheit von vornherein gehört. Deshalb ist Torheit auch etwas Erhabenes, Lüge aber etwas Niedriges, weil jedenfalls andere erniedrigt werden, damit der Lügner sich erhöhen kann. Es kommt hier höchstens zu einer falschen Erhabenheit. Das ist vielleicht der Kernpunkt der Lüge, auf den als erster vehement Augustinus hingewiesen hat, wovon noch zu sprechen ist.

5. Torheit wird die wahre Weisheit genannt (bei Erasmus). So wäre dann auch die Lüge die wahre Weisheit (bei Sommer). Aber hier bleibt doch ein gravierender Unterschied. Der Lügner weiß voll um sein Tun. Der Tor aber weiß nichts. Sein Nichtwissen geht so weit, daß man für ihn sagen kann: er weiß gar nicht, daß er nichts weiß. Demgegenüber steht ja die Formel Sokrates' für den Philosophen: er weiß, daß er nichts weiß. Der Tor ist unbefangen und so letztlich rein, der Lügner weiß sehr wohl um sein Tun; nur der reine Lügner kann auch ganz unbefangen lügen und wird so zum Tor.

6. Die Wahrheit bringt oft Verdruß, die Lüge aber Wohltat. Hier liegt nun ein entscheidender Punkt für Sommers Plädoyer für die Lüge, aber der Vergleich zwischen dem Lügner und dem Tor bricht vollends auseinander. Ein Lob der Torheit zielt auf das Heitere, Lautere, Durchsichtige. Wir können hier eine ganze Reihe von Attributen nennen, die alle mehr oder weniger jenes umschreiben, was man normalerweise unter Wahrheit versteht. Und wir finden auch beim Tor gerade jenes, was dem Lügner widerspricht. Dieser setzt auf Verstellung, Unehrlichkeit, Verschließung und dergleichen mehr. Als Tor kann man aber kaum leben, als Lügner sehr wohl. Und Sommer schaut auf das Leben, wie es normalerweise gelebt wird. Toren sind etwas Seltenes und Besonderes, wenn es sie überhaupt gibt; Lügner aber treffen wir überall an, sind wir alle mehr oder weniger. Den Menschen als Tor kann man sich fast nur fiktiv vorstellen, den Menschen als Lügner erleben wir tagtäglich. So gerät hier der ganze Vergleich in eine schiefe Lage. Es wird hier von Lob für eigentlich Unvergleichbares gesprochen.

Torheit und Lüge widersprechen sich letztlich radikal. Lüge verbirgt, verdeckt, verstellt, verkehrt; Torheit indessen bietet das genaue Gegenteil davon. Offen und unverstellt, ehrlich und wahr erleben wir den Toren.

Wie unvergleichbar Lüge und Torheit sind, können wir aus dem schließen, worum es in der Lüge stets geht und was auch das Wort Lüge bereits als Wort ausspricht. Wir haben längst den sprachlichen Hinweis darauf, was auch Sommer anführt (ebd., 8). Es ist Beute (*lovu,* altslawisch) bzw. Gewinn (*lucrum,* lateinisch). Es ist der Vorteil, ein Haben, ein Mehr-haben-wollen, also schließlich das, was wir als Besitz bezeichnen können. Ein Mensch lügt, oder Menschen belügen sich gegenseitig, um sich Vorteile, Besitz zu verschaffen. Bei der Torheit zeigt sich nun wohl kaum ein Zusammenhang mit Fragen des Gewinns und Besitzes. Auch ist fraglich, ob sich Torheit so wie Lüge beim Menschen darstellt. Beim Lügen brauchen wir den Willen, den Entschluß, welche sich auf das Mehr-haben-wollen ausrichten. Bei der Torheit kann man kaum Wille und Entschluß sehen. Können wir uns entschließen, ein Tor zu sein? Nun könnte Sommer sagen, daß wir ja Lügner von Natur sind, daß in der Lüge sich überhaupt das Natürliche bei uns abspielt und so auch der Wille, der zum Lügen gehört, ebenfalls der Natur des Menschen entspricht.

Letztlich hinkt der Vergleich zwischen Torheit und Lüge. Einerseits kann man in beiden genau Gegenteiliges, Gegensätzliches sehen wie Unverstelltheit und Verstellung, aber andererseits haben wir mit der Lüge eine, ja vielleicht die Wirklichkeit des Lebens – worauf es in seiner Weise auch Sommer ankommt –, während doch die Torheit etwas ist, was das Leben kaum bestimmt, was vielleicht wünschenswert und für das Leben heiter wäre, aber uns kaum zufällt oder auszeichnet. Die Philosophie mag uns hier durchaus einen Wink geben. Sie strebt nach Weisheit und kann mit Erasmus im Toren einen wahren Weisen sehen, der jedoch so selten vorkommt wie die Weisheit selbst. Der reine Tor ist so selten wie der wirkliche Philosoph. Demgegenüber finden wir Lügner zuhauf. So wäre das Lob der Torheit ein Lob des Seltenen, aber ein Lob der Lüge ein Lob des ständig Geübten. Muß man hier aber loben, hat hier Lob einen Sinn?

„Lob der Lüge" kann letztlich nur den einen Sinn haben, daß die große Frage der Ethik bzw. Moralphilosophie nunmehr eine Antwort findet. Denn in der Philosophie war und blieb die Lüge bislang ein nicht richtig gestelltes Problem, für das dann auch keine richtigen Lösungen angeboten werden konnten. Die neue Antwort will nicht nur eine andere Antwort sein, vielmehr erstmals eine Antwort überhaupt. So soll bei Sommer nun erstmals die richtige Frage betreff der Lüge gestellt werden, um so auch zur richtigen Antwort zu kommen. Es ist die Frage des Biologen, der das Leben selbst zu befragen versucht, um aus ihm selbst die Antwort zu bekommen.

Der Biologe tritt aber als Philosoph auf, ja als Philosoph besonderer Art, der nämlich das Problem der Lüge von der Biologie, d. h. der Wissenschaft her befragen und auch wissenschaftlich beantworten will, aber schließlich doch mit dem Anspruch auftritt, wie wohl nie zuvor zur Lüge im ganzen etwas zu sagen. Gewissermaßen als Motto für seine ganze Arbeit steht der Titel seines ersten Buchkapitels: „Der Welt Wagen und Pflug sind Lug und Betrug" (ebd., 7). Hiermit ist der Anspruch klar umrissen. Diesem Anspruch entspricht dann auch die Einrahmung des Buches mit Philosophie, wie Anfangs- und Schlußkapitel belegen. Und im philosophischen Anspruch geht er nun am weitesten mit dem Bezug auf den Toren, wobei vielleicht Sommer nicht ganz klar ist, was er hier für einen Bogen von der Torheit zur Lüge spannt.

Sommer zielt letztlich beim vergleichenden Lob von Torheit und Lüge darauf, daß in beiden Wahrheit, ja die tiefere Wahrheit des Lebens steckt. In der Torheit wie der Lüge haben wir Lebenszeugnisse. Torheit und Lüge lassen das Leben hervorkommen, wie es ist, zeigen das Leben, wie es ist. Sommer will nun die Lüge deshalb loben, weil sie wie die Torheit die wahre Weisheit des Lebens darstellt. Aber gerade hier muß man sehen, wie beides gegeneinander steht bzw. nichts miteinander zu tun hat. Der Tor braucht kein Wissen; der Lügner aber kreist ja ständig um irgendwelches Wissen, das er entweder selbst hat und verdreht, oder auch eines, das er nicht hat, aber dreist behauptet. Gerade letzteres Problem wird uns beschäftigen müssen im Hinblick auf die heutige Praxis des Lügens in allen Bereichen der Kultur, nicht zuletzt der Wissenschaft. Was ich hier andeute, wird vielleicht schon etwas klarer, wenn ich jetzt an die weiteren Überlegungen bzw. Behauptungen von Sommer herangehe. Diese spiegeln sich im Untertitel des Buches ›Lob der Lüge‹, der da lautet: „Täuschung und Selbstbetrug bei Tier und Mensch".

3. Artwohl, Selbsterhaltung und Selbstwohl

Für Sommer, den Biologen, ist es ausgemachtes Ziel, bei der Lüge den Zusammenhang, ja die Einheit von Mensch und Tier darzustellen. Letztlich geht seine Behauptung so weit, daß das Tier nicht nur auch ein Lügner ist, nicht nur auch das kann, was dem Menschen zugeschrieben wird, sondern sogar besser kann. Es wird davon aus- bzw. darauf zugegangen, daß der Mensch ein Tier ist. Ja, man sieht in denen, welche dies in Frage stellen oder gar grundsätzlich bestreiten, jene, die eigentlich sich als Menschen belügen. Man kann hierin die Lebenslüge oder gar die Menschheitslüge schlechthin sehen. Wenn aber Mensch und Tier sich gleichen, ja letztlich das gleiche sind, dann heißt dies doch, daß man wissen muß, was und wie ein Tier ist. Wird dieses Wissen nicht einfach in der Biologie wie in den Wissenschaften überhaupt vorausgesetzt? Zumindest wird hier doch vorausgesetzt, daß wir vom Tier eher etwas wissen als vom Menschen. Wir schließen dann vom Tier auf den Menschen. Aber es wäre nun doch zu fragen, ob wir Menschen nicht eher etwas von uns wissen, was unter anderem uns die neuzeitliche Anthropologie zeigt.

Die Philosophie hat mit Kant ausdrücklich die Frage gestellt, was der Mensch ist, und hierin die zentrale Frage der Philosophie wie wohl aller Wissenschaften gesehen. Und selbst für die Naturwissenschaft im ganzen wurde davon gesprochen, daß alle Naturerkenntnis nur Selbsterkenntnis des Menschen ist.[3] Das ganze Wissen der Wissenschaften hängt jedenfalls mit dem Menschen zusammen und wohl wesentlich von ihm ab. Dies spiegelt sich auch darin, wenn gesagt wird, daß die Naturwissenschaften auf die menschliche Sprache in der Weise angewiesen sind, daß neben den für die Wissenschaft wesentlichen Zahlendaten immer noch mit der gewohnten Sprache wissenschaftliche Daten ausgedrückt und ausgetauscht werden. Hier sieht man eine Schwierigkeit, gar ein Hemmnis, um wissenschaftlich zu sprechen. Man hat dann auch wissenschaftliche Sprachen entwikkelt. Man unterscheidet künstliche von natürlichen Sprachen, jedenfalls versucht man die Sprache, die Worte nämlich, zu Begriffen zu normieren, die eindeutig etwas sagen, so wie die Zahl etwas eindeutig festhält. Sommer geht auf dieses Problem ein, besonders am Anfang seiner Replik zu der Streit-Diskussion.

Der Mensch wurde gleich am Anfang der Philosophie das sprechende Lebewesen genannt *(zoon logon echon)*. Das ist eine ihrer wesentlichen Aussagen, und man kann in ihr überhaupt jenes sehen, mit dem das Philosophieren beginnt. Das bedenkt Sommer nicht. Als das sprechende Lebewesen spricht er über sich und alles, um so zu versuchen, all dem, was ist und philosophisch das Sein genannt wird, zu entsprechen. *Logos* ist jenes, das uns auszeichnet, um zu sagen, was ist, um dem Sein zu entsprechen. Insofern wären wir logische Lebewesen und demnach die Logik zunächst etwas anderes als das, was erst später die Lehre vom reinen oder richtigen Denken genannt wird. Diese ist schon eine sehr speziell gesehene und so auch sprechende Logik.

Im Sprechen, nämlich in den Aussagen, wird die Frage der Lüge erstmals angesetzt. Im Sprechen haben wir wahres und verlogenes Sprechen. Dies ist die erste These der Philosophie, wie sie spätestens von Augustinus in seiner Definition über die Lüge gefaßt wird. Wenn nun beim Tier von Täuschung und Selbstbetrug gesprochen wird, dann geschieht dies nicht in jenem, was *logos* genannt werden kann. Es geht auch keinesfalls darum, ob Tiere ihre Sprache haben, was ja immer mehr untersucht wird. Es geht um ein einziges Problem, vor welches das Tier gestellt ist, nämlich zu leben, zu überleben, in der

---

[3] Vgl. Werner Heisenberg, Das Naturbild der heutigen Physik, Hamburg 1955, S. 18.

Auseinandersetzung des Fressens und Gefressen-Werdens möglichst zu bestehen. Nur mit gegenseitiger Täuschung überleben Tiere, und dazu gehört auch, daß Täuschungsmanöver von Tieren selbst durchschaut, also erkannt werden.

Sommer spricht von Täuschung, ja letztlich Lüge, worauf es ihm ja mehr oder weniger ankommt, bei jenem tierischen Verhalten, das wissenschaftlich in der Regel als Mimesis und Mimikry bezeichnet wird. Mimese bei den Tieren heißt, jeweils etwas nachahmen, sich als etwas anderes geben und scheinen, was man gar nicht ist. Etwas zu sein, gilt hier als gefährlich, weil man dann eventuell gefressen wird. Das Sein in einen Schein zu verwandeln, der als ein anderes Sein genommen wird, ist das Täuschungsmanöver, welches das Tier leistet. Biologen sprechen von Tarnung (Adolf Portmann, vgl. Volker Sommer, Lob der Lüge, 29) oder Anlegen von 'Schutztrachten' (vgl. ebd.). Von Mimik wird dann gesprochen, wenn ein schwächeres Tier sich als stärkeres zeigen, also aus einem Kleineren etwas Größeres machen will. Aber es werden auch Mimesis und Mimikry synonym verwendet, um die vielfältigen Täuschungsvorgänge im Tierreich zu bezeichnen. Mit diesen Täuschungen überlebt, lebt also das Tier. So kann man sagen, eine gute Täuschung ist nicht nur das halbe, sondern das ganze Leben.

Leben heißt täuschen und vice versa. Hierzu gibt es eine reich entwickelte Forschung und Literatur, zu der nun Sommer zwei neue Gesichtspunkte beitragen will, welche die Sachlage letztlich völlig verändern. Einmal tritt er gegen die immer noch weit verbreitete und so als Regel bis Gesetz geltende Auffassung an, daß es bei den Tieren nur um die Arterhaltung, das Artwohl ginge, daß also nur zwischen den Arten getäuscht wird. Nein, es gibt auch die innerartliche Täuschung (vgl. ebd., 46 ff.), mit der sich Tiere nicht als Art, sondern als Individuum profilieren. Die Täuschung verweist hier auf das Tier als Einzelwesen, zeigt das Tier als Individuum. Dies ist eine wichtige Erkenntnis, die dann noch zu einem zweiten Moment weitergetrieben wird, nämlich zum Übergang von der Täuschung in die Lüge.

Zur Lüge gehören Verstand und Wille, Fähigkeiten, die dem Menschen zugeordnet werden, die nun aber Sommer mehr oder weniger auch dem Tier zuspricht. Das ist die entscheidende These dieses Buches. Damit verbindet sich freilich die Frage: Können Tiere denken? Aber dies wäre nun eine Frage, die man für den Biologen nicht so formulieren sollte. Denn Sommer sieht das, was wir beim Menschen Verstand nennen, als eine Art spezifischer Leistung, welche er nun mit spezifischen Leistungen bei Tieren vergleicht. Die Biene kann ultraviolettes Licht wahrnehmen, die Zecke Buttersäure. Das kann sie in einzigartiger Weise. Der Mensch kann dies nicht. So kann er vielleicht in einzigartiger Weise denken. Tiere haben jedoch ebenso ihr Einzigartiges.

Aber Sommer bleibt hier nicht stehen, sondern sucht nun gerade danach, ob man beim Tier wie auch schon bei den Pflanzen nicht eine Entwicklung, Stufen, ja besondere Leistungen sehen kann, die dem Tier genau das bringen, was der Verstand dem Menschen bringt. Nun möchte ich überhaupt nicht gegen eine Entwicklungsthese argumentieren, vielmehr dem Tier ein Spezifikum zubilligen, das für es genau diese Orientierung leistet, die der Mensch durch den Verstand für sich gewinnt. Jedoch halte ich einen Vergleich von Spezifika wie Buttersäure bei den Zecken oder ultraviolettes Licht bei den Bienen mit dem Verstand des Menschen nicht nur für irreführend, sondern sogar für ein totales Mißverständnis in der Sache. Hier könnte man von völlig verschiedenen Ebenen sprechen im Sinne der alten Logik, die dies als *metabasis eis alla genos* bezeichnet, d. h. als Sprung in eine völlig andere Ebene und Perspektive.

Aber man kann dabei etwas über den Biologen erfahren, wie er an Probleme herangeht. Sommer geht es darum, daß Mensch und Tier im wesentlichen vergleichbar sind und daß, wenn eben der Verstand den Menschen auszeichnet bzw. man hier traditionell das Spezifische sieht, dies nun auch beim Tier vorhanden sein muß. Und wenn es sich bei Mimesis und Mimikry des Tieres nicht nur um Täuschung, sondern auch in bestimmten Fällen um Lüge handelt, dann müssen hier wohl Verstand und ebenso Wille vorkommen und mitwirken. Von Lüge könnte ja ohne Verstand und Wille überhaupt nicht die Rede sein. Aber diese ist ja nun einmal Thema.

Sommer überzeugt mit seiner These, daß es bei den Tieren nicht nur um das Leben und Überleben der Art, vielmehr gerade auch um das Leben und Überleben des einzelnen Tieres geht: nicht Artwohl und Arterhaltung allein, sondern auch Selbstwohl und Selbsterhaltung. Hier schlägt er die Brücke zum Menschen, den er wie das Tier wesentlich mit der Selbsterhaltung und dem Selbstwohl beschäftigt sieht. Das ist die Lebensaufgabe von Mensch und Tier. Und hier ist dann die Frage, ob der Mensch genauso gut vorgeht wie das Tier, ob das Tier seine Selbsterhaltung nicht besser organisiert. Dies betrifft die Lüge der Mimesis und Mimikry. Gegen die These von Selbsterhaltung und Selbstwohl des Tieres kann man kaum etwas einwenden. Die Belege überzeugen, ja man kann sich jetzt gar fragen, warum man so lange brauchte, um zu dieser Auffassung von Leben zu kommen.

In der Philosophie wurde ja längst erkannt, daß das Leben Selbsterhaltung und Selbststeigerung bedeutet. Dies hat nicht erst Nietzsche ausgesprochen, sondern ist eine These und Auffassung der ganzen Neuzeit. Freilich galt dies in der Regel für den Menschen. Aber Leben heißt doch gerade, daß etwas in sich aufgehen und bestehen will. Das gehört wohl schon zur uralten Naturauffassung, wie dies in der *physis* klassisch ausgesprochen wurde. So kann man durchaus einen Zusammenhang von Tier und Mensch feststellen. Man hätte also wohl längst und auch ohne alle diese wissenschaftlichen Versuche, die Sommer schildert, feststellen können, daß es beim Lebendigen um das Selbst geht. Wenn etwas ins Leben tritt, dann geht es um dieses je eigene Leben. Das hat nun nichts mit Individuum oder Individualismus zu tun, sondern mit dem, was überhaupt Leben heißt. Leben ist Heraussonderung aus der Natur in ein je besonderes, eben ein Tier, ein Mensch.

Es bleibt freilich die schwierige Frage, ob nicht auch das pflanzliche Leben betreff des Selbstwohls und der Selbsterhaltung einzubeziehen ist. Am Tier, noch besser am Menschen sehen wir, wie sich das Leben abspielt. In diesem Sinne können wir von einer ursprünglichen biologischen These bei Sommer sprechen und müssen gar nicht kritisieren, daß er eine anthropologische These ins Tierische oder überhaupt ins Biologische an- und vielleicht umwendet.

4. Natur: Kultur der Lüge

Fragwürdig ist die Rede von der Lüge. Das Tier (wie der Mensch) lebt einerseits von der Beute (bzw. Gewinn) wie andererseits davon, daß es nicht Beute wird. Zu diesem Beute-Leben gehört nun die Lüge, ja Leben heißt hier lügen können. Beute, Gewinn und Lüge hängen zusammen. Dazu gibt es, wie schon erwähnt, den sprachlichen Hinweis, daß *lovu* Beute und *lucrum* Gewinn heißen. Wenn ich hier von Beute spreche, dann möchte ich dazu auch zählen, wenn beispielsweise ein Schimpanse durch Fellsträuben sich vergrößert, um dadurch eine Liebesbeute zu machen. Ich nehme also Beute wie auch Gewinn in dem weiten Sinne, daß ein Lebewesen sich all das zum Leben Gehörige zuführt. Wenn nun zu Beute und Gewinn die Lüge gehört und dies auch sprachlich zum Ausdruck kommt, ergibt sich gerade das Problem, ob im Verhalten des Tieres zur Beute wirklich von Lüge gesprochen werden kann.

Was Sommer hier im Kern meint, faßt er in seinem Aufsatz zusam-

men: ›Die evolutionäre Logik der Lüge bei Tier und Mensch‹. Dort
finden wir vorangestellt eine „Zusammenfassung", in welcher er rein
als Biologe im Zusammenhang der biologischen Diskussion spricht.
Wenn man den Aufsatz weiter liest, fällt auf, daß er nicht mehr nur
wissenschaftlich, sondern wie in seinem Buch philosophisch vorgeht.
Der Aufsatz hat einen weit über eine Wissenschaft hinausgehenden
Anspruch, aus dem man folgern kann, daß die Biologie für eine
Grundwissenschaft angesehen wird. Hier spielen alle möglichen Perspektiven und die weiteste Dimension eine Rolle. Nach gewohnten
Einteilungen könnte man Moralphilosophisches, Kulturphilosophi-
sches usw. finden. Ich möchte den Argumentationsstrang in drei
Punkten knapp zusammenfassen, die wohl zeigen, daß hier mehr ge-
sagt wird, als in der Zusammenfassung steht. Dort lesen wir:

„Täuschung evolvierte nicht nur im zwischenartlichen Räuber-
Beute-Kontext (Mimikry), sondern auch zwischen Artgenosssen.
Dies widerspricht der Annahme der klassischen vergleichenden Ver-
haltensforschung, Kommunikation stünde im Dienste der 'Arterhaltung'. Die natürliche Selektion favorisiert jedoch keineswegs per se
die Übermittlung 'wahrer' Information, sondern nur solche kommunikativen Interaktionen, die dem genetischen Eigennutz dienlich
sind. Gleichzeitig werden Fertigkeiten des 'Entlarvens' falscher Information gefördert. Täuschungsmanöver stellten deshalb einen
hauptsächlichen Selektionsdruck dar für die Entwicklung von Bewußtsein, Intelligenz und moralischen Konzepten – mentalen Kapa-
zitäten, die wegen des Evolutionskontinuums auch im Tierreich zu
finden sind, speziell bei nicht-menschlichen Primaten. Selbsttäuschung schließlich ist nicht pathologisch, sondern wurde von selek-
tiven Kräften hervorgebracht, die Selbstverrat bei Täuschungsmanö-
vern zu minimieren halfen und eine 'optimistische' Lebenshaltung
sicherstellten" (EuS, 439).
Im Aufsatz wie in der Replik zur kritischen Diskussion werden
dann aber behandelt:
1. Am Anfang war die Lüge. Lüge ist nicht ein spätes, in menschlicher Kultur hervorgebrachtes Lebensphänomen. Nein, die Natur
zeigt sich als ein Wachsen, Aufgehen (und dies heißt ja Natur bzw.
physis) von Lüge, um so gerade zu leben. Leben heißt Lügen, und
Lügen bringt Leben. Es gibt nicht eine Zeit mit einem Leben ohne
Lüge, wie dies in Vorstellungen vom Paradies behauptet wird. Die
Natur ist der Auf- und Fortgang der Lüge. Evolution ist die Entwicklung von Mechanismen der Lüge, wie sie sich in der „Rüstungsspi-
rale zwischen Räuber und Beute" (ebd., 440) darstellt. Ich möchte

im Sinne dieser These pointieren: In der Natur wird die Lüge kultiviert. Man kann von einer Kultur der Lüge sprechen. Hier verwischt
sich dann auch der in der Philosophie so oft aufgerissene Unterschied von Sinnlichkeit und Verstand oder Natur und Kultur bzw.
Geschichte.

2. Verstellung ist Trumpf. Mimesis und Mimikry bestimmen die
Kommunikation der Lebewesen, wobei es um die Selbsterhaltung
geht. Eigennutz steht vor Gemeinnutz (vgl. 439). Es herrscht überall
ein gegenseitiges selbstsüchtiges Sichausnutzen. Tiere täuschen sich,
Kinder täuschen Eltern, Eheleute sich gegenseitig usw. Leben will
nichts anderes als Leben, was hier aber bedeutet, daß jeder partout,
koste es, was es wolle, zu leben versucht. Leben steht damit gegen
Leben. Um sich im Leben zu erhalten, ergibt sich auch das Verändern und Schönen von widerlichen Lebensdaten wie Krankheit. Das
Leben setzt sich physiologische und psychologische Brillen auf. Das
Leben macht auf Zweckoptimismus. Sommer überschreibt einen Abschnitt: „Die Gesundheit des Selbstbetruges" (445).

3. Die für den Menschen und seine Philosophie wichtige Frage
nach Verstand und Willen wird hier fließend zwischen Tier und
Mensch gesehen. Der Mensch unterscheidet sich nicht als ein *animal
rationale*. Es zeigen sich viele Formen von Rationalität, von Bewußtsein für Täuschung bei den Tieren, so daß also von Lüge im klassisch
definierten Sinne gesprochen werden kann. Auch Tiere wissen schon,
was sie tun.

Im ganzen haben wir folgende Probleme: Der Unterschied von
Tier und Mensch ist relativ, und es ist überhaupt die Frage, ob der
Mensch so gut wie das Tier lügen kann. Am Tier zeigt sich in treff-
licher Weise die Entwicklung der Lüge. Auch wenn man gerade Verstand und Willen bei der Lüge am Werke sieht, kann man die Lüge
nicht auf den Menschen eingrenzen, nein, das Tier weiß in seiner
Weise um die Lüge. Am Menschen zeigt sich nur pointierter, was
Lügen heißt, das zu Beute bzw. Gewinn führt. Der Gewinn des Lebens führt weiter zu einem Leben als Gewinnen. Dies könnte beim
Menschen freilich von besonderer Art sein, was in den nächsten Kapiteln für die Bereiche Philosophie, Wissenschaft und Politik ausführlich zu überlegen ist.

Beim Tier geht es bei der Beute darum, zu leben, beim Menschen
aber um den Gewinn, der mehr bringen soll, als man zum Leben
braucht. Es ist das Mehr-haben-wollen, von dem Philosophen wie
Hobbes gesprochen haben. Der Mensch als Tier will sich selbst erhalten, der Mensch als Mensch aber sich selbst steigern. Es ist all

jenes, was an Besitz, an mehr Besitz gefordert wird und was dann in den neuzeitlichen Lehren vom Besitz zum Ausdruck kommt. Gemäß der Evolutionsbiologie geht es um die Produktion, Reproduktion von Leben. „Individuen sind 'Überlebensmaschinen', programmiert von Genen, um mehr Gene zu machen", wie Sommer zitiert (vgl. ebd., 446).

Vom Menschen kann man allerdings sagen, daß er mehr als nur sich selbst produzieren bzw. reproduzieren will. Dies zeigt sich in allen Kulturbereichen und stellt überhaupt Kultur dar. Er will aus sich und allem mehr machen, bis zum Übermenschen und Göttlichen. Auch dies gehört zum Mehr-haben-wollen, zum Gewinn und also letztlich zur Lüge des Menschen. An derartige Probleme wird aber in der Biologie und auch bei Sommer nicht gedacht. Das Tier will doch mehr oder weniger Tier bleiben, der Mensch aber gerade als Mensch möchte über sich hinaus und anderes und mehr werden. Hier wird bei Augustinus der Ursprung der Lüge angesetzt. Der Teufel steht gegen Gott auf, will an seine Stelle treten. Das ist der Umsturz, die Verkehrung eines Verhältnisses. Verkehrungen kann man auch beim Menschen sehen, wenn er die *conditio humana* nicht annehmen will, ja gerade in sich den Willen hat, Verhältnisse zu ändern, umzustürzen.

Die Lüge ist am Anfang; sie ist von Natur und wird dann kultiviert. Man kann dies biologisch sehen, aber auch wie Augustinus oder die Tradition der Bibel und der christlichen Philosophie, in der von der Lüge als dem ersten Verbrechen gesprochen wurde. Die Lüge steht dort am Anfang, wo Lebensverhältnisse geändert werden. Die Lüge steht also am Anfang eines Weges, wird und bleibt Weg für ein Leben, das schließlich und als einziges Ziel die Lüge vor sich hat.

So können wir schließlich von der Lüge als Ziel sprechen. Lüge als das Lebensziel, auf das wir immer zielen, um damit im Leben uns nicht nur zu halten, sondern zu steigern, Gewinn, Vorteile zu erhalten, wie dies symbolisch in der Steigerung zum Gottsein dargestellt wird, eine Steigerung, welche nur ein Teufel hervorbringt, wie umgekehrt der Teufel dadurch zu einem solchen wird. Der Mensch, der mehr haben will, lügt, hat das Lebensziel Lüge.

5. Freiheit, Wahrheit, Denken, Gemeinschaft

Auch wenn wir in vielem der biologischen These zustimmen können, auch den Unterschied zwischen Mensch und Tier verwischen lassen und gar nicht auf der Auszeichnung des Menschen durch Wille und Verstand beharren, können wir doch schließlich all diese Überlegungen der Evolution und Kultur der Lüge unter vier Gesichtspunkten zurückweisen. Aus diesen Perspektiven ergibt sich zudem, daß die Frage und das Problem der Lüge hier wohl völlig falsch gestellt sind, ja wir können sogar sagen, daß hier über die Lüge in einer Weise gelogen wird, wie dies noch gar nie vorgekommen ist. Es sind die Gesichtspunkte Freiheit, Wahrheit, Denken und schließlich Gemeinschaft.

1. Gemäß dieser Biologie muß doch das Tier lügen, um überhaupt leben zu können. Muß dies der Mensch? Wir werden dies einerseits bejahen müssen, um aber andererseits doch auf jenes zu verweisen, was längst schon Freiheit genannt wird, ohne daß dabei ganz klar ist, was Freiheit bedeutet. Aber das ist gerade das Philosophische, was eine Wissenschaft nie erreichen kann. Dort wird von bestimmten Vorverständissen ausgegangen, Begriffen, Definitionen, eben wie hier der Lüge. All dies kann in der Philosophie nur Grundlage für Fragen und Überlegungen sein.

Der Mensch kann und muß vielleicht auch lügen (und ist so wie das Tier, ein starkes wie schwaches Tier). Aber er ist doch letztlich in einer Freiheit zur Lüge. Dies zeigt sich darin, daß er gerade dann auch lügen kann, wenn er es eigentlich gar nicht muß. Er kann Lügen frei erfinden, ein Spiel der Lüge treiben, sich im Lügen gefallen. Er kann lügen ohne Maß. Er hat die Freiheit zur Lüge, und vielleicht zeigt sich gerade darin, was Freiheit bedeutet. Er erfährt Freiheit im Lügen. Aber anders wieder kann er auch frei von der Lüge sein. So wird gerade gesagt, daß dies Freiheit sei bzw. der Mensch sich als freiheitliches Wesen in diese Freiheit einüben muß: von der Lüge, soweit es geht, sich zu befreien.[4] Indem dies gesagt wird, wird gerade anerkannt, daß der Mensch vom Grundzug der Lüge behaftet ist – so wie das Tier, ja noch mehr als das Tier –, aber er kann sich von der Lüge befreien und sich sogar sagen: frei ist, wer frei von Lüge ist.

2. Indem von der Wahrheit als einem Geschehen, einer Bewegung gesprochen wird, wie dies im *alätheuein* besonders von Aristoteles,

---

[4] „*Freiheit.* Was ich heute unter Freiheit denke, ist im wesentlichen ein Freisein von Lüge". Heimito von Doderer, Tangenten. Tagebuch eines Schriftstellers 1940–1950, München 1964, S. 633. Ich verweise auf Doderer, bei dem wir unter dem Stichwort Pseudologie einige bemerkenswerte Überlegungen in seinen Tagebüchern finden.

dem ich das Schlußkapitel widme, festgehalten wird, wurde Wahrheit nicht nur gegen Lüge gestellt, vielmehr diese in ihr eingeschlossen. Bei jeder Frage nach der Wahrheit ist man immer auch bei der Frage nach der Lüge. Beim *alätheuein* wird uns gesagt, daß sich etwas zeigt und nicht zeigt, sich etwas gibt und nicht gibt. Dies steht genau dem entgegen, was mit Beute und Gewinn bezeichnet wird. Mit der Lüge will der Mensch mehr sein, nicht nur wie ein Affe sich aufplustern und für ein Weibchen größer erscheinen, nein, selbst als Gott erscheinen. Das wird bei Augustinus überlegt, wenn er die Wahrheit bei Gott und die Lüge beim Menschen sieht. Diese große Differenz und Krisis wird dort zwischen Mensch und Gott und d. h. Wahrheit und Lüge aufgerissen. Von diesem Problem ist freilich in der Biologie nirgendwo die Rede. Wie komplex aber Wahrheit und Lüge miteinander verwoben sind, können wir mit Platon und Heidegger (Kapitel IV) zeigen. Am Tier wird die Lüge offenbar, sie ist dort wie eine Lebensoffenbarung. Aber ist das denn alles, was zur Lüge gesagt werden kann, uns einfallen muß, nachdem von Platon bis Heidegger das Problem der Wahrheit im Sinne des *alätheuein* gestellt wurde? Das Tier verstellt sich, gibt sich den Schein eines ganz anderen Seins. Der Mensch aber kann anderes und mehr. Er kann zumindest heute Schein und Sein derart verknüpfen, daß der Unterschied verschwindet. Wir können in der Politik, ja aber vor allem in der Wissenschaft und Philosophie derart lügen (und d. h. bewußt und willentlich das Falsche sagen), daß uns das Falsche als Richtiges, die Lüge als die Wahrheit selbst erscheint. Darauf möchte ich im Kapitel III weiter eingehen.

3. Schwieriger scheint es mit dem Unterschied von Mensch und Tier hinsichtlich des Verstandes. Ich spreche jetzt vom Denken als einem Tun des Menschen, das uns im Denken alles mögliche gibt. Denken ist immer Denken von etwas. Es ist auf etwas gerichtet. So in der Wissenschaft auf bestimmte Gegenstände, aber auch auf etwas so Weites wie das Göttliche. Das Denken ist Freiheit, eine Form von Freiheit, indem es unermeßlich ist. Im Denken sind wir ganz bei uns selbst und zugleich hinausgehend in größte Ferne. Freilich können wir nicht sagen, was und wie ein Tier denkt. Das ist wohl die schwierigste Frage, wie auch jene nach der Sprache bei den Tieren. Aber soviel scheint doch sicher, daß wir jedenfalls von uns als Menschen wissen, daß wir im Denken eine große, freie, weite, offene Tätigkeit haben. Davon wissen wir. Freilich können wir in diesem unermeßlichen Spielraum lügen. Wir lügen uns vielleicht Nähe und Ferne, größte Dimensionen wie auch schließlich das Göttliche vor. Auch

wollen wir im Denken in vielfältiger Weise Besitz erringen, nicht zuletzt in der Wissenschaft mit Definitionen, Grundsätzen, Naturgesetzen. Wenn Besitz mit Lüge zusammenhängt und wenn wir im Denken also besitzen wollen, dann stehen wir gerade in Philosophie und Wissenschaft vor dem Problem der Lüge. Die neuzeitlichen Grundsätze der Machbarkeit des Wissens und Handelns, wie wir sie von Galilei oder Hobbes haben, werden wir noch hinsichtlich des Zusammenhangs von Besitz und Lüge betrachten müssen, was ich insbesondere im Kapitel III vorhabe.

4. Die wichtigste Dimension, in der wohl allein der Mensch lebt und nicht das Tier, ist jene, die wir Gemeinschaft nennen. Freilich bleibt hier die Schwierigkeit, daß wir immer wieder Gemeinschaft mit Gesellschaft verwechseln und von dieser allenthalben reden. Tiere leben auch in Gesellschaften, während der Mensch weitergehend sich durch die Gemeinschaft auszeichnet. Ich denke hier an eine erste Praxis und nicht nur Theorie, wie sie in der Rede von der politischen Gemeinschaft zum Ausdruck kommt. Ich möchte in bezug auf Sommer nur an den Einwand des Psychiaters erinnern, in welchem ich den wichtigsten Diskussionsbeitrag sehe. Auf diesen konnte Sommer auch nur sehr lakonisch antworten, was zeigt, wie verlegen er ist. Sommer zitiert in seiner Replik ganz ausführlich aus dem Diskussionsbeitrag von Glatzel: „das Beispiel der schizophrenen Persönlichkeitsstörung macht deutlich, daß Lügen – anders als Täuschen – nicht allein eine kognitive Leistung ist, sondern eine empathische Beziehung des Lügenden zum Belogenen zur unerläßlichen Voraussetzung hat". Dabei wird das „Empathievermögen" für „ein anthropologisches Radikal ... eine exquisit menschliche Weise des in-Beziehung-Tretens" gesehen. Auch dies zitiert Sommer und antwortet darauf: „Das mag sein – oder auch nicht" (501). Er gibt dann noch knapp zu, daß es „methodisch außerordentlich schwierig [ist], eventuell vorhandenes Vermögen zur Empathie unter unseren stammesgeschichtlichen Verwandten überhaupt feststellen zu können" (ebd.).

Man sieht, daß der Biologe mit dem Argument des Psychiaters nichts anfangen kann. Ich sehe hier den wichtigsten Hinweis für die ganze Diskussion über die Lüge bei Mensch und Tier. Der Psychiater verweist darauf, daß der Mensch nur als empathisches, sich in andere Menschen einfühlendes – und ich möchte klassisch weiterdeutend sagen – gemeinschaftliches, in der Gemeinschaft wesentlich sich identifizierendes Lebewesen lügen kann. Ein schizophrener Mensch kann nicht lügen, kann deshalb nicht lügen, weil er aus der menschlichen Gemeinschaft herausgefallen ist. Das ist seine Krankheit. Sie ist von schlimmster Art, weil er nicht mehr als Mensch zu leben vermag, d. h. als Mensch mit Menschen, unter Menschen. Hier zeigt sich auch, daß es beim Menschen nicht um Selbstbesitz, Selbsterhaltung und Selbststeigerung geht, vielmehr um mit-, zwischenmenschliche Beziehung. Als Schizophrener ist der Mensch letztlich vom Menschlichen, d. h., wiederum klassisch gesprochen, vom Politisch-Menschlichen abgespalten.

B. Kultur der Wahrheit und Lüge

1. Von der Wahrheit zur Gewißheit

Wir fragen nach dem Zusammenhang von Wahrheit und Lüge in unserer Lebenskultur, welche vermutlich nichts anderes als eine Kultur von Wahrheit und Lüge ist. Die Lüge wollten wir immer schon abschütteln. Dies zeigt sich auch darin, daß sie im Vergleich zur Wahrheit wenig in der Philosophie thematisiert wurde. Es gibt die rigorosen Versuche von Augustinus und Kant, die wir behandeln werden. Ansonsten ist sie die große Frage, *questio magna*, wie gesagt wird, der Ethik.[5] Wir müssen aber darauf aufmerksam werden, daß wir entweder das Ethische so sehen, wie es in der klassischen Ethik verstanden wurde, die den Menschen in seiner spezifischen ethischen Lebensweise sieht. Er ist nicht nur das logische, sondern das ethisch-politische Lebewesen. Dann kommen wir mit der großen Frage der Ethik in die richtige Dimension. Oder wir müssen erkennen, daß die Lüge nicht in die Moral abgeschoben werden kann, sondern daß sie das immer mit der Wahrheit verbundene Problem bleibt und so überall dort auftaucht, wo die Wahrheit eine Rolle spielt. Indessen stoßen wir auf das Problem von Wahrheit und Lüge in allen Bereichen menschlichen Tuns.

Wir blicken auf Philosophie, Wissenschaft und Politik, weil sie einen Orientierungsrahmen sowohl für das Thema als auch für alle Bereiche menschlichen Tuns abgeben. Das trifft besonders für die Wissenschaft zu. Denn heutzutage wird sich kaum ein Bereich der

---

[5] Vgl. A. Görland, Der Begriff der Lüge im System der Ethiker von Spinoza bis zur Gegenwart, wo der erste Abschnitt überschrieben ist: „Die Quaestio magna der Ethik", in: O. Lipmann u. P. Plant, Die Lüge, Leipzig 1927, S. 122.

Wissenschaft entziehen können, da diese für alle Bereiche in bestimmter Weise maßgeblich sein will, wie aber auch wiederum jedermann von der Wissenschaft bzw. den verschiedenen Wissenschaften sich Orientierungshilfen verspricht. Und hier stoßen wir auf das Problem, daß man in der Wissenschaft mehr oder weniger Wahrheit sieht, von ihr wahre Aussagen, Ergebnisse über die verschiedenen Bereiche und Tätigkeiten des menschlichen Lebens erwartet.

Wahrheit und Lüge beim Menschen, der in Ethik und Politik sich das Leben gestaltet. Dies ist das Thema. Ich konnte nun schon darauf verweisen, wie Wissenschaft mit Wahrheit zusammengedacht wird. Von der Philosophie wird seit ihrem Beginn gesagt und ist auch jenen geläufig, die keinen Philosophen gelesen haben, daß es in der Philosophie um Wahrheit geht. Philosophie kann man nicht nur übersetzen mit Liebe zur Weisheit, sondern auch verstehen als Liebe zur Wahrheit. Wir könnten nun Philosophie und Wissenschaft bzw. die vielen verschiedenen Wissenschaften unterscheiden, indem wir in der Philosophie ein Suchen nach Wahrheit sehen, während in der Wissenschaft bereits Wahrheit gefunden wird, jedenfalls für jede Wissenschaft ihre spezifische Wahrheit, die einerseits nur Teilwahrheiten in bezug auf die ganze Wahrheit, nach der die Philosophie strebt, sein mag, aber immerhin doch unter dem Anspruch der Wahrheit auftreten kann.

Mit der Wahrheit haben wir sicher Schwierigkeiten, wenn wir dabei meinen, daß alles offen zutage liegen muß. Wir müssen uns aber an den alten Wahrheitsbegriff erinnern, wie er in der klassischen Philosophie gebildet wurde. Dort haben wir für Wahrheit das Wort *alätheia*, das wörtlich übersetzt Unverborgenheit heißt. Dies hört sich immer noch wie eine gestelzte Übersetzung an, sagt aber, was Wahrheit ist. Beim Problem der Wahrheit werden wir darauf verwiesen, daß sich hier etwas zeigt und auch nicht zeigt, etwas offen, aber auch verschlossen und vielleicht immer verschlossen ist. Mit der *alätheia* werden wir auf ein Geschehen verwiesen, das aus dem Verborgenen heraus etwas uns zugänglich macht.

Wenn wir meinen, daß der Mensch die Wahrheit sucht, dann kann man also sagen, daß wir Verschlossenes öffnen wollen. Dabei ist die Frage, ob es sich um einen aktiven Vorgang handelt, der vom Menschen her zu sehen ist, oder um etwas, das in der Welt und so auch an uns selbst vorgeht. Auf dieses hat die klassische Philosophie verwiesen, was es im Kapitel IV darzulegen und zu überlegen gilt. Jedenfalls besagt Wahrheit, daß sich an uns und allem, was ist, etwas zeigt und auch nicht zeigt.

Wenn es um die Wahrheit aber derart steht, sie so komplex strukturiert ist, daß letztlich in ihr selbst ein Widerspruch besteht, indem sie nämlich etwas zeigt und auch nicht zeigt, wie kann man dann überhaupt wirklich lügen? Lüge verdreht Wahrheit; Lüge setzt aber vor allem voraus, daß es die Wahrheit gibt und wir eben die Wahrheit wissen. Wir wissen, sind uns bewußt, was eine Lüge ist. Diese beruht aber darauf, daß wir um die Wahrheit wissen. Wie steht es hier um das Wissen?

Bei der Lüge haben wir ein genaues Wissen, das aber bei der Wahrheit doch immer mehr oder weniger Schwierigkeiten macht. Das Wissen betrifft die Dimension der Wahrheit, die letztlich über alles Wissen hinausgehen kann. Wir haben ein weiteres Wort für Wahrheit, das in der neuzeitlichen Philosophie eingeführt und bis heute betont wird: Wahrheit ist Gewißheit. Wer Wahrheit sucht, will letztlich Gewißheit. Man kann hier eine neuzeitliche und heutige Definition von Wahrheit sehen, in welcher genau bestimmt wird, was Wahrheit ist. Wenn wir auf der Suche nach Wahrheit zu Gewißheit gelangen, dann bekommen wir wohl eine Dimension der Wahrheit in den Griff. Die Weite der Wahrheit würde auf den Punkt der Gewißheit gebracht.

Der Gewißheit *(certitudo)* entspricht *conscientia*, was wir sowohl mit Bewußtsein als auch mit Gewissen übersetzen. Das lateinische Wort drückt aus, daß hier etwas zusammengefaßt, zusammengezogen wird. Dies spiegelt sich auch in einem anderen Wort wie *cognoscere*, was wir mit erkennen übersetzen. In den lateinischen Worten kommt zum Ausdruck, daß hier zusammengefaßt, auf einen Punkt gebracht wird. Wir können hier auch an das Definieren im Sinne des Umgrenzens und Umfassens denken.

In den deutschen Worten Gewissen wie Gewißheit spiegelt sich ein weiterer Zusammenhang. Beim Gewissen handelt es sich auch um eine Form von Gewißheit. Wenn ich mich aufs Gewissen berufe und von dort her etwas verlange, dann behaupte ich die Gewißheit des Gewissens. Bei *conscientia*, Bewußtsein, Gewißheit und auch Gewissen, wäre nun Wahrheit im Sinne eines in der Offenheit noch nicht Entschiedenen überwunden. Wahrheit als Gewißheit ist eine ganz andere Wahrheit, als es die *alätheia* ausdrückt. Bei der *alätheia* gäbe es wohl auch keine Gewißheit und auch kein Gewissen.

Wenn wir uns auf der Suche nach Wahrheit sehen, was in der Philosophie von Anfang an als ihre Aufgabe formuliert wurde, dann könnten wir meinen, daß wir auch die Wahrheit finden. Das Wort Philosophie steht dem bereits entgegen. Dieses wie auch die Rede

von der Suche der Wahrheit sagen nichts anderes als das, was das
Wort *alátheuein* bedeutet, das wir besonders im entsprechenden Kapitel zu Aristoteles untersuchen werden. Wir sind unterwegs und
kommen überhaupt nicht an. Beim Suchen können wir finden, aber
es ist nicht der Fund, daß dann alles zu unseren Füßen liegt. Wenn
wir den Menschen in dieser Suche aktiv sehen und meinen, daß er
die Wahrheit sich herbeischaffen kann, dann erliegen wir nicht nur
dem ersten wesentlichen Irrtum, sondern bereits der Lüge.

Wie intensiv der Mensch sich in der Suche bemüht, um dann gerade aus dem Suchen ein Finden zu machen, das Suchen also zu
beenden, zeigt die neuzeitliche Philosophie, in der dann auch Wahrheit mit einem neuen Wort benannt wurde, nämlich Gewißheit *(certitudo)*. Die Aktivität spiegelt sich in Worten wie *in mente concipio*
(Galilei) oder *ubi generatio, ibi philosophia nulla intelligitur* (Hobbes). Dies sind Devisen eines Denkens, mit dem man das Suchen
hinter sich lassen kann. Hier wird die Philosophie zur Wissenschaft
und der Name Philosophie letztlich obsolet. Aber hier müssen wir
auch das Problem der Lüge ansetzen.

Von Hegel haben wir einen Satz, den er in seiner Berliner An-
trittsrede ausgesprochen hat, womit er die Philosophie vom Suchen
der Wahrheit zum „Mut der Wahrheit" voranweist. „Der *Mut der
Wahrheit, Glauben an die Macht des Geistes* ist die erste Bedingung
des philosophischen Studiums; der Mensch soll sich selbst ehren *und
sich des Höchsten würdig achten.* Von der Größe und Macht des
Geistes kann er nicht groß genug denken; das verschlossene Wesen
des Universums *hat keine Kraft in sich*, welche dem Mute des Er-
kennens Widerstand leisten könnte; es muß sich vor ihm auftun und
seinen Reichtum und seine Tiefen ihm vor Augen legen und zum
Genusse bringen"[6]. Der Mut der Wahrheit ist hier der Mut des Er-
kennens. Für diesen Mut gibt es keinen Widerstand. Die Welt wird
aufgeschlossen, dem Menschen vor Augen und zum Genuß gebracht,
d. h. zu seiner Theorie und Praxis, wenn wir hier die klassischen Worte überhaupt noch verwenden dürfen.

Ich halte diesen Satz für eine Lüge. Es ist eine Lüge, die noch viel
tiefer geht als jenes, was wir normalerweise von der Lüge sagen.
Denn es wird hier von Wahrheit gesprochen, wobei aber diese gar

---

[6] Georg Wilhelm Friedrich Hegel in seiner Rede zum Antritt des philoso-
phischen Lehramtes an der Universität Berlin, in: ders., Werke in zwanzig
Bänden, hrsg. v. E. Moldenhauer u. K. M. Michel, Frankfurt a. M. 1969–1971,
Bd. 10, S. 404.

nicht gemeint ist. Es wird vor allem von Mut gesprochen, dann von Macht. Es geht um eine ganz andere Wahrheit, als wie sie philosophisch ehemals gedacht und gesagt wurde. Dieser Mut der Wahrheit ist Abkehr von der Wahrheit. Und diese Abkehr ist Lüge. Denn die Wahrheit wird hier verkehrt, wobei wir durchaus an die klassische Definition der Lüge von Augustinus anknüpfen können. Es wird bewußt und mit Willen das ganze Problem der Wahrheit umgekehrt. Dabei wird noch von Wahrheit gesprochen, dabei wohl auch daran gedacht, daß Wahrheit nicht nur Offenheit, sondern Verborgenes mit aussagt. Dies alles klingt im Ohr, hat man vor Augen, um jetzt aber dagegen zu sprechen, um jetzt den Mut zu haben, ganz anders vorzugehen. Es ist der Gang der neuzeitlichen bis heutigen Philosophie, welche immer noch den Namen beansprucht, obwohl sie ja längst die Philosophie und ihre Suche nach der Wahrheit hinter sich gelassen hat. Davon sind wir weit weg, von der Wahrheit abgekehrt. Der Mut der Wahrheit ist hier zugleich der Mut der Lüge.

Mit diesem Mut brechen wir in die neuzeitliche Philosophie auf und nennen Wahrheit jetzt Gewißheit. Daß wir aber dabei die Wahrheit verkehren, ja von ihr letztlich uns abkehren, das ist uns einerseits bewußt. Denn diese Wende wollen wir doch. Aber andererseits merken wir nicht, wie hier nun Wahrheit und Lüge sich in sich verkehren, zum Vexierbild werden, aus dem uns die Wahrheit mit dem Gesicht der Lüge anblickt, wie umgekehrt uns Lüge als Wahrheit erscheint. Wir kommen hier genau zu dem, was mich veranlaßt, das Thema zu stellen, das in den nächsten Kapiteln behandelt wird: Wahrheit und Lüge in Philosophie, Wissenschaft und Politik. Ich möchte diese einleitenden Überlegungen mit folgenden Thesen schließen, aus denen der Zusammenhang von Wahrheit und Lüge uns weiter aufgehen soll.

1. Wahrheit als Gewißheit

Wahrheit ist Gewißheit. Als Gewißheit wird die Wahrheit in der neuzeitlichen Philosophie, aber auch überall dort verstanden, wo heute Wahrheit verlangt wird. Wenn der Mensch neuzeitlich-philosophisch wie inzwischen nun allgemein Wahrheit erfahren und wissen will, dann will er Gewißheit haben.

2. Philosophische Bewegungen als neue Wahrheitsbewegungen

In den aus der Neuzeit sich entwickelnden Philosophien, aber besonders in den gegenwärtigen philosophischen Richtungen haben wir mehr oder weniger Philosophien der Gewißheit. Dies wird nicht immer direkt so gesagt, ja es wird die Wahrheitsfrage gar ausgeklammert und gesagt, daß wir nicht mehr zur Wahrheit gelangen können. So spricht man eher von der Wahrscheinlichkeit oder von Bewährungslinien, die sich in Versuchen oder Modellen, in denen gedacht wird, ergeben. Aber alle Philosophien der Gegenwart kreisen letztlich nur um dieses eine Problem, je für sich die Wahrheit als Gewißheit zu erlangen und diese dann den Menschen zur Verfügung zu stellen.

Weil nun aber jede philosophische Bewegung heute derart auf Wahrheit aus ist und sie je allein hier die Wahrheit in der richtigen Weise, nämlich als Gewißheit vorzuweisen versucht, stellen sich die Philosophien gegeneinander. Hier sehen wir gerade, wie sich Philosophien voneinander abkehren, wobei sie durchaus in einzelnen Punkten jeweils etwas von der anderen Lehre und Richtung übernehmen können. Es schlägt aber jede Bewegung ihren eigenen Weg ein. Daß es sich hier um Bewegungen handelt, die unaufhörlich wie unaufhaltsam sich zur Gewißheit vorantreiben, verdeutlicht sich schon in dem für die Bewegung gefundenen Namen. Die erste Bewegung, welche die Gewißheit im Visier hat, ist der Rationalismus. Dessen heutige Nachfolger sind der Kritische Rationalismus, aber auch andere Bewegungen wie der Konstruktivismus, die Kritische Theorie, insbesondere die Systemtheorie.

Ich möchte nur festhalten, daß wir bei all diesen Bewegungen schon deshalb auf das Problem der Lüge stoßen, weil sie nicht nur die Wahrheit in Gewißheit umwenden, verkehren, vielmehr sich auch von der Wahrheit in der Weise wegwenden und abkehren, als sie die Wahrheitsfrage teils für obsolet, teils transzendent, metaphysisch und jedenfalls unwissenschaftlich ansehen. Es mischen sich hier die Nahsicht auf Gewißheit mit der Fernsicht auf Wahrheit, die dann so weit hinausgeht, daß man nichts mehr von der Wahrheit sieht. Aber so rational, kritisch wie konstruktiv, so systematisch sind diese Theorien allemal, um mit dem Wahrheitsproblem doch fertigzuwerden. Alle diese Ismen oder Theorien heutiger Philosophie versuchen letztlich nur das eine, nämlich sich einen Weg, sprich Methode, zu bahnen, in welcher man eben zu jenem kommt, was dann der Name der jeweiligen Theorie selbst nennen will: zu einer kritisch rationalen, zu einer kritisch theoretischen, zu einer systemtheoretischen, zu einer konstruktivistischen Wahrheit. Es wäre nun wohl vermessen, bei diesen Philosophien, die doch wie wohl nie zuvor in der Philosophie das Problem der Wahrheit stellen und lösen wollen, von Lügentheorien zu sprechen. Denn in bzw. begleitend mit ihnen haben wir nun Theorien, die sich spezifisch auf die Wahrheit konzentrieren.

3. Wahrheitstheorien

Wir haben in der heutigen Philosophie Wahrheitstheorien.[7] Man sieht in ihnen Grundlagentheorien für philosophisches wie wissenschaftliches Denken überhaupt. Nicht nur die Philosophie im alten wie heutigen Sinn, nein gerade die Wissenschaftstheorie konzentriert sich nun auf Wahrheitstheorien. Dies ist ein auffallendes Unternehmen, da hier das älteste und ursprünglichste Problem der Philosophie wiederum gestellt wird, aber mit der Behauptung, daß es nun erstmals wissenschaftlich und in diesem Sinne theoretisch radikal wie umfassend behandelt wird. Von Wahrheit wurde lange geredet, und sie spielte in Wort wie ständigem Tun in der ganzen Philosophie eine Rolle, aber niemals zuvor gab es Wahrheitstheorien. In diesen soll nun die Wahrheit analysiert und differenziert werden. Es gibt verschiedene Wahrheiten, d. h. Wahrheitsbegriffe wie Wahrheitsverständnisse. Und es gibt zurückliegende wie auch heute noch tradierte, aber vor allem neue Möglichkeiten, Wahrheit zu definieren. Wir werden die wichtigsten Wahrheitstheorien (im Kapitel über *alätheuein*) kurz betrachten, die da sind die Korrespondenz-, die Kohärenz- und schließlich Konsenstheorie.

Man kann sich fragen, warum es keine Lügentheorie gibt. Wohl schon deshalb nicht, weil man nicht nur nach wie vor, sondern jetzt mit einem unerhört neuen Mut auf Wahrheit setzt, die jetzt zur Gewißheit werden soll. Diese Theorien entsprechen völlig dem neuzeitlichen Programm, auch wenn sie es so nicht sehen und gar abstreiten. Man will jetzt ein für allemal klären, wie es denn um jenes steht, was die Philosophie immer aufregte, nämlich die Wahrheit. Man will jetzt Klarheit und Gewißheit über die Wahrheit.

4. Wissenschaft und Wahrheit

Man sagt immer noch, daß die Wissenschaften der Philosophie entstammen, die auch am Anfang selbst sich als Wissenschaft verstand, ja gar verschiedene Wissenschaften in sich barg. Es ging dort auch um Wissen, das durch Methode erreicht wird. Überhaupt wurde

---

[7] Vgl. Gunnar Skirbekk (Hrsg.), Wahrheitstheorien. Eine Auswahl aus den Diskussionen über Wahrheit im 20. Jahrhundert, Frankfurt a. M. 1977; L. Bruno Puntel, Wahrheitstheorien in der neueren Philosophie, 2. Aufl., Darmstadt 1983.

in der Philosophie erstmals Wissen methodisch angestrebt. Es ist
nicht irgendein Wissen, vielmehr methodisch gesuchtes Wissen, das
dann das wahre Wissen genannt wurde. Der philosophische Bezug
zur Wahrheit wird in der Wissenschaft und d. h. den sich entwickelnden verschiedenen Wissenschaften aufrechterhalten. So in allen Wissenschaften, die wir heute haben und die sich ständig mehr und mehr
entfalten und unterteilen. Die Frage nach der Wahrheit ist immer
noch dabei, auch wenn dies nicht ausdrücklich gemacht wird.

Es bedarf auch gar nicht der Wissenschaftstheorie im ganzen oder
bestimmter wie verschiedener Wissenschaftstheorien für die einzelnen Wissenschaften, die der Wissenschaft sagen wollen und sollen,
was denn dort das Wissen und die Wahrheit sei. In der Wissenschaft
wissen wir jedenfalls und wissen immer eines, daß es nämlich zum
wissenschaftlichen Wissen kaum mit Hilfe von Wissenschaftstheorien kommt, ja daß erst, nachdem die Wissenschaft längst sich eta-
bliert hat, also post festum, es zur Wissenschaftstheorie kommt. So
ist die Wissenschaftstheorie durchaus Philosophie im Sinne von
Nachdenken im weitesten Sinne dieses Wortes.

Es ist aber nun wohl eine offene wie stille Verabredung in den
Wissenschaften, daß es dort in gewisser Weise um Wahrheit geht.
Kein Wissenschaftler wird doch von sich sagen wollen, daß er sich
nicht mit Wahrheiten in seiner Sache beschäftigt. Und wir alle, ob
wir Wissenschaftler selbst sind oder gerade nicht sind, erwarten von
der Wissenschaft wahre Aussagen. Sie ist der Bereich, wo die Wahrheit stattfindet In keinem Bereich, in keiner Tätigkeit scheint es
mehr um Wahrheit zu gehen, ja wir meinen, daß wir nur mit den
Wissenschaften zu Wahrheit gelangen, zu den verschiedenen Wahrheiten der Natur, der Geschichte und wohl auch durch Soziologie
und Psychologie zur Wahrheit über den Menschen.

Es ist der Mensch und eine Kultur, welche von der Wissenschaft
sich begleiten, gar fundieren läßt. Freilich gehört dazu, daß die Wissenschaft und ihre Wahrheit zurückgewiesen wird. Das spricht nicht
gegen eine Kultur und einen Kult der Wahrheit; im Gegenteil, wem
die Wissenschaft zu wenig oder auch zuviel Gewißheit vorbringt, der
unterwirft sich nicht einer Wahrheitsdomäne, sondern sucht sie in
etwas anderem als der Wissenschaft, wie in neuen religiösen Bewegungen sich dies kundtut. Hier kann noch mehr als bei der Wissenschaft die Wahrheit in Gewißheit gewendet werden. Aber zunächst
haben wir jenen Kult mit der Wissenschaft, daß wir von ihr Gewißheiten erwarten, so in Gutachten, welche in allen Bereichen gefordert werden, aber auch von der Wissenschaft unaufgefordert gelie-

fert werden. Die Last der Wahrheitsfrage wird hier hin und her ge-
wälzt. Haben wir Mängel in der Technik, Verluste in der Wirtschaft,
dann wird die Wissenschaft herbeigerufen, um hier mit ihren Gutachten Gewißheit über die Lage zu bringen.

5. Kultur und Wahrheit

Wir leben in einer Kultur der Wahrheit. Dies klingt hochtrabend
wie erfreulich. Es handelt sich um Wahrheit als Gewißheit mit all den
damit zusammenhängenden Verkehrungen und der Abkehr von der
ursprünglichen Wahrheit. Es ist der Anspruch auf Wahrheit, der einhergeht mit der Freiheit des neuzeitlichen und heutigen Menschen.
Diese ist Autonomie, zu der wesentlich gehört, daß wir über die Wahrheit nun verfügen können. In der Freiheit der Selbstbestimmung geht
es letztlich um die Selbstbestimmung der Wahrheit. Solche Wahrheit
ist dann Gewißheit. Diese manifestiert sich in allen Bereichen der
Kultur. So in der Wissenschaft und Technik vorab, aber auch in Recht
und Sitte oder Moral, in Kunst und freilich nicht zuletzt in der Wirtschaft. All diese Bereiche haben ihren Bezug zur, ja ich möchte sagen,
ihren Kult mit der Wahrheit. Um letzteren handelt es sich sicher in
solchen Bereichen wie der Kunst, aber auch des Rechts. Es sind Bereiche, in denen man alles wagen kann. Hier erscheint der Zugang zur
und der Umgang mit der Wahrheit in besonderer Weise. Die Freiheit
der Kunst ist eine große, wenn nicht die größte Freiheit des Menschen.
Im Namen der Kunst können wir alles sagen und tun und haben damit
den weitesten Zugang zur Wahrheit. Ob dabei die Lüge offen wie
stillschweigend dabei ist, können wir uns fragen. Im Recht bilden wir
uns vor allem ein, alles recht und so auch wahr zu machen. Im Recht
erfahren wir eine besondere Weise von Gewißheit.

2. Lügen

Bei der Lüge weiß jedermann, worum es geht. Können wir dies
auch von der Wahrheit sagen? Wir wissen wohl eher, was Lüge, aber
weniger, was Wahrheit ist. Indessen wissen wir nur um die Lüge, weil
wir uns in ihr von der Wahrheit absetzen, in Widerspruch zur Wahrheit, in einen Gegensatz zu ihr geraten. Damit werden wir auf den
Zusammenhang von Wahrheit und Lüge verwiesen:
1. Lüge tritt in den Gegensatz zur Wahrheit, ist Unwahrheit.
2. Damit zeigt sich, daß Lüge auf Wahrheit bezogen ist, ja daß die
   Lüge die Wahrheit voraussetzt.

3. Lügen ist das Verneinen von Wahrheit, das nun aber in einer bestimmten Weise erfolgt, wie dies in der klassischen Definition der
Lüge festgehalten ist, die lautet:

4. Lügen ist die bewußte bzw. willentliche falsche Aussage (Augustinus). Wenn ich lüge, bin ich mir bewußt, daß ich gegen Wahrheit
etwas unternehme, d. h. sage, und ich habe den Willen, die Wahrheit zu Fall zu bringen.

5. Ich spreche hier vom Fall, d. h. Fallen der Wahrheit, weil dies auch
im deutschen Wort 'falsch' herauszuhören ist, wie es vom lateinischen *falsum* her gemeint war. Die Rede vom Fällen, Fälschen der
Wahrheit entspricht dem Willen, auf die in allen klassischen Definitionen, von Augustinus angefangen, verwiesen wird. Mit dem
Willen und auch dem Bewußtsein wird die Aktivität genannt, auf
die es beim Lügen ankommt. Der Mensch wird hier nicht nur in
besonderer Weise, sondern überhaupt erst aktiv; er nimmt nicht
eine Sache, wie sie gegeben ist, hin, sondern versucht an ihr zu
drehen und zu wenden, sie letztlich umzukippen, zu fällen.

a) Die Auschwitzlüge

Was feststeht, wird zu Fall gebracht. Das können wir auch bei den
großen Lügen sehen wie bei der Auschwitzlüge. Es gibt immer wieder Menschen, die eine unerbittlich ins Menschliche tiefgreifende
Tatsache zu verdrehen, zu Fall zu bringen versuchen. Hier können
wir ermessen, was die Aktivität der Lüge bedeutet, welche der
Mensch mit Bewußtsein und Willen unternimmt. Darin zeigt sich
überhaupt, was Wille und Bewußtsein bedeuten können. Gegen das
Sein (hier die Tatsache der Morde in Auschwitz) erhebt sich der
Wille und bildet sich ein Bewußtsein, das gegen das Sein steht. Menschen, die mit diesem Bewußtsein und Willen lügen, wollen aber
selbst gar nicht als Lügner erscheinen. Sie wollen, daß jene, welche
den Mord anerkennen, selbst als Lügner dastehen. Es handelt sich
um eine totale Verkehrung, wie sie überhaupt der Lüge eigen ist.
Derjenige, der doch leicht als Lügner überführt werden kann, versucht all jene, welche die Tatsache anerkennen, als Lügner darzustellen, ja überhaupt die Tatsache in eine Lüge zu verkehren. Was hier
im Sein der Tatsache ist, wird im Bewußtsein und Willen des Ausch-
witzlügners so verdreht, daß er nicht in seinem Bewußtsein, sondern
das Sein selbst als Lüge gezeigt werden soll. Etwas, das so und so ist,
das so und nicht anders geschehen ist, wird in seinem Sein verfälscht.

Dies schafft die Lüge. Wenn nun aber diese auf Wahrheit bezogen ist und diese im weitesten Sinne voraussetzt, dann muß sich in der Lüge immer ein Zusammenhang mit der Wahrheit manifestieren. Der Zusammenhang besteht darin, daß die Lüge immer wieder als Lüge markiert werden kann.

Hierbei scheint es für viele ganz unfaßlich, daß gegenüber eindeutigen Tatsachen gelogen werden kann. Wir können auch ein weniger aufrührendes Beispiel nehmen, wenn immer wieder in der Politik derart gelogen wird, daß ein Politiker eine Maßnahme, ein Programm oder Gesetz für das Gemeinwohl fordert und auch durchsetzt, aber letztlich doch nur an eine Interessengruppe *(pressure group)* denkt. Hier ist die Aufdeckung des Zusammenhangs schwieriger. Denn oft läßt sich ein Gesetz, das vor allem einer Interessengruppe dient, mit dem Gemeinwohl bemänteln.

Bei der Auschwitzlüge wie aber auch bei der Gesetzeslüge kommen wir vor das Problem, das uns die Wahrheit immer aufgibt. Es ist die Dimension, die aufgerissen ist und deren Tragweite wir erfassen müssen. Wir können sagen, daß Auschwitz uns immer ganz klar sagt, was da vorgegangen ist. Aber dann machen wir an uns doch immer wieder die Erfahrung, daß wir die Tragweite gar nicht erfassen. Diese würde nämlich bedeuten, daß wir uns ständig im Leben davon bestimmen lassen. Geschieht dies aber im gewohnten Leben? Wir werden doch meist nur auf solche schrecklichen Ereignisse aufmerksam, wenn wir durch einen Gedenktag wieder darauf gestoßen werden. Tagtäglich bestimmt diese politisch ungeheure Angelegenheit nicht unsere Lebensangelegenheiten, mit denen wir uns beschäftigen. Wenn wir auf jenen Mord immer zurückblicken, ihn uns im Leben vergegenwärtigen würden, dann sähe doch die Gegenwart des Lebensvollzuges immer ein wenig anders aus. Manche Lügen würden dann nicht aufkommen, mit denen wir unsere mannigfaltigen Geschäfte im Leben voranzutreiben versuchen. Wir haben ja immer auch Gesetzesmaßnahmen, welche den einen mehr helfen, aber den anderen eher schaden. Das haben wir bei manchen Steuergesetzen, welche die Reichen bevorzugen, diese politisch gesetzmäßig noch reicher werden lassen, was aber immer irgendwie auf Kosten anderer geht, die dadurch ärmer werden – jedenfalls im Vergleich zu den Reichen, die schnell ihren Reichtum vermehren können.

Wahrheiten über Gesetze wie über Morde sind zugänglich; aber wir umgehen sie sehr oft. Nur daher ist es möglich, daß eine solche Lüge wie die Auschwitzlüge aufkommt. Man kann sie uns zumuten, weil wir uns ja selbst viele Freiheiten nehmen, um von beschwerlichen Tatsachen loszukommen. Ich will nun nicht behaupten, daß es solche gravierende Lügen nur gibt, weil wir alle mehr oder weniger lügen. Dies wäre am Zusammenhang von Wahrheit und Lüge vorbeigedacht. Denn dieser geht tiefer. Es betrifft uns in unserem Leben in Freiheit und politischer Gemeinschaft, wobei diese über unsere Bundesrepublik Deutschland hinaus in die politische Weltgemeinschaft reicht, aber nicht nur in die politische Gegenwart, sondern auch in die politische Vergangenheit.

Die politische Gemeinschaft beginnt nicht unter den gerade jetzt Lebenden, nein, sie reicht in die Dimension der näheren wie fernen Vergangenheit. Diese politische Vergangenheit wurde einmal in der römischen Politik als *auctoritas* bezeichnet, aus der sich der Römer in Generationen von politischem Handeln bestimmt sah. Es ist das politische Leben aus dem Ursprung einer politischen Vergangenheit. Diese zeigt sich im Mord von Auschwitz, der als Völkermord der politische Mord schlechthin war, wie man ihn in der Geschichte des Menschen nun sehen muß. Das ist die Wahrheit von Auschwitz, wobei diese Wahrheit sich tagtäglich beweisen muß. Es hängt davon ab, wie das, was damals war und auch heute noch ist, sich zeigt, d. h. wie das Sein in unserem Bewußtsein ist. Es kann ein das Sein fälschender Wille auftreten, um ein Sein, das nicht da, nicht bewußt ist, zu verdrängen, zu verkehren, zu ersetzen. Das ist dann nicht schwierig, wenn es wenig oder gar nicht mehr da ist. Eine Wahrheit kann verfälscht, ja gänzlich abgefälscht und so gefällt werden, wenn wir mit der Dimension der Wahrheit selbst Schwierigkeiten haben, wenn wir selbst uns nicht klar sind, was da eigentlich betreffs des Menschen und seiner Geschichte vorgegangen ist. Die Dimension der Wahrheit macht es möglich, daß sie verfälscht, zu Fall gebracht wird. Auch diesen Zusammenhang von Wahrheit und Lüge müssen wir bedenken.

Lügen heißt, die Wahrheit verdrehen, umkehren, fälschen, zu Fall bringen. Lügen heißt, eine Wahrheit mit vollem Bewußtsein verneinen, vernichten. Etwas, das ist, ist dann nicht. Wir können mit philosophischen Worten sagen: Aus Sein wird Nichts gemacht.

b) Die Mauer- oder Freiheitslüge

Wir haben auf das Problem der Wahrheit verwiesen, indem wir von ihrer Dimension sprachen. Um dies weiter zu erläutern, möchte ich auf eine andere große politische Tatsache kommen. Es ist der

Zusammenbruch der Deutschen Demokratischen Republik, mit der
am meisten ins Bewußtsein dringenden Tatsache des Falls der Berliner Mauer. So erstaunlich und widersprüchlich, ja ungeheuerlich es
klingen mag: Die Mauer hat uns auf beiden Seiten auf die Dimension der Freiheit verwiesen. Sie war nicht nur das Symbol der Unfreiheit. Sie war gerade das Symbol, daß hier Freiheit und Unfreiheit
ineinanderfielen, aufeinanderprallten. Von drüben schlugen alle, bra-
chen sich alle Wellen der Sehnsucht an dieser Mauer, und hier ließ
sie uns über die Unfreiheit erzittern, wie aber uns selbst auch über
unsere Freiheit freuen, die eben ein Leben ohne Mauer und Grenze
ist. Daß unsere Freiheit aber ihre eigenen und schwerwiegenden
Grenzen und Mauern hat, konnte man deutlich sehen, als die Mauer
fiel, welche Freiheit und Unfreiheit auseinander- wie zusammenhielt.
Denn angesichts des Mauerfalls haben sich die Meinungen verwirrt.

Vor allem muß auffallen, wie schnell wir diese überwältigende
Tatsache nicht mehr als jenes zu sehen vermögen, als was es war und
auch bleibend sein wird. Die totalitären Zeiten der Unfreiheit haben
wir hinter uns. Einerseits können wir uns durchaus von der Mauer
abkehren. Andererseits verweigern in der ehemaligen DDR viele,
die dem Regime nahestanden, die Erinnerung bzw. die Wahrnehmung dessen, was von der Zeit des Totalitarismus und der Unfreiheit
im Lande übrigblieb. Davon zeugen die Städte, die Landschaften,
aber vor allem die Menschen, welche jetzt nach der Öffnung ihrer
Situation wiederum sich erneut, wenn auch in anderer Weise verschließen.

Freilich ist zu kritisieren, weil nun gerade dies vor allem erfahren
wird: Die Reichen werden immer reicher und die Armen immer ärmer. So kann man durchaus ohne Vergröberung das Verhältnis zwischen Westen und Osten sehen. Die ökonomische Freiheit macht die
ökonomisch Freien im Westen noch freier und d. h. reicher, während
jene im Osten wiederum in eine neue Unfreiheit geraten, die jetzt
mehr ökonomischer Art ist. Verkehrte und so verlogene Freiheit, die
nämlich Freiheit sagt, aber zur Unfreiheit führt und die auch gerade
uns im Westen mehr denn je die Wahrheit dieser Freiheit vor Augen
hält, die doch als eine wirtschaftliche Freiheit auf Kosten von neuer
Unfreiheit sich vermehrt. Warum handelt es sich hier um eine Lüge?
Weil wir Freiheit sagen, aber Unfreiheit meinen. Und wer dies nicht
zugibt, lügt noch mehr. Freiheit und Unfreiheit verkehren sich nicht
nur, vielmehr erfahren wir nun, daß wir vom hohen Ziel der Freiheit
ganz abgekommen sind.

Mit der Mauer hatten wir die Freiheit vor Augen, wähnten sie hier und vermißten sie dort. Jetzt aber, indem nun alle frei wurden, ist es mit der Freiheit ganz anders oder auch nichts mehr. Das Mehr-haben-wollen im Westen und das Weniger-haben-können im Osten sind aufeinandergeprallt, versuchten sich miteinander zu verbinden, was aber nun zu dem Resultat führt, daß man im Osten auch mehr haben will, als man eigentlich haben kann, und im Westen weniger haben kann, als man eigentlich haben will. So würden sich die Bilanzen eigentlich ausgleichen; beides liefe auf dasselbe hinaus. Aber im Westen wie im Osten wird man unzufrieden. Allenthalben geht es jetzt um die Freiheit des Mehr-haben-wollens, und wir erfahren, daß dies wohl überhaupt die ganze westliche Freiheit war, die nun auch Einzug im Osten hält.

Die Freiheit des Mehr-haben-wollens zieht Unfreiheit nach sich, was jetzt sehr schnell im Osten jedermann erkennt, wozu es aber im Westen kaum kam. Das lag daran, daß eine Balance im Verhältnis von arm und reich immer wieder mehr oder weniger erreicht wurde. Daß dies vielleicht gar nicht stimmt, nicht nur jetzt, sondern schon viel früher nicht, wird uns jetzt erst vom Osten her klar, weil dies dort Menschen nun schnell kritisieren, was wir wohl immer schon hätten kritisieren können. Aber wir hatten ja die Freiheit im ganzen vor Augen und so auch gerade jene Mauer, welche in das Reich der Unfreiheit hinüberwies. So wähnten wir uns in einer weiten Freiheit, in der auch die vielleicht einengende Freiheit des Wirtschaftens und der Geschäfte ruhig hinzunehmen war. Das ist nun anders geworden, indem wir bei uns das Geschäft bedroht sehen. Haben wir die anderen und uns selbst über die Freiheit belogen? Wir wußten schon, daß Freiheit doch etwas mehr als nur Wirtschaft und Technik sein sollte. Wir haben auch immer die weitergehende Freiheit hochgehalten, zumindest für jene, die auf sie von außen blicken konnten. Jene jedenfalls haben in der Freiheit anderes gesehen und sind enttäuscht worden.

Die eigentliche Lüge über die Freiheit besteht nicht darin, daß wir Freiheit sagen und Geschäft bzw. Mehr-haben-wollen meinen. Sie liegt in der Abkehr von der Freiheit überhaupt, von der Freiheit und ihrer weiten Dimension, wie sie sich in der Mauer spiegelte, die eine Mauer und damit eine Kluft und Spannung zwischen Freiheit und Unfreiheit war.

Die auf Freiheit im ganzen so lange gewartet hatten und mit der Ausreise eine erste wie grundlegende Erfahrung von Freiheit machten, waren nun auf die Freiheit des Westens gespannt, sahen wohl überall Freiheit, die so im Westen gar nicht gesehen wurde. Hier erfuhr man bereits manche Freiheit wie die Konsumfreiheit als Last

und Notwendigkeit. So sind wir süchtig in der Freiheit, und ich meine
hier auch, daß Freiheit uns nicht nur gut leben läßt, sondern uns auch
krank macht. Dies erfahren wir in vielfältiger Weise, nicht zuletzt in
der Freiheit der ganzen Verkehrsmittel, die wir meinen, frei benutzen
zu können, angefangen vom Auto bis hin zu den Medien von Presse,
Rundfunk und Fernsehen, die heute auf uns eindringen und uns vereinnahmen. Man spricht hier von Freiheiten, die aber mehr und
mehr als Sucht, als Zwang, als schiere Notwendigkeit erlebt werden.

Zwar fühlte sich im freien Westen jedermann mehr oder weniger
frei, gerade angesichts der östlichen, mehr oder weniger totalitären
Staaten, in denen vor allem die Freiheit litt, unterdrückt wurde. Was
aber Freiheit im ganzen und wirklich ist, auch für jedermann im
einzelnen, was Freiheit politisch wie persönlich ist, das war doch
wohl auch im Westen nie so ganz klar. Mängel, Schwierigkeiten mit
der Freiheit wurden vielleicht teilweise gesehen. Und unsere Unfreiheiten wurden überspielt durch vieles, das einfach als Freiheit in der
Technik, der Wissenschaft, der Wirtschaft, der Politik im ganzen de-
klariert wurde. Was die Wahrheit dieser Freiheiten war und ist, ging
wohl kaum auf, ja die Frage war auch nicht dringlich, weil wir doch
jedenfalls im freien Westen lebten.

Nun kamen aber die Menschen aus dem unfreien Osten und sahen bei uns in allem, was geschah, Freiheit, ein freiheitliches Tun des
Menschen. Die Möglichkeiten der Freiheit schienen groß angesichts
dieser Wirklichkeit der Freiheit. Dabei wurde aus der Möglichkeit
schnell eine Notwendigkeit und verkehrte sich das freie Tun in ein
mühsam-lästiges, wobei nun auch die Not dieser Freiheit erfahren
wurde. Konsumzwänge, wozu Kreditzwänge bis hin zur Last und
Überlast der Zinsen gehören, bestimmten nun das neue, freie Leben.
Vorab ging es aber um Arbeit und Wohnung, woraus überhaupt Freiheit erst gelebt werden konnte. Arbeits- und Wohnungsnot wurden
erfahren. Mit der Politik der Befreiung ging es schnell und für viele
der Ausreisenden ungeahnt weiter.

Ja, es war das wohl von allen in der Welt unerwartete Ereignis,
daß die totalitären Staaten des Ostens zusammenbrachen, voran das
Musterbeispiel von Totalitarismus, die ehemalige Deutsche Demokratische Republik. Was hier geschah, ist bis heute wohl keinem so
richtig und ganz aufgegangen. Dies sah man auch daran, wie damals
Politiker reagierten, die in dieser für alle euphorischen Stunde der
Freiheit oft vergaßen, daß es dort wie hier eine Geschichte gab, die
nicht einfach und schnell ineinander verwoben werden konnte. Kein
politischer wie wirtschaftlicher Vertrag, keine politische wie recht-

liche Handlung konnten hier geschichtliche Tatsachen beseitigen, in ein neues Geschehen aufheben. Hier kann man sehen, wie Politiker, wie wohl alle Menschen sich ein falsches Bild von der Wirklichkeit machen. Man kann sich fragen, ob Menschen sich täuschen, irren oder gar sich selbst und gegenseitig belügen. Von einer Lüge könnte aber nur dann gesprochen werden, wenn wir eine Wahrheit in Unwahrheit verkehrt hätten.

Wahr ist und bleibt, daß in den totalitären Staaten unfrei gelebt wurde. Dies war durchsichtig und so einsichtig für jedermann, für jene, die von draußen dort hinblickten, aber vor allem freilich für jene, die dort leben mußten. Daß die Freiheit im Westen war, schien für die im Osten totalitär unterdrückten Menschen offenkundig. Was diese Freiheit aber letztlich ist, konnten sie erst mit der wirklichen Begegnung mit dem Westen erfahren. Freilich wurde ihnen im Osten gesagt, daß der Westen gar nicht frei ist, daß dort ein unmenschliches, nämlich unsoziales Leben geführt wird.

Im Westen allerdings wurde lauthals die Freiheit immer behauptet. Man sprach ja regelmäßig von der 'Freiheit und Würde' des Menschen, auf die man im Westen stolz war, ja deshalb stolz sein konnte, weil es die Normalität des Lebens darstellte. Ob aber all die genannten Tatsachen und Erlebnisse von Freiheiten wirklich den Menschen frei machten, das war auch immer wieder die Frage im Westen, wenn dort Selbstkritik an Politik und Kultur im ganzen geübt wurde. Freilich gehört gerade die Möglichkeit dieser Kritik zu einem freiheitlichen Leben. Eine solche Kritik wie überhaupt Kritik war in den totalitären Staaten unmöglich. Freiheit ist großartig aufgegangen, aber zugleich scheint sie nun wiederum zu verschwinden, zumindest neuen Schaden zu nehmen.

Indessen könnte es so sein, daß im Osten jetzt auch gerade jenes aufgegangen ist, was zur wahren Freiheit gehört, so daß wir also der Wahrheit der Freiheit näher gekommen sind. Desgleichen sind wir auch im Westen in bezug auf die Freiheit ertappt worden und merken es auch allmählich selbst, daß in diesem freiheitlich sich wähnenden Leben nicht alles frei ist bzw. daß zu einem Leben in Freiheit Aufgaben gehören, die wir bislang nicht sehen, nicht wahrhaben wollten.

Im Westen war uns die Freiheit eine Gewißheit; im Osten war man sich gewiß, daß die gesuchte Freiheit im Westen zu finden ist. Diese konnte aber nicht gefunden werden, weil man sich von der Freiheit ein falsches Bild machte, falsche Vorstellungen hatte, die nun wiederum mit dem zusammenhängen, daß das, was wir im Westen als Freiheit sahen, doch selbst von Unfreiheiten belastet ist. Wir haben uns damit gegenseitig in der Freiheit etwas vorgemacht, nicht nur getäuscht und geirrt, vielmehr uns belogen. Es handelt sich deshalb um eine Lüge, weil wir heute nicht die Sachlage anerkennen, wahrhaben wollen.

Wir können nun besser sehen, was Freiheit ist und nicht ist. Indessen wollen wir dies offensichtlich nicht sehen. Hier wie dort beharren wir auf Meinungen und Vorstellungen, wie das Leben frei zu leben wäre, was für das Leben wünschenswert und wichtig wäre. Dabei bleiben wir an liebgewordenen Vorstellungen hängen und haben damit letztlich überhaupt nicht erfahren, was Freiheit heißt, gerade heute für uns heißen muß, nachdem dieser große und noch im ganzen unermeßliche Akt der Befreiung geschehen ist, wie er im Durchbruch der Berliner Mauer ein Ziel der Freiheit markierte und Wege zur Freiheit eröffnete. Wie sollen wir vorgehen? Wir versuchen viel auf dem wirtschaftlichen Weg, der eben der neuzeitliche und besonders bundesdeutsche Weg war. Die Freiheit läßt sich aber nicht allein und letztlich überhaupt nicht auf dem Weg der Wirtschaft verwirklichen. Diese ist sicherlich ein Mittel zu einem freien Leben, aber nicht das Ziel, das aber die Menschen im Osten vor sich sahen, weil es ja auch der Lebensinhalt und das Lebensziel im Westen war.

c) Tatsachenverweigerung

Auschwitz verweist auf Völkermord, die Berliner Mauer auf den totalitären Staat. Hier gibt es an den Fakten nichts zu deuten. Daß Auschwitz stattfand, daß die Mauer in Berlin stand, kann wohl nicht geleugnet werden. Was aber Auschwitz wie die Berliner Mauer in ihrer tiefen wie weiten Dimension wirklich waren und bleiben, geht den Menschen oder wenigstens vielen Menschen nicht ins Bewußtsein und Gewissen bzw. wird es vergessen. Der Mensch läßt Fakten hinter sich, schüttelt sie ab, versteht, interpretiert sie anders. Dabei wurden jeweils Menschen umgebracht, wurden Leben und Freiheit vernichtet, die Menschenwürde, von der wir besonders seit Anbruch der Neuzeit reden, in schlimmster Weise mißachtet. Ja, man kann dort einen Menschen am Werke sehen, den man eigentlich gar nicht zu den Menschen zählen möchte. In beiden Fakten können wir Menschen in einem Denken und Handeln sehen, in welchem Wahrheit und Lüge sich ereignen. In Auschwitz wie an der Berliner Mauer zeigt sich, wie es um den Menschen steht, wozu er fähig ist. Er zeigt hier sein wahres Gesicht.

Indessen kommt es zu diesen Fakten von Auschwitz bzw. Berliner Mauer nur aus dem Innersten der Lüge heraus, in welcher der Mensch sein Menschsein verdreht und verkehrt. Beide Male wollten ja Menschen andere vernichten, in denen sie nicht den richtigen Menschen sahen. Menschen wurden getötet bzw., ihnen wurde der Tod angedroht, wenn sie sich nicht ins kommunistische System fügen wollten. Auschwitz heißt Mord, die Berliner Mauer Unfreiheit. Beides sind jetzt nur noch Erinnerungs- und Gedenkstätten für Schrecken, die vom Menschen ausgehen. Hier können wir die Wahrheit als eine Gewißheit erfahren. Gerade dagegen erhebt sich die Lüge.

Die Lüge nennt den Mord nicht mehr Mord, lügt Tatsachen einfach weg. Die Lüge gegenüber der Tatsache der Unfreiheit besteht darin, daß der Blick zurück auf die Zeit der Unfreiheit vernebelt wird, wie umgekehrt der Blick voraus in die gewonnene Freiheit diese einerseits mit der Unfreiheit vergleichen will, wie andererseits von der Freiheit etwas ganz anderes erwartet wird, als sie wirklich ist. Besonders der Blick zurück wird zur Lüge, da die Zeit der Unfreiheit nun manchem gar nicht mehr so unfrei erscheint. Die Tatsache der totalitären Unfreiheit wird mehr oder weniger verändert, verdreht und so geleugnet. Ich spreche von Lüge, weil wir hier alle mehr oder weniger die Wahrheit nicht sehen wollen. Wie kann ich hier aber von Lüge sprechen, da diese nach der klassischen Definition voraussetzt, daß wir um das Wahre wissen und dieses bewußt leugnen?

Lügen ist Fälschen, Verkehren von Wahrheit. Wir fälschen aber bereits unser Bewußtsein, wenn wir nicht sehen wollen, was ist. Die Wahrheit wird verweigert. Damit beginnt bereits die Lüge. Wir lügen, indem wir etwas, das ist, nicht wahrnehmen, nicht einmal anerkennen, geschweige denn erkennen wollen. Wir meinen und behaupten dagegen etwas anderes. Dies nennen wir dann gar Meinungsfreiheit und können diese gar zur Gewissensfreiheit radikalisieren, um uns dadurch besonders standfest zu machen. Bei solcher Meinungs- und besonders Gewissensfreiheit können wir uns auf einen je eigenen Standpunkt zurückziehen, uns von allen anderen Menschen trennen. In der Weigerung, Tatsachen anzuerkennen, haben wir eine Lüge, welche noch viel radikaler ist als jene Lüge, die eine Wahrheit verdreht und verkehrt. Hier nämlich wird überhaupt der Zugang zu Wahrheit von vornherein abgeschnitten. Dies bedeutet eine völlige Abkehr von Wahrheit und steht dem entgegen, was wir die Suche oder das Streben nach Wahrheit nennen.

Auch wenn Auschwitz wie die Berliner Mauer eine Tatsache ist, so stehen doch Menschen dagegen auf, um nicht nur im nachhinein diese Tatsache zu Fall zu bringen, nein vielmehr um von vornherein hier nichts bzw. anderes wahrnehmen zu wollen. Was hier im Grunde die Wahrheit einer Sache ausmacht, interessiert nicht. Menschen stellen sich gegen die Wahrheit, weigern sich wahrzunehmen. Hier wird gelogen, indem die Wahrnehmung und die Wahrheit abgelehnt wird, der Mensch sich von ihr abkehrt. Diese Abkehr von der Wahrheit ist die größte Verkehrung von Wahrheit. Denn sie fängt nicht mit der Verkehrung von Wahrheit, sondern schon vor der Wahrheit an. Man verweigert sich, hört nicht zu, läßt sich nichts sagen, übersieht einfach Tatsachen, wobei all dies ein erstaunlicher Vorgang ist, der sich beim Menschen abspielt. Abkehr von der Wahrheit heißt, daß es mit der Wahrheit nichts ist, daß die Verweigerung, die Verneinung von Wahrheit soweit geht, daß diese überhaupt nicht ist. Auschwitz als Völkermord gibt es nicht. Da kann geschehen sein, was immer auch geschehen sein mag. Wir haben hier den Menschen, der zu einer Tatsache nicht nur einfach nein sagen kann, vielmehr für den auch bei dieser ungeheuren Tat eigentlich nichts geschehen ist. Das Ungeheure, das ist, ist nichts. Das Problem der Tatsache, „Tatsachenwahrheit" (Leibniz) und Lüge behandeln wir weiter im Kapitel III.

3. Freiheit von und Freiheit zur Lüge

In der Meinungsfreiheit wird eine wichtige, vielleicht die wichtigste Freiheit gesehen. Ihr entspricht ein Menschenrecht, das auch immer erstrangig genannt wird, so in der Formel „Freiheit, Leben, Eigentum" (John Locke)[8]. Hier, wo noch vom Besitz und nicht vom Recht gesprochen wird, steht Freiheit obenan. Und Freiheit heißt vor allem Meinungsfreiheit. Freiheit des Lebens und des Eigentums sind dann die weiter genannten Freiheiten. Verstärkt wird diese Freiheit und ihr Recht, wenn wir auf das Gewissen verweisen. Das Recht auf Gewissen, auf Gewissensfreiheit wird hoch angesiedelt. Man spricht gar von der „Konkretisierung" der Menschenwürde, welche im Gewissen liegen soll (so Theodor Maunz in einem maßgeblichen Kommentar zum Grundgesetz für die Bundesrepublik Deutschland[9]). Im Gewissen haben wir offensichtlich Wahrheit als Gewißheit, ja im Gewissen haben wir nicht nur ein Wissen, sondern sind in

---

[8] John Locke, Second Treatise VII, 87; IX, 123.
[9] Grundgesetzkommentar von Theodor Maunz, Günter Dürig, Roman Herzog u. a., Bd. 1, Art. 4, 11 f.

unserer ganzen Existenz von einer Gewißheit erfüllt, die uns in allen Tätigkeiten bestimmt. Im Gewissen haben wir das Bewußtsein von Gewißheit. Hier fließt all jenes zusammen, was die Freiheit im Sinne der Autonomie uns sagen soll.

Meinungs- und Gewissensfreiheit sind größte Freiheiten des Besitzes. Indem dort der Mensch mit Bewußtsein auftritt, erweist er sich als ein Mensch, dem die Wahrheit zur Gewißheit wird. Hier kommen dann Wahrheit und Lüge sich besonders nahe. Wie können wir hier Wahrheit von Lüge unterscheiden? Ist die Meinung immer in der Spannung von Wahrheit und Lüge, während das Gewissen gegen Lüge gefeit ist? Sind wir bei der Freiheit des Gewissens gerade aufgefordert, den höchsten Anspruch an uns selbst zu stellen, d. h. den Anspruch mit der Pflicht zu verbinden? Beim Gewissen pochen wir aber auch auf Gewißheit. Wie steht es bei dieser Wendung von der Wahrheit in die Gewißheit, welche auch im Gewissen gemacht wird? Beim Recht auf Meinungsfreiheit wird offensichtlich gar ein Recht auf Lüge beansprucht. Dazu haben wir den neuesten Einfall, daß für die Auschwitzlüge vor Gerichten Meinungsfreiheit beansprucht wird. Eine weitgehende Meinungsfreiheit haben wir in der Kunst, besonders in der Literatur. Aber darf dabei verdreht, gewendet und so gelogen werden? Ich sehe jedenfalls in dem Anspruch auf Meinungsfreiheit bezüglich einer Aussage über Auschwitz, daß hier ein Recht auf Lüge gefordert wird.

Platon verwies uns bei diesem Problem auf den Menschen, der in der Spannung des Wissens, des Wissensgangs (Methode) steht. Hier steht er immer wieder vor der Unwissenheit, aus der er ins Wissen, schließlich in die Weisheit hinüberzugehen strebt. Aber er will auch in der Unwissenheit bleiben, und das ist das schwierigste menschliche Lebensproblem. Es gibt Menschen, die überhaupt vom Wissen, von der Wissensspannung, gar der Weisheit, der Suche nach Wahrheit nichts wissen wollen. Sie wissen immer alles schon; es genügt ihnen nicht nur irgendein, ein kleines Wissen, nein, sie wollen gerade in der Unwissenheit verbleiben. Die Unwissenheit kreist in sich selbst, verkehrt die ganze Spannung des Wissens. Hier gebiert sich unaufhaltsam in ungeheuerlichster Weise die Lüge. Platon spricht von der großen Lüge. Der Mensch, der dieses kleine Wissen bis hin zum Nichtwissen geradezu liebt, diesen Menschen nennt er Philodoxen. Meinungsfreiheit und Philodoxie, dies ist hier zu überlegen, auch im Zusammenhang mit der großen Lüge, worauf wir im Kapitel III noch weiter eingehen.

Wenn wir unsere Überlegungen begannen, um von der Wende, ja

Verkehrung von der Wahrheit in die Gewißheit zu sprechen, so können wir nun in der Meinung und auch im Gewissen eine Wahrheit sich ausbreiten sehen, welche in radikaler wie umfassender Weise demonstriert, wie Wahrheit und Lüge zusammengehen. Der Fortschritt von der Philosophie zur Wissenschaft, von der Wahrheit zur Gewißheit bringt mit sich einen Menschen, der wie nie zuvor Freiheit und Wahrheit in Meinung und Gewissen sieht. Was heißt hier nun Freiheit und besonders Wahrheit? Wie kann in der Meinungs- und auch gerade in der Gewissensfreiheit jedermann über sich und das Ganze entscheiden, über sich und das Ganze ein Wissen und darin Wahrheit beanspruchen, die aber eines gegen das andere und so auch einen Menschen gegen einen anderen, überhaupt gegen alle anderen stellen kann? Es ist der Aufstand des Menschen aus sich und zu sich selbst.

Wahrheit *(alätheia, alätheuein)* besagt gerade im griechischen Wort, daß wir nicht zu Wissen und Gewißheit gelangen. Im *alätheuein* ist nicht alles zugänglich bzw. offen. Wenn wir dies verkehren, dann können wir von Lüge (in neuer Weise) sprechen. Für die Lüge ist alles offen. Und dies spielt sich wohl auch in der Meinungs- wie aber auch Gewissensfreiheit ab. Wir müssen uns heute schon fragen, was wir in der Meinungsfreiheit letztlich beanspruchen, was wir uns hier gegenseitig zumuten wollen. Diese so unerhört behaupteten Gewißheiten der Meinung wie des Gewissens müssen wir in einen Zusammenhang von Wahrheit und Lüge stellen.

Die Suche nach dem Wissen, nach der Wahrheit beginnt deshalb, weil wir in Meinungen verharren, weil wir Meinungen und so auch ihr Nichtwissen lieben, ja gerade wohl auch uns ständig in der Unwissenheit bewegen, in ihr tätig sein wollen. Dies heißt doch Philodoxie. Der Mensch in der Spannung von Philodoxie und Philosophie ist der Mensch in der Spannung von Lüge und Wahrheit. In dieser Weise beginnt der Mensch mit der Lüge und gibt es überhaupt nicht jenen oft vermuteten und paradiesisch genannten Zustand des Menschen ohne Lüge. Der Mensch beginnt mit der Lüge und vielleicht endet er auch mit ihr, jedenfalls dann, wenn er nicht die Chance sieht und ergreift, Philosoph zu werden. Das sagt Platon. Dies heißt nun überhaupt nicht, daß Philosophen bei der Wahrheit sind. Daß die Philosophie ganz anders verlaufen ist, davon sprechen obige Überlegungen „Von der Wahrheit zur Gewißheit".

Die Philosophie ist mehr denn je an einem Anfang, wie er von Platon erstmals aufgezeigt wurde. Das wollen wir freilich nicht zugeben. Wir haben ja den Fortschritt in der Philosophie seit der neuzeitlichen und vor allem in der gegenwärtigen Philosophie und Wissenschaft. Aber darin könnten wir uns nicht nur täuschen, vielmehr gerade lügen. Auch dies wäre zu fragen. Wenn wir von der Wahrheit zur Gewißheit voranschreiten, wie dies in der neuzeitlichen Philosophie begonnen, dann in Meinungs- und Gewissensfreiheit und den entsprechenden Menschenrechten auf alle Menschen ausgedehnt wurde, sind wir aber auch von der Wahrheit zur Lüge weitergegangen. Dies hört sich noch ungeheuerlich an. Es ist die Lüge über die Wahrheit (Gewißheit), der nichts verborgen ist, und die Meinung, die auch von der Wahrheit frei sein will. Zur Meinungsfreiheit gehört wohl auch und gerade die Freiheit zur Lüge. Wir können die Freiheit in bezug zur Lüge wie folgt zu ordnen versuchen:

1. Die Freiheit der Lüge. Wir können in der Lüge eine, gar die Freiheit überhaupt sehen. Es ist die Freiheit zur und in der Lüge. Wir können anderen oder uns selbst alles sagen, was uns gerade einfällt, uns paßt. Und wir können zu allem etwas sagen, auch wenn wir eigentlich dazu nichts zu sagen haben. Das geschieht heute besonders in den Medien. Ich möchte vor allem auf jenes Lügen hinweisen, das uns Besitz bringen soll. Es ist die mit Hab- und Selbstsucht verbundene Lüge. Hier ist die Lüge ein, ja das Mittel zum Besitz. Wenn wir den Menschen als das mehr-haben-wollende Lebewesen erfahren, dann gehört die Lüge dazu.

Wir können allerdings nur mit Schwierigkeiten zunächst von Freiheit sprechen, da von der Begierde des Mehr-haben-wollens gesprochen wird. Es ist die im Menschen liegende Begierde schlechthin. Wie sollen wir da lügen und von Verlogenheit des Menschen sprechen? Diese beginnt damit, daß man die Begierde nicht als eine Notwendigkeit, sondern als Freiheit, nicht als eine Naturanlage, sondern als eine Planung und Konstruktion auffaßt. Es läuft hier nichts ab, es geschieht nichts von sich selbst, vielmehr werde ich in konzentrierter Anstrengung tätig. Hier ist der Umschlag von Begierde in Wille. Darin kann man eine Verkehrung sehen und damit von Lüge sprechen. Es ist jenes, was in der Literatur von Musil oder Doderer die zweite Realität genannt wird. Die erste Realität ist gegeben, die zweite ausgedacht, konstruiert. Doderer spricht von der pseudologischen Realität.[10] Von Platon haben wir hier die ersten wichtigen

---

[10] Ich habe in Anm. 4 auf Doderers ›Tangenten‹ hingewiesen und nenne nun weiterhin seinen großen politischen Roman ›Die Dämonen‹ (München 1956) wie auch den das Problem zusammenfassenden Artikel ›Sexualität und totaler Staat‹ in: Doderer, Die Wiederkehr der Drachen, München 1970, S. 273–298.

Überlegungen, in denen wir zugleich den Anfang von Philosophie, des philosophierenden Menschen sehen können. Es geht um den Umgang mit der Begierde. Ich fasse das Problem so zusammen: Begierde führt das Leben, in ihr geht das Leben auf. Wir können aber offensichtlich hier, salopp gesprochen, etwas draufsetzen. Wir können Bedürfnisse nicht nur befriedigen, vielmehr anstacheln und überhaupt erst erzeugen. Hier liegt der springende Punkt des Umschlags, der Verkehrung. Man kann darin nun allerdings jenes sehen, was wir die Freiheit des Menschen nennen können. Es ist die Freiheit

---

Zur pseudologischen Realität möchte ich Hannah Arendt zitieren, von der wir zwei wichtige Essays zu ›Wahrheit und Lüge in der Politik‹ (2. Aufl., München 1987) haben: „Lügen [ist] immer primär ein Handeln" (S. 73). „Das aber heißt, daß unsere Fähigkeit zu lügen … zu den wenigen Daten gehört, die uns nachweislich bestätigen, daß es so etwas wie Freiheit wirklich gibt" (S. 74). Die Freiheit zur Lügenhandlung führt letztlich zu einer total verkehrten, also pseudologischen Realität. Sie sieht „die beunruhigendste Frage" darin, „wenn die modernen Lügen sich nicht mit Einzelheiten zufriedengeben, sondern den Gesamtzusammenhang, in dem die Tatsachen erscheinen, umlügen und so einen neuen Wirklichkeitszusammenhang bieten, was hindert eigentlich diese erlogene Wirklichkeit daran, zu einem voll gültigen Ersatz der Tatsachenwahrheit zu werden, in den sich nun die erlogenen Einzelheiten ebenso nahtlos einfügen, wie wir es von der echten Realität her gewohnt sind?" (S. 78).
Wir können hier auch an Karl Jaspers erinnern, von dem wir vielgestaltige Überlegungen zum Problem der Lüge haben, die in „Die bodenlose Beliebigkeit des Lügens" münden (Karl Jaspers, Von der Wahrheit, 3. Aufl., München 1983, S. 561). Darin sieht er letztlich einen krankhaften Zustand des Menschen, der sich in der *pseudologia phantastica* zeigt, welche in der „Psychopathologie beobachtet und beschrieben worden" ist (S. 562). Ich meine aber, daß diese abgrundtiefe Verlogenheit nicht einfach als krankhaft bezeichnet und so vielleicht entschuldigt werden kann. Jaspers selbst endet diesen Abschnitt, indem er beschreibt, wie „Wirklichkeit verlorengeht" und der Mensch auf dem „Weg des tiefsten Verfalls der Wahrheit" ist: „In dieser ganz unfaßlichen Verlogenheit hört alle Unterscheidung auf, gilt nichts mehr, nicht einmal der Nihilismus, besteht keinerlei Verläßlichkeit, ist es, als ob der Mensch als Mensch gar nicht mehr da wäre, trotz der jeweils gespenstischen Gebärde eines Menschseins" (S. 562). Was hier die Lüge im ganzen Menschsein und für die ganze Realität ausmacht, hat Jaspers einmal ganz knapp bemerkt, wenn er auf Hitler zu sprechen kommt und hier vom „Prinzip Hitlers" spricht, nachdem gelebt und d. h. gelogen wird: „die größte, unverschämteste Lüge wird geglaubt, die halbe und gemäßigte Lüge nicht" (Karl Jaspers, Notizen zu Martin Heidegger, hrsg. v. Hans Saner, München 1978, S. 255).

aus der Begierde als einem Drang und einer Notwendigkeit etwas anderes, mehr zu machen.

Hier liegt auch der Unterschied zwischen einem Leben, um die Dinge zu gebrauchen, und einem Leben, um sie nur zu haben, zu besitzen. Dies wird ja Mehr-haben-wollen genannt. Die Begierde will nicht nur im Leben etwas haben und sich nehmen, nein sie will immer mehr und mehr haben und d. h. nicht nur nehmen, sondern wegnehmen. Die Begierden des Menschen stoßen aufeinander, und dies führt zu Auseinandersetzungen bis hin zu Krieg.

Wir können sagen: Wir lügen, um zu besitzen; wir lügen, um zu herrschen. Lüge bringt Macht. Wir können hierin eine, ja die Freiheit sehen, und dies ist wohl neuzeitlich der Fall, als von der Freiheit des Besitzes gesprochen wird. Es geht immer um mehr Besitz, d. h. mehr Freiheit, mehr Leben, mehr Eigentum. Wir können dann den Zusammenhang von Freiheit, Besitz und Lüge derart sehen, daß im Besitz zwar die Freiheit liegt, wir aber nur durch Lüge zu diesem Besitz kommen und schließlich in der Lüge die Freiheit überhaupt besteht. Die Lüge führt zu einer Freiheit des Besitzes ohnegleichen. So gehen Lüge und Freiheit Hand in Hand.

2. Die Freiheit der Lüge ist die Freiheit der Verkehrung, d. h. aus der Notwendigkeit der Begierde eben eine Freiheit zu machen. Wir sind aber dann nicht frei im Sinne, daß wir frei von Begierden sind, nein, wir leben eigentlich dann nur in Begierden. Unser ganzes Leben geht so in der Begierde auf. Ob dies als ein notwendiges oder ein freies Tun erfahren wird, ist sekundär. Denn wir leben nur in einem und auf eines hin: im Besitz, in Herrschaft und Macht. Um diese zu erhalten und zu steigern, müssen wir lügen, immer wieder lügen, überhaupt nur lügen. Könnte uns dabei aber nicht aufgehen, daß wir in der Freiheit der Lüge uns selbst belügen, so daß die größte Lüge darin besteht, daß wir von dieser Freiheit des Besitzes sprechen, davon, daß wir aus der Natur der Begierde eine Freiheit machen? Wir stoßen hier auf die Lüge der Freiheit. Denn es ist eine verlogene Freiheit. Gibt es denn wirklich die Freiheit des Besitzes?

Platon hat darauf verwiesen, daß dies nur in einer Begierde geschieht, die in sich selbst das Maß findet. Der gute Zustand bzw. die Tugend der Begierde wird dort genannt: Besonnenheit. Wer Begierde hat, hat auch Maß. Dies wird neuzeitlich und heute vor allem anders gesehen. Wer Begierde hat, kann noch mehr Begierden haben. Die Begierde braucht nicht das Maß, nein, sie will das Unmaß. Das ist der Stachel des Mehr-haben-wollens, des Besitzes.

In der behaupteten Freiheit des Besitzes, auch gerade in der klas-

sisch gewordenen Formel von „Freiheit, Leben, Eigentum" könnte
eine große Lüge liegen. Diese Freiheit des Besitzes ist vielleicht die
Lüge der Freiheit schlechthin. Denn es ist keine Freiheit im Sinne
dessen, was uns Freiheit doch auch immer sagt. Freiheit weist ins
Freie und Offene. Das heißt nicht, daß der Mensch sich Freiheiten
nimmt, sondern daß er sich etwas geben läßt. Die Freiheit ist nicht
in ihm, ist gerade nicht jenes, was er zu Besitz machen kann. Bei der
Freiheit des Besitzes geht es letztlich darum, daß wir die Freiheit
besitzen wollen, daß sie der innerste Besitz ist, daß wir in uns über
jenes verfügen, was Freiheit des Menschen ist.

Der Mensch ist aber das Lebewesen der Freiheit, das nicht in sich
die Freiheit herstellen, konstruieren kann (wie oben gezeigt, kann er
dies wohl in gewisser Weise), vielmehr daß er dann sich erst wirklich
als Lebewesen der Freiheit erfährt, wenn er sich in diese Freiheit
hineinbegibt. Es ist der Hineingang in die Offenheit, Weite, ins Freie
der Freiheit.

3. Freiheit zielt auf Freisein von Lüge, Besitz, Mehr-haben-wollen.
Es ist die Freiheit von der Verkehrung und Umdrehung, d. h. jener
Verdrehung der Begierde in Freiheit, was eine gefälschte Freiheit
bedeutet. Diese verfälscht das Offene, Freie und Weite, welches sich
auch im Suchen zeigt. Das Suchen ist nichts anderes als ein Öffnen,
ein sich Offenhalten. Dies zeigt sich im Leben doch ständig. Hier
können wir einen ganz anderen Zusammenhang von Freiheit und
Leben sehen, die ineinander gehen. Leben heißt Freiheit und umgekehrt. Dies ereignet sich im sich öffnenden und freien Leben, bei
dem wir wahrnehmen und das, was ist, aufnehmen. Leben heißt
Wahrnehmen, und darin liegt die Erfahrung von Freiheit. Leben
heißt Offensein, um sich so Leben einströmen zu lassen, Leben zu
atmen. Dies ist freies Leben oder gelebte Freiheit.

4. Es handelt sich also letztlich um die Lebensentscheidung, ob
wir die Freiheit in der Lüge oder in Freiheiten von Lüge sehen.
Beides scheint dem Menschen möglich, wobei er sich auch nicht
einfach vom einen ins andere wenden kann. Dies wäre wiederum
eine Umkehr, von der wohl auch in der Philosophie immer wieder
gesprochen wird. Aber dort könnte eine weitere und gar große Lüge
liegen. Wir sind offensichtlich in beide Freiheiten verspannt, verstrickt.

Wir wollen Besitz und sind dabei Lügner. Wir haben die Lüge als
einen Besitz und eine Freiheit, die uns groß erscheint, ja groß macht,
aber in der wir uns auch klein sehen können. Denn wie mächtig ist
der Besitzende? Er hat vielleicht Macht über viele Dinge und Men-

schen. Bei sich selbst ist er letztlich voller Ohnmacht. Vor Krankheit und Tod ist jedenfalls niemand gefeit. Aber dies sind lebensnatürliche wie lebensbanale Dinge, denen man wohl immer nachsinnen kann, die aber keine Lösung bringen, gerade nicht für das Problem der Macht. Man kann die Mächtigen nicht einfach an ihre Sterblichkeit erinnern, vielleicht an die Gerechtigkeit nach dem Tode, was aber immer eine Glaubensfrage ist. Freilich behaupteten Philosophen von Platon über Kierkegaard bis Jaspers, daß niemand, und gerade die Mächtigen und Herrschenden, vor Untaten, vor Verbrechen und so auch Lüge zurückschreckt, wenn ihm nicht die Übermacht eines jenseitigen Gerichtes droht. Auf dies können wir uns in der Philosophie aber kaum mehr einlassen, auch wenn Platon am Ende seiner ›Politeia‹ das Menschen- bzw. Lebensgericht in dieser Dimension aufscheinen läßt.

Können wir frei werden für jenes Suchen und Öffnen, von dem die Philosophie immer spricht und ihren Namen hat, ohne daß wir hier auf eine mythische, religiöse, jenseitige Dimension angewiesen sind? Weist Freiheit, die Erfahrung von Freiheit letztlich in dieses Offene und Freie? Wir können dies offenlassen, um gerade auch so Freiheit zu denken und frei zu bleiben. Wir können auch hier wieder auf den Anfang des Problems zurückkommen, wie wir es unter Punkt 1 auch zunächst stellten. Es ist die Situation des Menschen, der in Begierde lebt. Leben heißt Begierde. Das ist nicht abzustreiten und wegzudiskutieren. Wenn immer dies getan wird, was auch in der Philosophie und weiterhin geschieht, dann lügen wir uns auch hier etwas vor und verfälschen das Leben in seinem Ursprung. Aber hier machen wir die das Leben entscheidende und so auch unterscheidende Erfahrung, daß die Begierde wohl auf etwas zielt, das sie braucht, wir aber auf eine andere Bahn mit der Begierde geraten, wenn wir die Begierde nicht für den Gebrauch im Leben, sondern für jenes nehmen, was genannt wird Mehr-haben-wollen, Besitz, Gewinn. Leben, um zu gebrauchen, und/oder Leben, um zu besitzen. Das ist die Lebensfrage.

II. AUGUSTINUS UND KANT

A. *Augustinus' Definition der Lüge*

1. Die Lüge – nur ein moralisches und religiöses Problem?

Mendacium est enuntiatio cum voluntate falsum enuntiandi. Lüge ist eine Aussage mit dem Willen, falsch auszusagen. Dieser Satz von Augustinus wird immer wieder zitiert und gilt als die beste Definition von Lüge. Wir finden sie in Augustinus' Abhandlung ›Über die Lüge‹ (›De mendacio‹, Kap. 4). In dieser und ›Gegen die Lüge‹[11] sieht man den ersten umfassenden Versuch eines Philosophen, das Problem der Lüge zu stellen, diese zu analysieren und dabei die Lüge in ihren verschiedenen Formen näher zu betrachten.

Mit Kant haben wir einen zweiten Philosophen, der in vergleichbarer Weise gegen die Lüge spricht. Man wird allerdings in der Literatur kaum einen Vergleich von Augustinus und Kant finden. Augustinus wird der christlichen Philosphie, Kant dann der kritischen Philosophie zugerechnet. Kant will den Menschen zur Vernunft führen, Augustinus zu Gott. Der eine ist Aufklärer, der andere wird Kirchenvater. Und so könnte man hier sich grundsätzlich unterscheidende Philosophien, Interessen sehen, und so letztlich keinen Zusammenhang zwischen beiden. Ich hingegen meine, daß es gut wäre, wenn wir beide Philosophen hinsichtlich ihrer Problemstellung zur Lüge konsultieren würden.

Bei Augustinus steht und fällt der Mensch in bezug zu Gott, bei Kant in bezug zur Vernunft. Weil es um diese großen Zusammenhänge geht, d. h. des Menschen zu Gott und Vernunft, können wir nicht einfach nur von einer religiösen Frage sprechen, wie man dann vorschnell für Augustinus und die ganze christliche Philosophie sagen kann, weil es um den Menschen und sein Seelenheil geht. Es ist auch keine Frage nur der Moralphilosophie, wie man bei Kant meinen kann. Nein, es ist gerade bei ihm überhaupt eine Sache der Philosophie, und das heißt, die „das betrifft, was jedermann notwen-

---

[11] Siehe Aurelius Augustinus, Die Lüge und Gegen die Lüge, übertragen und erläutert von Paul Keseling, Würzburg 1953, Nachdruck 1986.

dig interessiert" (KrV B 868) bzw. das „zu wissen, … was man sein muß, um ein Mensch zu sein" (Akademieausgabe XX, 41). Dies nennt Kant Philosophie nach dem „Weltbegriff" (KrV B 868). Wir können sagen, daß es bei Augustinus und Kant, je in seiner Weise, jeweils um das menschliche Sein im ganzen geht.

Einige Formen der Lüge wurden bereits von Aristoteles in seiner Ethik skizziert (Nikomachische Ethik IV, 13). Er kommt auf das Problem zu sprechen, als er die Tugend der Wahrhaftigkeit herauszuheben versucht. Diese ist eine wichtige ethische Tugend, die durch verschiedene Weisen kleinerer und größerer Unwahrhaftigkeit verfälscht werden kann. *Pseudos*, das Falsche, ist hier das Gegenwort zum Wahren im Sinne des Wahrhaftigen. Aber Augustinus ist doch der erste, der die Lüge im ganzen zu fassen versucht. Bei ihm kann man die Lüge in einem ethischen Zusammenhang und die Lüge gar als die große Frage, *questio magna*, der Ethik sehen[12]. Aber bei Augustinus geht es um mehr. Mit der Lüge steht und fällt der Mensch. Sie entscheidet über das Verhältnis von Mensch und Gott. Mit der Lüge schaden sich die Menschen nicht nur gegenseitig, schadet der Mensch nicht einfach dem Menschen, sondern seiner Seele, dem Göttlichen in ihm, also letztlich Gott. Wenn Lügen gar Menschen umbringen können, so wird hier Gott getötet, ja weil es bewußt geschieht, gemordet. Lüge bedeutet Gottesmord. Und darin ist der lügende Mensch selbst betroffen. Er bringt sich nämlich beim Lügen um das Seelenheil, er schadet sich, er vernichtet sich. Lügen ist Vernichtung Gottes und des Menschen zugleich. Das ist letztlich die These von Augustinus. Und weil er die Lüge so gravierend sieht, kommt er bei allen Formen der Lüge, von der kleinen, beispielsweise der sogenannten Notlüge bis hin zu der größeren, zu keinerlei Entschuldigung oder gar Rechtfertigung. Lügen sind verdammenswert, weil sie selbst nur Verdammung bringen.

Augustinus mutet dem heutigen Menschen (wohl aber auch zu früheren Zeiten) viel zu, wenn er beispielsweise eine Notlüge gegenüber Räubern, Schändern, Mördern vor der Haustür nicht zuläßt. Er traktiert biblische Beispiele, daß ein Hausvater Frau und Töchter eher schänden lassen muß, als eine Lüge über die Lippen zu bringen.

---

[12] „Magna questio est de mendacio …". So beginnt Augustinus seine Abhandlung und überschreibt Harald Weinrich das erste Kapitel seiner ›Linguistik der Lüge‹ (Heidelberg 1970, S. 9), in dem er sogleich auf Augustinus kommt, der „auch als erster den linguistischen Aspekt der Lüge gesehen" hat (ebd.).

Die Argumentation: Wenn dem Leib Schaden zugefügt wird, er geschändet wird, dann ist dies im Vergleich zur Seele nichts. Aber die Seele nähme Schaden, wenn wir lügen würden.

Wir haben von Augustinus die immer noch geltende und in dieser Weise klassische Definition – wir haben von ihm eine Differenzierung von Lügen, wie man sie kaum besser machen kann; und wir haben von ihm ein Urteil, das in seiner Schärfe wie Absolutheit nicht übertroffen werden kann. Es gibt hier nichts zu deuten. Die Lüge ist nicht einfach nur unmoralisch, mit ihr kann der Mensch nicht hin und her rechten, um doch noch eine Ausflucht aus seiner Lage zu gewinnen, in der er ja immer wieder in Lügen verstrickt wird. Gegen die Lüge wird ein Nein gesprochen, wie es eindeutiger und größer nicht sein kann. Und wir können diesem Nein nur folgen, d. h. es zu verstehen versuchen, wenn wir in ihm das Gegengewicht sehen, das dem Nein der Lüge entsprechen bzw. gerade ihm widersprechen soll. Lügen heißt ja letztlich, daß wir der Wahrheit nicht entsprechen, ihr widersprechen wollen, daß wir also mit der Lüge zur Wahrheit nein sagen wollen. Diesem Nein der Lüge entspricht das Urteil von Augustinus über die Lüge.

2. „Gott ist die Wahrheit"

Von Augustinus haben wir, wie oben angeführt, zwei spezifische Abhandlungen zur Lüge, wie sie kein späterer Philosoph mehr in dieser logischen wie ethischen, schließlich religiösen Intensität und Rigorosität geschrieben hat. Ich möchte nun aber auf eine andere Stelle verweisen, die sich in der Schrift ›De civitate Dei‹ befindet, die gern das Hauptwerk von Augustinus genannt wird, dem ich mich insofern anschließe, als die für Augustinus erstrangige menschliche Problematik hinsichtlich der Lüge gerade dort festgehalten wird. Im 14. Buch, Kap. 3 und 4, wird knapp, aber tief und umfassend, das Verhältnis von Mensch und Gott umrissen, das mit der Lüge zusammenbricht.

Nach Augustinus lebt der Mensch in der Spannung von *amor Dei* und *amor sui*. Darin besteht auch die Ordnung, die hier als *civitas* angesprochen wird. ›De civitate Dei‹ wird in der Regel übersetzt mit Gottesstaat. Diesem gegenüber steht der Staat des Teufels, *civitas diaboli*. Und es wird noch von einer dritten Ordnung gesprochen, der *civitas terrena*, welche das Leben des Menschen wesentlich bestimmt. Die *civitas terrena* ist eine Ordnung, die sich im Zwischenraum zwischen der teuflischen und göttlichen Ordnung abspielt. Auf Erden, in der irdischen Ordnung lebend, stehen dem Menschen die göttliche wie die teuflische Ordnung vor Augen, die sich in der irdischen Ordnung für den Menschen vermischen. In dieser kann er sich aus der teuflischen in die göttliche befreien. Hier setzt Augustinus jenes an, was Freiheit heißt. Nach ihm steht der Mensch wesentlich in jener Ordnung der Freiheit, die in Wahl und Willen besteht, mit denen er das Teuflische wie das Göttliche wählen und wollen kann. Wir sprechen aber von Wahrheit und Lüge. Wie hängt dies nun mit diesen Ordnungen zusammen?

Bei Gott ist Wahrheit. Er selbst wird als Wahrheit bezeichnet Hier bezieht sich Augustinus auf das Neue Testament, auf Johannes, der spricht: „Gott ist die Wahrheit". Ein Mensch, der in der göttlichen Ordnung zu leben versucht, sucht die Wahrheit Gottes. Dies steckt in der Rede von *amor Dei. Civitas Dei – amor Dei.* Damit werden Ordnungsstrukturen gekennzeichnet, was vor allem durch *civitas* zum Ausdruck kommt. Dies entspricht der Platonischen bzw. überhaupt klassisch philosophischen *politeia,* die auch ein spezifischer Ordnungsbegriff ist. Die *civitas*-Begriffe werden einmal mit Staat, dann wiederum auch mit Reich übersetzt. Man spricht von den drei Reichen, der Zwei- bzw. Drei-Reiche-Lehre. Gemeint ist dabei immer ein Ordnungsverhältnis, das am besten im Staat bzw. im Reich und so in einer Staats- und Reichsordnung vorgestellt wird. Worin aber die Ordnung besteht, was hier die Ordnung eigentlich ausmacht – das sagen eher Worte wie Wahrheit und Liebe. Es ist, wenn wir so reden wollen, eine Liebes- und Wahrheitsordnung. Dies bedeutet für den Menschen, daß er das Göttliche als Wahrheit und Liebe erfahren kann. Liebe und Wahrheit werden ihm auf Erden, und d. h. also im menschlichen Leben, als Ordnungen angeboten. Er kann in diesen Ordnungen leben, zu leben versuchen, um damit nicht einfach gottgefällig zu leben, vielmehr um ein Mensch zu sein.

Im Neuen Testament und bei Augustinus hören wir: Gott ist die Wahrheit, Gott ist die Liebe. Der Mensch, der die Liebe und Wahrheit braucht, wie wir seit Menschengedenken doch in allen Kulturen erfahren, wird hiermit in die Dimension der Erfahrung von Wahrheit und Liebe gestellt. Es wird hier religiös gesprochen, Wahrheit und Liebe einer Religion und damit vielleicht auch einer Theologie anheim gestellt. Wir können auch sagen, daß es sich um religiöse Symbole handelt und wir in der Philosophie anders davon sprechen müssen. Das ist aber alles zweitrangig. Ich meine, daß es um die Philosophie schlecht bestellt wäre, wenn wir die Rede von „Gott ist die

Liebe" bzw. „Gott ist die Wahrheit" einfach dem Religiösen zuordnen und nicht das Symbol für eine Erfahrung sehen, die jeden Menschen in jeder Kultur und in seiner ganzen Geschichte angeht. Wir
stoßen hier auf das Ordnungsproblem, auf die Ordnung des Lebens,
mit der der Mensch steht und fällt. Der Mensch wird hier in eine
Ordnungsdimension hineingestellt, in der von Gott als der Wahrheit
und der Liebe einerseits gesprochen wird, wie andererseits vom Teufel als der Lüge und dem Haß.

Augustinus spricht wie das Neue Testament vom Teufel, den er
„Vater der Lüge" nennt. Damit werden wir bei der Frage nach Wahrheit und Lüge in eine Dimension verwiesen, die ungeheuerlich und
unermeßlich ist und die heute uns jedenfalls Schwierigkeiten macht.
Wie sollen wir denn über Wahrheit und Lüge etwas erfahren, wenn
wir auf Gott und Teufel verwiesen werden? Augustinus mutet uns
ein religiöses, biblisches und schließlich christliches Wahrheits- und
Lügenverständnis zu, dem man allgemein, philosophisch kaum folgen kann. Ich sehe aber hier Ordnungssymbole für eine Ordnungsdimension, die dem Menschen als Menschen aufgegeben ist.

Wer lügt, stellt sich gegen die Ordnung, schafft Unordnung, die
letztlich zur Vernichtung führt. Augustinus zeigt uns dies in wenigen
und kurzen Kapiteln seines Werkes, so besonders im Werk über den
Gottesstaat, das ich nun eher übersetzen möchte: Werk von der Ordnung, die in Gott beruht. Gegen die Ordnung stellt sich der Teufel,
und der Mensch kann diesem nachfolgen. Der Teufel ist der Vater
der Lüge, und die Menschen können dessen und nicht Gottes Söhne
sein. Hier wird gezeigt, daß das wesentliche Problem der Lüge darin
besteht, daß gegen Gott, gegen die Wahrheit Gottes jemand aufsteht,
daß jemand sein will wie Gott. Die Seinsordnung wird durchbrochen,
wie wir sagen können. Da sagt einer, ich bin wie Gott, ich will an
seine Stelle treten. Dies schließt ein, daß Gott nicht mehr Gott ist,
die Erhebung des Teufels bringt den Sturz Gottes.

Wir können hier auch den Zusammenbruch dessen sehen, was wir
Wahrheits- und Wissensordnung nennen können. Denn der Teufel
ist derjenige, der weiß, was Gott und die Wahrheit Gottes ist. Er steht
ihm im Vergleich zum Menschen viel näher. Wenn er sich gegen Gott
stellt, dann weiß er wirklich, was er tut. Der Teufel gibt bei Augustinus ein Bild der Lüge ab, wie es nicht besser gezeichnet werden
kann. In ihm scheint voll auf, was uns bei der Lüge aufgehen muß.
So meine ich, daß wir an der Figur des Teufels rein philosophisch
das Problem der Lüge ablesen und erfassen können. Der Teufel lügt;
er lügt, indem er Gott leugnet. Darin liegt schon alles, was hier zur

Sache der Lüge gesagt werden soll. In der Lüge liegt also Widerspruch, Entgegensetzung, ein Nein, das bis zum Nichts, zur Vernichtung geht. Im Bild von Teufel und Gott geht es letztlich darum, daß der Teufel Gott verneinen und ihn so vernichten will. Aber zunächst sehen wir aus dem Bild, daß es um eine Selbsterhebung geht, eine Anmaßung, die man dann auch beim Menschen sehen kann, wie es schon die Griechen sahen, die dies *hybris* nannten. Es ist die Selbstherrlichkeit, der Stolz, die Eitelkeit. Mit all dem wird dieses Phänomen umschrieben, das immer darauf zielt, den Menschen mehr scheinen zu lassen, als er selbst ist. Dieses Mehr-sein-wollen, selbst alles sein wollen, wird im Teufel figuriert und d. h., in ihm treten alle diese Züge deutlich hervor, von denen der Mensch auch mehr oder weniger gezeichnet ist.

Mit diesem Bild von Gott und Teufel erfahren wir über den Zusammenhang von Wahrheit und Lüge mehr als aus der Augustinischen Definition: Lüge ist eine Aussage mit dem Willen, falsch auszusagen. Ja, wir können erst durch dieses Bild in eine Dimension vordringen, von der diese Definition nur einen kleinen Umriß bietet. In der Definition wird gesagt, daß die Lüge in einer Aussage besteht, die willentlich Falsches aussagt. Nach dieser Lügendefinition von Augustinus wird nur dann gelogen, wenn ich um die Wahrheit weiß, aber dann mit Willen Falsches aussage. Wie steht es aber hier um die Wahrheit? Wir können doch nur dann mit Willen eine falsche Aussage machen, wenn wir auch wissen, was demgegenüber die wahre Aussage ist. Lüge heißt mit Willen Fälschen, aber es muß vorher klar sein, also bewußt werden, was wahr ist. In der Lügendefinition wird vorausgesetzt, daß der Mensch Zugang zur Wahrheit hat, daß er weiß, was Wahrheit ist, die beispielsweise dann in Sätzen vorkommen soll, die wir aussagen.

Aber es wird doch oft etwas gesagt, ohne daß dabei ein sicheres Wissen, die Wahrheit dahinter steht. Selbst und gerade in den Wissenschaften werden Aussagen gemacht, die dann revidiert werden oder auch nicht. Wir erfahren im Leben, daß in vielem uns das Wissen und so letztlich die Wahrheit verschlossen ist und wohl auch bleibt. Hier versuchen Philosophie und besonders die Wissenschaften einzudringen, um mehr Wissen, mehr Wahrheit zu erlangen. Der Wille zu fälschen, zu verfälschen führt zur Lüge. Hier wird die Lüge im Willen verankert und damit ganz dem Menschen anheim gestellt. Es liegt an ihm, seinem Willen. Dies wird behauptet.

Wir können zunächst den Willen ganz beim Menschen sehen, gerade als jenes, was ihn als Menschen auszeichnet Er lebt mit und durch den Willen. Damit kann er aber auch lügen. Demgegenüber verweist uns das Bild vom Teufel, die Rede vom Teufel als dem Vater der Lüge in eine schier unermeßliche Dimension im Hinblick auf das Problem der Lüge. Die Lüge kommt durch den Teufel in die Welt. Er ist der erste Lügner und die Lüge das erste Verbrechen. Als solches wird es gerade von Kant hervorgehoben. Es ist das erste Verbrechen, weil damit Gott abgeschafft werden soll. Lüge ist Gottesmord. Das leuchtet aus dem Bild auf. Und diesem Mord kann dann erst der Menschenmord folgen, wie er im Urbeispiel der Bibel gezeigt wird, wenn Kain zum Mörder Abels wird. In diesem Bild steckt freilich auch viel. Aber im wesentlichen ist es vergleichbar mit dem Teufelsbild. Immer handelt es sich um Auflehnung und Selbsterhebung.

Kain kann Abel nicht Mensch sein lassen. Kain sieht Abel alles gegeben, was ihm vorenthalten ist, er nicht hat. Er will das, was Abel hat, ja was dieser ist. Hier spielt sich Vergleichbares zwischen Kain und Abel ab wie zwischen Teufel und Gott. Im letzteren nun aber eben mit dem Hinweis, daß vor dem Mord noch die Lüge steht. Das ist schon eine bemerkenswerte Auskunft, die wir heute vielleicht mehr denn je uns vor Augen halten müßten, um den Gang unserer Geschichte zu sehen, besser zu verstehen. Vor den vielfältigen Morden, ja ich möchte einmal zurückhaltend nur vom vielfältigen Tod sprechen, der uns vom Kriegs- über den Lager- bis hin zum Verkehrstod trifft, steht die mannigfaltig sich darstellende und ausbreitende Lüge. Jetzt sei nochmals auf das Augustinische Bild verwiesen, mit dem wir in unserer Lage vielleicht weiter kommen als mit seiner Definition, die bis heute kaum umstritten ist. Diese Definition kann man anerkennen und so übernehmen. Nicht so das Bild mit dem Teufel und dem Gott.

Gott ist die Wahrheit – diesen Satz können wir auch allein von der Philosophie her verstehen und akzeptieren. Denn in der Philosophie wird seit alters her nichts anderes eigentlich betreffs der Wahrheit gesagt. In der Aristotelischen Metaphysik heißt es, daß die Philosophie die Wahrheit und das Sein sucht. Das Suchen wird im Namen Philosophie bereits genannt. Freilich will Augustinus mit dem aus dem Evangelium übernommenen Bild anderes und mehr sagen als die ganze bisherige Philosophie. Bei ihm ist die Philosophie auch jenes, was sie dann viel später im Mittelalter genannt wurde, nämlich *ancilla theologiae*. Wenn wir nun aber das Bild von Augustinus als Ganzes rein philosophisch nehmen wollen, dann kommen wir doch wohl in Schwierigkeiten. Denn was soll die Rede vom Teufel

in bezug auf philosophisches Denken? Ich meine nun aber, daß wir
einerseits sehen werden, wie dieses Bild von der Wahrheit und der
Lüge, das hier an Gott und dem Teufel illustriert wird, den philosophischen Einsichten entspricht und wir hier sogar philosophisch weiter kommen. So können wir dann andererseits sehen, wie Biblisches
bzw. eine christliche Philosophie wie die von Augustinus in ihrer
Weise uns etwas zeigt, das in der ganzen Philosophie nicht besser
gedacht worden ist. Es ist der Zusammenhang von Wahrheit und
Lüge; es ist besonders die Lüge, die hier auf eine Weise in den Blick
kommt, wie es in der Philosophie nie gelungen ist. In der ganzen
griechischen Philosophie, und besonders deren Hauptautoren Platon
und Aristoteles, ist nie mit solcher Schärfe das herausgearbeitet worden, was die Lüge ausmacht.

3. Mehr-haben-wollen, Habsucht und Selbstsucht

Sokrates-Platon, aber dann auch noch Aristoteles stellen als die
erste und bleibende Aufgabe der Philosophie heraus: die Kritik des
Mehr-haben-wollens, *pleonexia,* welches für den Sophisten Tugend
und für den Philosophen Untugend schlechthin ist (vgl. die reprä-
sentative Stelle in der Apologie 729 d–730 c). In der klassischen Philosophie wird bei der Kritik des Sophisten wohl die Frage des *pseudos,* des falschen Wissens anvisiert, aber es wird kaum dabei erkannt
und ausgesprochen, daß es sich um das handelt, was ich Lebenslüge
nennen möchte. Dies wage ich so zu nennen, weil in einem Leben,
das sich dem Besitz verschreibt und in ihm die Erfüllung des Lebens
sieht, jemand nur leben kann, wenn er sich selbst und alle anderen
Menschen belügt. Was ich hier sage, mag irritieren. Doch bleiben wir
beim Bild, das Augustinus heranzieht.
   Gott ist die Wahrheit, der Teufel ist die Lüge. Mit diesem Bild
kommt die Lüge in die schärfste Gegenstellung zur Wahrheit. Denn
der Teufel ist jener, der gegen Gott aufsteht. Er ist der Gegengott.
Was hat der Mensch damit zu tun? Der Mensch ist sicherlich nie wie
Gott, aber er kann wie der Teufel sein, er kann sich gegen Gott
stellen und tut es auch. Wann geschieht dies? Immer dann, wenn er
sich allein auf sich selbst stellt. Dies ist dann die Gegenstellung zu
allem in der Welt, vor allem zu anderen Menschen. Teuflisch handelt
und ist so der Mensch, wenn er sich gegen den Menschen stellt, wenn
die Menschen unter Menschen weniger füreinander als gegeneinander sind. Dies geschieht in vielfältiger Form. Der Mensch zentriert

in sich selbst, läßt alles um sich kreisen, bezieht alles auf sich, will alles für sich selbst. Dafür haben wir vielfältige Formeln, wie gerade jene, die Augustinus herausstellt: „Wurzel allen Übels ist die Habsucht". Auch dies ist ein Zitat aus dem Neuen Testament, aus einem Paulusbrief. Es werden Vorteile, Gewinn gesucht in den Geschäften des Lebens. So beispielsweise beim Handel.

Eine Ware ist nicht das, als was sie gekauft wird. Maße werden falsch angegeben, Stoffe als andere ausgegeben. Eine Tomate wird als eine Tomate aus Deutschland verkauft, obwohl sie aus Holland stammt. Hier wird der Käufer betrogen. Und Betrug ist eine Form von Lüge. Aber können wir von dieser kleinen Lüge zur großen Lüge des Teufels einfach so ohne weiteres überleiten? Ist dies nicht ein gewaltiger, ja ungeheurer Sprung, der gar nicht ins Bild des kleinen Beispiels paßt? Und doch haben wir ein Beispiel gebracht, das der Lügendefinition von Augustinus entspricht. Es wird hier von einer Sache etwas gesagt, was eine falsche Aussage ist, hinter der einwandfrei ein Wille steht, der so sprechen, nämlich lügen will. Das Beispiel paßt auch zu dem anderen Satz von Augustinus über die Habsucht. Es geht jedenfalls um einen höheren Gewinn, der aufgrund einer Lüge gemacht wird. Habsucht und Lüge verbinden sich hier. Das ist auch klar. Bei Augustinus wird vom Teufel als dem Vater der Lüge gesprochen. So kann man dann daraus ableiten, daß hier diese kleine Gewinnlüge ein ferner kleiner Sproß der teuflischen Lüge ist.

Mit dem Bild vom Gott der Wahrheit und dem Teufel der Lüge werden wir auf die ungeheure Dimension von Wahrheit und Lüge hingewiesen. In diese Dimension sind wir bei jeder Lüge gestellt. So kann man in diesem Beispiel eine kleine Lüge sehen, wie sie öfter, ja beinahe in der Regel vorkommt, wie man heutzutage bei Wirtschaftskontrollen feststellen muß. Da kann man vielleicht noch meinen, daß erst viele kleine Lügen dann ernst genommen werden müssen und daß man kleine und größere Lügen unterscheiden muß. Aber wir würden uns dabei wiederum selbst belügen, wenn bei der sogenannten kleinsten Lüge nicht schon die Dimension der Lüge überhaupt eröffnet würde. Bei jeder Lüge ist der Teufel dabei, wie wir sagen könnten. Und ich meine das nicht religiös oder christlich. Es ist das im Teufel figurierte Hauptmoment der Lüge, daß nämlich ich mich gegen einen Menschen stelle, dem ich ja dies verkaufe, nein, daß ich mich überhaupt gegen die anderen Menschen, und Kant würde dann sagen, gegen die Menschheit überhaupt stelle. Ich suche meinen Vorteil, meinen Gewinn und lebe damit in der Habsucht, im Mehr-haben-wollen. Und wenn so einige, viele, ja alle handeln würden, dann würde ein Mensch gegen den anderen aufstehen, würde sich das ereignen, was gerade das Beispiel im Kern zeigen will.

Der einzelne Mensch nimmt etwas weg, viele einzelne Menschen nehmen vielen Menschen etwas weg. Es ist ein Tun, das eine unermeßliche, ungeheure Dimension anzeigt. Freilich nimmt vielleicht keiner dem anderen alles weg, nehmen einzelne Menschen den anderen Menschen nicht alles. Aber der Ansatz ist schon groß genug, um eben das Bild aufsteigen zu lassen vom Gott und Teufel in ihrer Auseinandersetzung mit Wahrheit und Lüge. Jeder kleine Betrug, wie in diesem oben genannten Handeln, ist schon eigentlich zu viel. Freilich, er geschieht tagtäglich bzw. geschieht solches, solange die menschliche Geschichte besteht, und wie ja die Evolutionsbiologie heute zeigen will, geschieht dies überhaupt als das Leben in der Lüge, das nur Leben erhalten und steigern kann, wenn gelogen wird.

In jenem Satz über die Habsucht wird diese als die Wurzel allen Übels kritisiert. In der Habsucht können wir eine Selbstsucht sehen. Denn es wird ja etwas von einem oder vielen anderen genommen, was ich dann für mich selbst habe. Diese Selbstsucht wird im Bild vom Teufel besonders figuriert. Denn dieser steht gegen Gott auf. Größer könnte die Habsucht und Selbstsucht nicht sein. Es ist ein Bild, das die Selbst- und Habsucht ins Unermeßliche aufscheinen läßt. Wir können vielleicht allmählich darauf kommen, daß mit diesem Bild mehr über den Menschen als über den Gott gezeigt wird. Die Wahrheit wird in das Unermeßliche wie Ungeheure des Gottes gestellt. So ist sie groß, gar übergroß für den Menschen. Auch dies spricht aus dem Bild. Aber vor allem spricht wohl, daß wir die Größe und Weite der Wahrheit erfahren sollen, die uns erfüllen kann. Sie erfüllt uns, indem wir nach der Wahrheit streben. Wir sind im Streben und Suchen. Die Wahrheit ist bei Gott und nicht bei uns; aber wir sind von ihr angezogen, sie steht als das große Bild vor Augen. Hier tritt dann der Teufel dazu, um den Gott zu stürzen, die Wahrheit herabzuholen, die Größe und Weite klein und eng zu machen. Dieses Kleine und Enge erfahren wir in den kleinen Lügen und Betrügereien, wie wir sie oben im Beispiel angesprochen haben. Der Teufel steckt, beginnt im Detail. Und das heißt hier: in der kleinen Lüge.

4. „Gott ist die Liebe" – Liebe, Begierde und Willen

Wir müssen an ein weiteres Bild erinnern, das wir schon kurz anvisierten. Gott ist die Liebe. Wir müssen beides, Liebe und Wahrheit zusammensehen. Wir versuchten Liebe mit anderen Worten noch zu beschreiben, wobei wir aber nicht näher an das herankommen, was Liebe sagen soll. Streben, Suchen nannten wir. Wir können jetzt hinzufügen: Freundschaft. Dies wird ja gerade unter *philia* verstanden. *Philia* als Liebe sowie Freundschaft. Philosophie: Liebe zur, Streben, Suchen nach und jetzt auch Freundschaft mit der Weisheit? Wenn wir jetzt Freundschaft sagen, dann geraten wir wohl auf die ethische Ebene. In der Ethik, besonders bei Aristoteles, wird die *philia* ausführlich behandelt. Freundschaft ist die ethische Tugend schlechthin, indem nämlich in der Freundschaft man sich ständig üben und bewähren muß.

Ein Freund erweist sich erst dann als ein Freund, wenn es vielleicht schwer fällt, eine Freundschaft aufrechtzuerhalten, wenn einer gegen diese verstößt und der andere doch nicht sich abhalten läßt, weiter ein Freund sein zu wollen. Nun stehen wir gerade vor diesem Problem auch in jenem, was Liebe im gewohnten Sinne genannt wird. Wir unterscheiden dann auch gern, daß Freundschaft nicht Liebe sein muß, aber umgekehrt Liebe immer Freundschaft. Was ist hier die weitergehende Dimension, wobei ich im Weitergehenden jenes sehe, was unter Suchen und Streben verstanden und genannt wird? Die Liebe im gewohnten wie auch im weitesten Sinne geht wohl hinsichtlich des Suchens und Strebens über das hinaus, was die Freundschaft ausmacht. Ich meine hier das gegenseitige Verhältnis und letztlich das Gleichgewicht, das die Freundschaft ausmacht. In einer Freundschaft kann nicht nur einer geben und der andere nehmen. Es kommt auf das Gegenseitige an. Nur im gegenseitig sich rundenden Verhältnis kann eine Freundschaft Bestand haben. Nicht so bei der Liebe im weitesten, größten Sinne, wie sie ja aufleuchtet, wenn Gott die Liebe genannt wird; aber auch im gewohnten Sinne, wenn wir von liebenden Menschen sprechen.

Gott ist die Liebe, besagt vor allem, daß die Liebe etwas über alles Hinausgehendes, alles Übertreffendes ist, das wir mit dem Bild Gottes in einem höchsten Glanz erscheinen lassen wollen. Freilich gibt es die Weisheit, die Allwissenheit und dergleichen von Gott. Das wird man als Attribute der Wahrheit sehen können. Aber die Liebe geht darüber hinaus. Gott ist die Liebe und nicht der Mensch, der hierin doch ein wesentliches Lebensmoment sieht, ja wir können gar behaupten, das Inbrünstige, worin das Leben überhaupt besteht. Gott ist die Liebe, heißt vor allem: Gott liebt. Es heißt nicht, daß er Menschen hat, die ihn lieben. Gott liebt die Menschen. Das wird doch wohl hier gesagt. Aber es wird nicht gesagt, daß umgekehrt die

Menschen ihn lieben. Nein, es wird im Bild des Teufels gerade das Gegenteil gesagt. Gott kann gehaßt werden. Der Teufel tritt gegen Gott und d. h. jetzt gegen die Liebe an. Wenn der Teufel der Vater der Lüge genannt wird, so ist er auch der Vater des Hasses. Und dies zeigt sich dann im zweiten großen Verbrechen, welches ein Verbrechen zwischen Menschen ist, nämlich zwischen Kain und Abel.

Der Teufel kann Gott nicht töten, obwohl er es will. Was aber der Teufel nicht kann, das können Menschen, zumindest auf ihre Weise. Und dies ist weitgehend genug. Der Mensch bringt Menschen um. Damit geschieht aber auf sonderbare Weise auch ein Gottesmord. Was der Teufel gegenüber dem Gott nicht vermag, das kann nun der Mensch unter Menschen. Bei ihm vollendet sich die Selbst- und Habsucht. Der Teufel ist der Vater der Lüge, aber der Mensch ist das Kind, in dem die Lüge sich fortzeugt und ihr wahres und eigentliches Gesicht zeigt: der Mord. Die Lüge will stürzen und vernichten. Der Mord schafft dies. So steckt hinter dem Menschenmord die große Lüge, die Gotteslüge. Und deshalb wird im Mord Gott jedenfalls geleugnet, aber im weiteren Sinne auch gemordet. Dies gehört zum weiten und damit unermeßlichen wie ungeheuren Bild, das wir, ob es uns gefällt oder nicht, sehen müssen.

Gott ist die Liebe und zeigt dabei vor allem, was dann auch zwischen Menschen sich zeigt. Es ist die Liebe, bei welcher immer noch die Frage ist, ob jenes die große und eigentliche Liebe ist, welche erfahren und sagen kann: ich liebe und werde wieder geliebt. Die Liebe, die sucht, findet sich hier. Erfüllte Liebe, wie wir es auch in der Freundschaft erfahren, die ja nur darum Freundschaft ist, weil beide in gleicher Weise beteiligt sind. Nun erfahren wir aber bei der Liebe nicht immer das Gleichgewicht, ja ist sie gerade dadurch gekennzeichnet, daß einer liebt, aber nicht wieder geliebt wird. Hier unterscheiden sich Liebe und Freundschaft und zeigt sich an der Liebe, daß sie weit über das hinausgeht, was in der Freundschaft sich abspielt. Sie gleicht dann wirklich jenem, was wir Suchen und Streben nennen und was auch in der *philosophia* ausgesprochen wird. Dort ist es auch das Streben, das ständig unterwegs ist, das nicht sich mit Weisheit erfüllen kann, dem die Weisheit nicht entgegenkommt. Die Liebe streckt ihre Hand aus, prallt aber vielleicht ab. Die Liebe ist aber nur dann wirkliche Liebe, wenn sie auch immer noch Liebe zu sein versucht, wenn vielleicht alles ihr entgegenschlägt. So wäre sie doch Gott immer mehr oder weniger in seiner Geschichte mit dem Menschen. Oder anders gesagt, am Bild des Gottes, der die Liebe ist, zeigt sich uns, wie es um die Liebe steht.

Wir halten uns für liebende Lebewesen und können dies noch mehr behaupten, als wenn wir uns als vernünftige oder mit Willen ausgestattete Lebewesen bezeichnen. Vernunft geht auf Vernehmen. Wille begnügt sich sicher nicht, ohne daß ich etwas in der Hand halte. So steht es auch bei der Begierde und können wir uns gerade auch als Lebewesen der Begierde sehen. Gerade diese will Erfüllung, auch wenn freilich in ihr das Weitergehende mitschwingt, das aber dann vor allem die Liebe kennzeichnet. Die Begierde hat nie genug, sie geht immer weiter. Wir können von einer Transzendenz der Begierde wie des Willens sprechen. Ich möchte dies so nennen, da in allem, und so auch in der Begierde, aber auch im Willen und der Vernunft, d. h. in allen diesen den Menschen im Kern beschreibenden Movimenti des Lebens, das Grundmoment der Liebe mitschwingt, ja alles eigentlich prägt und übersteigt. Die Begierde ist stets unzufrieden, auch wenn sie vorläufige Lust findet. Der Wille wird denn auch als jenes gekennzeichnet, das fortwährend will. Das wird durch Nietzsche klar. Wir haben von ihm hierzu den Schlußsatz zur ›Genealogie der Moral‹: „lieber will noch der Mensch *das Nichts* wollen, als *nicht* wollen …".

Aber immer hören wir beim Willen wie auch bei der Begierde heraus, daß sie unaufhörlich um sich kreisen. Es wird hier letztlich doch nichts gefunden, es bleibt bei der Suche. Aber im Vergleich zur Liebe bleibt es doch bei einem entscheidenden, ja ungeheuren Unterschied. Liebe ist mit Begierde und Wille letztlich überhaupt nicht vergleichbar. Dies wird ausgesprochen im Satz: Gott ist die Liebe. Hier wird auf die unermeßliche Weite hingewiesen. Gott ist nicht die Begierde oder der Wille oder dergleichen mehr, auch wenn dann Nietzsche dem Gott den Übermenschen gegenüberstellen will, welcher ein Mensch des Willens ist. Der Übermensch ist ein Willensmensch, der von diesem Willen erfüllt ist, von dem ich oben gerade gesprochen habe. Es ist der im Willen konzentrierte, in ihm kreisende Mensch. Aber damit kommt er eben nie zu jenem, was mit dem Satz angesprochen wird: Gott ist die Liebe.

Wir finden hierzu im Neuen Testament noch ein weitergehendes Wort. Gott Vater sagt von seinem Sohn: mein geliebter Sohn, an dem ich Wohlgefallen habe. Und es wird auch im Neuen Testament festgehalten, daß dieser Sohn, der ja Gottessohn ist und selbst also Gott, doch auch ein Menschenkind ist, das sich von Gott lösen, ihn, wenn auch nur kurz, aber entscheidend, völlig vergessen kann. Es ist Jesus am Kreuz, die Todesnot des Menschensohnes, wo wir die größte Gottesklage finden, die deshalb die größte ist, weil sie ja vom Gottessohn ausgesprochen wird. Gott, warum hast du mich verlassen? Der Gott ist hier gottverlassen. Wir können diese Aussage kaum ausloten. Gott hat aber gerade an diesem Sohn Wohlgefallen, er ist hier und gerade so der geliebte Sohn.

Ich möchte nun nicht behaupten, daß Gott also jene Liebe ist, die selbst keine Liebe braucht, die ganz in die Liebe sich ausfließen läßt und gar nicht fragt, ob die Liebe ankommt, ob die Liebe auch im anderen aufgeht. Beim Menschen haben wir jedenfalls das normale Liebesverhältnis darin, daß jener, der liebt, Gegenliebe sucht und auch findet. Wenn ein liebender Mensch auf keine Gegenliebe stößt, dann ergeben sich für ihn größte Lebensmühen, die auch kaum ertragen werden. Aber es wird die Liebe gerade immer wieder in der Weise erfahren, daß sie sucht und nicht findet.

Gott ist die Liebe, Gott ist die Wahrheit. Es heißt nicht: der Mensch ist die Liebe, der Mensch ist die Wahrheit. Bei letzterem kann man dies noch eher in Frage stellen; aber bei der Liebe scheint es doch so, daß sie mehr oder weniger das ganze Leben des Menschen ausmacht. Wer könnte und wollte ohne Liebe leben? Und Liebe gibt es in vielfacher Weise, wobei jede ins Ganze der Liebe gehört. So auch jene Liebe, die wir in der Philosophie walten sehen. Liebe zum Wissen, Liebe zur Wahrheit. Hier kämen dann in der Philosophie Liebe und Wahrheit zusammen, und wir müßten uns fragen, ob dies der einzige Bereich, die einzige Lebensweise ist, in der Wahrheit und Liebe zusammenfließen.

Am Anfang der Philosophie versucht Platon zu zeigen, daß der Mensch von der Begierde zur Liebe weiterschreiten soll. Dies ist der Gang zur und in der Philosophie. Erst dort wird der wahre *eros* erreicht. Platon spricht vom *eros* des Philosophierens und sieht im *eros* das richtige Wort für die Philosophie. Wir können von der erotischen Struktur des Menschen sprechen, die sich in der Philosophie vollendet. Dies hört sich für heutige Ohren merkwürdig an, da wir ja *eros* eher mit Sexus zusammen sehen und das Erotische als eine feinere Art des Sexuellen hinstellen wollen. Man kann auch vom körperlichen wie geistigen *eros* dann sprechen und letztlich *eros* dem Geist zuordnen. *Eros* ist bei den Griechen und auch bei Platon ein Gott. So können wir beinahe *eros* mit jenem vergleichen, das dann zum Satz führt: Gott ist die Liebe. Jedenfalls wurde beim griechischen und auch beim Platonischen Verständnis auf das den Menschen Übersteigende verwiesen, indem vom Gott *Eros* gesprochen wird. Dabei ist auch die Übermacht gemeint. Der Mensch ist dem *eros* ausgesetzt, ausgeliefert. Aber in dieser Weise wird überhaupt das Leben, die Lebendigkeit des Menschen gesehen. Diese ist weniger Wille *(thymoeides)* (Politeia 435 e), und in der Begierde *(epithymätikon)* wird weniger ein aktives, sondern eher ein passives Lebensmoment gesehen. Das Leiden in der Leidenschaft wird betont. Der *pathos* des Erotischen erfüllt den Menschen. Vernunft dringt von außen ein *(nous thyrathen)*[13], und der *eros* ist übermächtig.

Die Philosophie wird als *mania* verstanden. Wenn wir heute vom manischen Verhalten sprechen und gern hinzufügen manisch-depressiv, dann sehen wir hier, wie der Mensch in sich niedergedrückt ist. Im Erotischen, im Manischen, wie es griechisch und bei Platon beispielsweise dargestellt wird, sind wir im *pathos* (Theaitetos 155 d), in der Leidenschaft des Suchens und Strebens, das hinausgerissen ist. *Mania* bedeutet die hinausgerissene Suche. *Mania* ist das weitestgehende Wort für das, was in der Philosophie sich abspielt (Phaidros 245). So könnte man nun sagen, daß im Philosophieren sich der Mensch in der Liebe, ja gar als Mensch der Liebe erfährt und dann doch den Satz wagen: der Mensch ist die Liebe. Nein, dies kann man kaum sagen, gerade angesichts dessen, wie uns dies in der Philosophie vor Augen tritt.

Wir haben das Bild von der Philosophie betreffs der Vernunft, die den Grund sucht. Philosophieren heißt Grundsuchen, ist Suche nach dem ersten Grund. In diesem Suchen werden wir aber nicht fündig. Der Grund wird weit hinausgestellt, ist nicht in der Philosophie zu erreichen, sondern nur in der *sophia*, die aber eine den Menschen übersteigende, eine göttliche Wissenschaft ist. Von dieser höchsten, glänzendsten Wissenschaft wird in der Philosophie gesprochen, sie wird in ihrem Bereich und ihrer Tätigkeit beschrieben. Aber weil Platon und Aristoteles als Philosophierende schreiben und in die Philosophie führen wollen, geht es nicht darum, daß wir aus der Philosophie in die *sophia* gelangen. Nein, sie zeigen gerade, daß dies ein unmöglicher Weg ist. Sie zeigen, daß es vielmehr darum geht, aus den verschiedenen Formen von *philia* eben zur Philosophie zu kommen als der höchsten Weise, in der sich *philia* abspielen kann. Der Mensch wird dargestellt als Liebhaber von Meinungen, *Philodox*,[14] auch als Liebhaber von Mythen, *Philomyth*[15]. Platon geht es darum, uns von der Philodoxie zur Philosophie weiterzuführen. Es ist ein Weitergang in der Liebe selbst.

---

[13] Vgl. Aristoteles, De anima 404a 17.
[14] Platon, Politeia 476a ff.
[15] Aristoteles, Metaphysik I. 2., 982b 18

Platon unterscheidet den Freund der Meinung (Philodox) vom Freund der Weisheit (Philosoph) darin, daß letzterer „überall am Seienden Wohlgefallen" hat (Politeia 480a – mit diesem Satz endet das Buch V, worauf dann das Buch VI anfängt mit der Nennung von Kriterien des Philosophen). Die Philosophen sind also die Freunde des Seienden und der Wahrheit, wie ausdrücklich Platon festhält. Gibt es etwas, was der „Weisheit verwandter wäre als die Wahrheit?" (Politeia 485 d). Damit wird die Wahrheit in den Bereich der Weisheit verwiesen. Der Mensch kann nur in der Spannung, im Suchen, im Streben danach leben, aber wie die Weisheit so auch die Wahrheit nicht voll und ganz erlangen. Als Philodox, in den Meinungen kommen wir zum Besitz, nicht aber in der Philosophie betreffs Weisheit und Wahrheit. Und die Besitzfrage wird von Augustinus ins Blickfeld gerückt.

Platon ist der erste große Kritiker des Besitzes, bei Augustinus finden wir aber weitere wichtige Bilder wie Begriffe zum Besitzproblem, das darin noch mehr aufleuchtet und gefaßt wird. Und wieder wird nicht einfach dem Menschen ein Bild oder Begriff zugeordnet, vielmehr immer der Mensch im Verhältnis zu Gott gesehen, wodurch das Problem in die denkbar weiteste Dimension gebracht wird. So haben wir das umfassendste Bild in der *civitas*, dem auch das Hauptwerk entspricht: *civitas Dei*, *civitas diaboli* und *civitas terrena*. Mit *civitas* wird der Bereich und seine Ordnung benannt. Diese strahlt aber noch mehr hervor, wenn Augustinus von *amor Dei* und *amor sui* spricht, beide gegeneinanderstellt. Mit beiden Lieben bewegt er sich in der *civitas terrena*. Der irdische Bereich wird durch diese Lieben strukturiert, geordnet. Hier ist dann die Entscheidung, der Wille, der den Menschen zu Gott oder zum Teufel führen kann. Hier fügt Augustinus weitere Begriffe hinzu, bei denen auffällt, daß für *amor sui* mehr Kennzeichnungen möglich sind, jedenfalls auch in der Geschichte der Philosophie entwickelt wurden, als für *amor Dei*. *Amor sui,* die Selbst- und Habsucht demonstrieren Hochmut, Stolz, Eitelkeit, Eigendünkel. Es fällt auf, daß es zur Erklärung für *amor Dei* nur einen tragenden lateinischen Begriff gibt: *humilitas,* dem im Deutschen zwei Worte entsprechen: Gottesfurcht und Demut. Augustinus sieht den Menschen in der Spannung von Hochmut und Demut bzw. Gottesfurcht.

5. Eitelkeit und Todesfurcht (Hobbes)

Ich möchte jetzt kurz auf Hobbes[16] kommen, bei dem wir eine mit Augustinus vergleichbare Auffassung finden können, was allerdings so ohne weiteres nicht gesehen wird. Hobbes spricht von zwei Grunderfahrungen. Er nennt sie Leidenschaften. Es sind Eitelkeit und Furcht. Beides gehört zusammen. Denn wer auf sich zu sehr, ja ausschließlich schaut, der muß ängstlich um sich blicken. Er könnte ja jederzeit in seiner Eitelkeit und nicht nur in ihr verletzt werden. Er ist schnell beleidigt, aber hat im Grunde immer Furcht. Die letzte Furcht ist die Todesfurcht. Von dieser spricht Hobbes. Er meint dabei nicht den natürlichen Tod, den jedermann erwartet, nein, er meint den gewaltsamen Tod, der ihm von anderen Menschen jederzeit drohen kann, in dessen Furcht er ständig lebt.

Ich gehe von Augustinus wie von Hobbes' Kennzeichnungen aus, um einen Zusammenhang zu sehen. Dieser besteht darin, daß die Frage nach dem Besitz je anders beantwortet wird. Nach Augustinus lebt der den Besitz suchende Mensch in einem fehlgehenden, falschen Suchen. Der Besitz ist nicht das Leben. Anders bei Hobbes. Es wird alles auf den Besitz gesetzt, koste es, was es wolle, gar das Leben selbst. Und dem folgen wir bis heute. Indem wir Besitz wollen, gefährden wir uns auch, befinden uns ständig in Todesgefahr. Deshalb die Todesfurcht. Diese ist heute in einem viel weiteren Sinne zu verstehen, als dies bei Hobbes der Fall ist. Dies hängt damit zusammen, daß wir die Bereiche des Besitzes erweitert haben und überhaupt mit der Suche und Sucht nach Besitz viel weiter gegangen sind. Ich spreche von Sucht nicht als Krankheit, sondern in dem Sinne, wie das Wort auch in Sehnsucht verstanden wird. Es ist die Leidenschaft, in der man freilich auch Krankheit sehen kann. Und die Gewinn- und Habsucht sind insofern eine Krankheit, als sie uns mit dem Besitz, den sie uns bringen, zugleich auch Krankheiten bringen. Und hier letztlich sogar Tod, ja verschiedene Tode. Hier müssen wir über das hinausblicken, was Hobbes im Zusammenhang von Stolz, Eitelkeit einerseits und Todesfurcht andererseits anvisiert. Er sieht dort in der Furcht letztlich die Gegnerschaft, ja die Feindschaft, die entsteht, wenn jeder nicht nur das seine, sondern alles zu haben versucht, wenn jeder ohne Einschränkung auf alles ausgreifen will.

Jeder beansprucht für sich alles. Dies spricht sich auch in einem Naturrechtsbegriff aus. Jeder hat Recht auf alles. Indem hier von

---

[16] Vgl. v. a. Thomas Hobbes, De cive, Kap. 1 u. 5.

Recht gesprochen wird, wird der Besitz unterstrichen. Der Anspruch auf Besitz führt zum Rechtsanspruch. Denn erst Rechtsbesitz ist wirklicher Besitz. Im Recht bzw. in diesem Rechtsverständnis der Neuzeit sehen wir, wie es um den Besitz steht, wie der Mensch sich als ein Lebewesen des Besitzes darzustellen versucht. Der Besitz gehört zu seinem Leben, also zu seiner Natur. Es gilt den Besitz zu entfalten, um den Menschen in seiner Natur zu entfalten. Dafür wird dann Recht in Anspruch genommen. Zu einem Lebewesen, das im Besitz vor allem lebt und aufgeht, gehört vor allem das Recht, ein bestimmtes Recht. Wie der Mensch im Besitz aufgeht, so geht ihm auch ein Recht auf. Er stützt sich wie nie zuvor auf Recht, um damit Besitz zu erlangen, zu sichern. Das Recht selbst ist die höchste Domäne des Besitzes. Recht ist Mittel wie Ziel des Besitzes. In dieser Hinsicht müssen wir auch die Entwicklung von Menschenrechten sehen. In diesen geht es wesentlich darum, das Recht des Menschen, das Recht auf seinen Besitz zu deklarieren.

Besitz des Menschen, Recht des Menschen – als derart besitzergreifendes Lebewesen muß der Mensch sich aber vor allem und vor allen fürchten. Ich nenne hier bewußt nicht nur die Menschen, die sich gegenseitig fürchten müssen; vielmehr ist beim ständigen Ausbau des Besitzes, der durch Technik, Wissenschaft und Wirtschaft geschehen ist, eine viel weitergehende Todesfurcht entstanden. Der Mensch muß nicht nur den Menschen fürchten – dies wohl auch und mehr denn je, nein, er muß jetzt die Natur fürchten, die er einerseits seinem Besitz unterworfen hat, die aber andererseits neue, ungeahnte, ja ungeheure Todesmöglichkeiten (Klimakatastrophe, chemische und atomar verseuchte, verbrannte Erde) erwachsen läßt.

Hier können wir das Verhältnis von Natur und Mensch wie auch von Mensch zu Mensch sehen, was Hobbes schon in gewisser Weise bemerkte, wie ich meine, der aber dabei sicher nicht an die Natur im ganzen dachte. Ein Mensch nimmt dem anderen Menschen etwas weg und macht ihn zum Gegner, ja schließlich Feind. Eine solche Besitznahme führt zum Aufstand unter Menschen. Jeder steht für sich und steht damit gegen alle. Jeder für sich und jeder gegen jeden, aber schließlich alle gegen alle. Was sich hier aber zwischen Menschen abzeichnet und von Hobbes begriffen wurde, spielt sich inzwischen im Verhältnis zur Natur im ganzen ab. Wir sprechen von Naturbeherrschung, auch von Naturausbeutung. Wir können nun sehen und sagen, daß die Natur in gewissem Sinne zurückschlägt. Die Natur rächt sich. Wir können dies mit dem Menschen vergleichen, dem etwas genommen wird und der sich das nicht gefallen läßt. Hobbes spricht vom Kampf aller gegen alle, worin er den eigentlichen Naturzustand des Menschen sieht.

Wie können wir aber nun hier vom Menschen auf die Natur im ganzen schließen bzw. das Bild vom allseitigen Kampf gebrauchen? Ich bleibe beim entscheidenden Erfahrungsmoment. Es ist die Furcht, die Todesfurcht. Und zu dieser gehört auch die Furcht vor Krankheiten, deren größten vielleicht die Erkankungen sind, die durch die Atomwissenschaft, -technik wie -wirtschaft entstanden sind. Wir haben noch nie so viel Energiebesitz erreicht, wie dies in der Atomproduktion geschehen ist, worin Wissenschaft, Technik und Wirtschaft Hand in Hand gearbeitet haben. Hier können wir auch kaum die kriegerische von der friedlichen Nutzung der Atomproduktion unterscheiden. Das ist ein nachrangiger Unterschied. Denn wie wir mehr und mehr erfahren müssen, haben gerade auch die Atomversuche, wie sie besonders in der ehemaligen Sowjetunion gemacht wurden, Atomschäden hinterlassen, ja damals schon weltweit ausgestreut, deren Nachfolgeschäden wir allmählich feststellen müssen. Ohne Atomkrieg sind die aus der Atomproduktion entstandenen und immer weiter entstehenden Schäden schon groß genug, um Furcht zu erwecken und zu verbreiten.

Wir haben einen hochmütigen wie auch fürchterlichen Besitz. Ich spreche jetzt so, nicht nur um an Hobbes zu erinnern und an ihn anzuknüpfen. Aber er hat doch wohl als einer der ersten einen Zusammenhang erkannt und genannt, auch wenn er ihn dann auf seine Weise mit einer Staats- und Wissensmaschinerie lösen wollte. Der Besitzdrang sollte kontrolliert werden. Hobbes ganzes Ansinnen, ja überhaupt dann die Ausrichtung der neuzeitlichen Philosophie zeigen, daß der Mensch hier Besitzergreifung und ihre Produktionen als eine Selbstproduktion verstehen und so letztlich wiederum selbst besitzen will. Zur Selbstherstellung gehört auch die Selbststeuerung, was dann später Kybernetik genannt wird. In der Selbstherstellung vollendet sich der Besitz. Aber offensichtlich gehört zur Selbstherstellung, daß wir uns nun selbst auch Gegner und Feinde, Gefahr und Furcht, und so auch die Krankheiten und damit den Tod herstellen. Die Selbstproduktion führt also auch zur Todesproduktion.

Wenn wir nun wieder zum Bild von Hobbes zurückkehren, hängt dies alles mit der Grundspannung zusammen, in der der Mensch lebt. Es ist Stolz, Eitelkeit auf der einen und die Furcht, Todesfurcht auf der anderen Seite. Es kommt aber nur zu dieser Spannung, weil der Mensch, jeder Mensch, ganz in sich selbst zentrieren will. Er will aus sich selbst alles machen, d. h. sich selbst und die Welt herstellen. Er will auch dort etwas machen, wo eigentlich nichts zu machen ist. Und dies heißt vor allem, daß er aus dem Nichts etwas macht. Dies verdeutlicht sich darin, daß er aus dem Nichtwissen ein Wissen machen kann. Hier kommt es auch zu einem ganz anderen Verständnis von Philosophie.

Man will nicht länger streben und suchen, um dann vielleicht doch nicht zu dem Wissen zu kommen, auf das wir nicht verzichten wollen. Es geht nicht um ein Suchen, sondern jetzt um ein Finden. Wir werden fündig, wenn wir nur jene Fragen stellen, die sich auch beantworten lassen. Man muß einfach den Mut haben, Fragen zu beantworten und gegebenenfalls Fragen zu verbieten bzw. Fragen obsolet werden zu lassen. Zur Philosophie als Aufklärung gehört gerade, daß wir die richtigen Fragen stellen, und das heißt jene, welche wirklich zu einer Antwort führen. Alle anderen Fragen gehen doch über uns hinaus. Wir wollen aber doch bei dem bleiben, was uns zugänglich ist. Damit beschäftigt sich die Frage nach Besitz. Freilich gehört dazu, daß das Feld der Probleme und Fragen immer mehr erweitert wird. Darin liegt der Fortschritt des Wissens in der Wissenschaft.

Wenn Hobbes von der *generatio* des Wissens spricht (*ubi ergo generatio nulla ... ibi philosophia nulla intelligitur* [De corpore P. I Kap. 1, Sekt. 8]), dann gehören immer noch dazu die Fragen. Dies spiegelt sich darin, wenn gesagt wird, daß man nur die richtigen Fragen stellen muß, um eine Antwort zu bekommen. Das geschieht beim Experiment in den Naturwissenschaften. Zu Besitz und Selbstherstellung gehört dann auch, daß in der Politik in umfassendster Weise etwas und alles gemacht werden kann. Dies spiegelt sich in Hobbes' Grundsatz: *auctoritas non veritas facit legem*[17]. Man darf ihn nicht so eng lesen und darin die Gesetzgebung sehen, die von einem Machthaber her erfolgt. Es wird in diesem Grundsatz zugegeben, ja ausdrücklich gesagt, daß wir uns von der Wahrheit verabschieden müssen. Wir können hier an Augustinus erinnern. Auch für Hobbes ist die Wahrheit eben weniger, wohl gar nicht beim Menschen, sondern bei Gott. Aber darauf kann er sich nicht verlassen. Er muß einen anderen Weg gehen. Eben jenen der *auctoritas*, wobei wir diese nach dem Hobbesschen Verständnis als Selbstherstellung wie Selbstbegründung verstehen können.

Sicherlich haben wir hier ein aus der römischen Politik herkom-

---

[17] Vgl. Thomas Hobbes, Leviathan, Kap. 16; wörtlich heißt es dort: „Sed authoritas, non veritas, facit legem" (Thomas Hobbes, Opera Philosophica quae Latine Scripsit Omnia, Ed. W. Molesworth, London 1839–1845, Bd. 3, S. 202).

mendes Wort, das man neuzeitlich ganz anders verstehen möchte. Bei Hobbes, und wohl bis heute, müssen wir in *auctoritas* die Tat- und Schaffenskraft, oder kurz gesprochen, die Macht sehen, auch die Macht gegenüber der Vernunft, wie ich jetzt ein anderes Wort anstelle von Wahrheit nennen möchte, das aber doch der Wahrheit nahesteht. *Auctoritas* entspricht der *generatio.* Auch diese *generatio* ist hoch angesetzt, indem sie ursprünglich etwas Göttliches ist. Hobbes ist sich wohl bewußt, wenn er *generatio* wie *auctoritas* hier verwendet, um die Macht zu nennen, die erforderlich ist, um zu dem für den Menschen gewünschten Besitz zu gelangen. Mit *generatio* und *auctoritas* komme ich zu dem, wohin ich mit *veritas* und *philosophia* nicht gelangen kann. Wir können nun hier auf die Lüge kommen. Freilich ist von dieser bei Hobbes und überhaupt in der Neuzeit bis heute wenig die Rede. Inwiefern können wir aber in der *generatio* wie in der *auctoritas* eine Lüge sehen?

Werden hier Aussagen gefälscht? Steckt hier der Wille dahinter, einen Zusammenhang bewußt zu verdrehen? Ich spreche von Verdrehung im Hinblick auf das, was Augustinus zur Lüge sagt. Es ist die Verkehrung des Verhältnisses, und wir können auch sagen, der Ordnung zwischen Mensch und Gott, die der Teufel dem Menschen vormacht. Es ist der Hochmut, der in der Hab- und Selbstsucht sich darstellt und steigert. Ich spreche von Verkehrung, weil dies über die Lüge mehr sagt als Fälschung. Diese betrifft die Aussagesätze, welche mit Willen gefälscht werden. Falsche Aussagen sind aber auch Verdrehungen. Es wird ein Ja in ein Nein, etwas, das so ist, ein Sein also, letztlich in ein Nichts verdreht. Und dies kann übrigens auch umgekehrt sich abspielen, daß etwas, das nichts ist, zum Sein umgefälscht wird. Hier gibt es viele Ebenen, Möglichkeiten. Dazu gehört beispielsweise, wenn Geld gefälscht wird. Man macht einen Geldschein so, daß er, obwohl er eigentlich kein Geld ist und somit ein Nichts ist in bezug auf das wirkliche Geld, doch zum Verwechseln ähnlich, wie Geld ist. Was nichts ist, wird hier in ein Sein verdreht. Ordnung, und eben im ganzen die Ordnung des Lebens des Menschen, wird verdreht.

Gott ist die Liebe, Gott ist die Wahrheit. Dagegen stellt sich nun ein Mensch, der von sich sagt: der Mensch ist der Wille, der Mensch ist Gewißheit. Damit hat nun die Verdrehung und d. h. die Lüge zu tun. Wille und Gewißheit sind nicht einfach Lüge. Das wäre eine zu weitgehende Behauptung. Aber im Willen wie in der Gewißheit zeigt sich der Anspruch des Menschen, der nicht bei der Philosophie als der Liebe zu Weisheit und Wahrheit stehen bleibt, der nun, wie die neuzeitlichen Philosophen sagen, „von der Liebe zum Wissen, zum wirklichen Wissen voranschreiten wollen". Was hier Hegel sagt und auch vollenden will, hat schon Descartes begonnen, bei dem Wahrheit *certitudo* heißt. Wenn es um Wahrheit geht, dann will ich Gewißheit. Ich hätte nun allerdings auch sagen können Wille, *auctoritas*, um den Hobbesschen Grundsatz aufzunehmen. Betreffs der Wahrheit besteht eine Schwierigkeit und Verlegenheit, wenn wir das Problem der Verkehrung, oder sagen wir einmal ganz neutral, des neuen Verständnisses von Mensch und Philosophie darstellen wollen. Es wird nach wie vor von Wahrheit in der Philosophie gesprochen.

Aber hier könnte man an Hegel erinnern, der in seiner frühen Philosophie die Liebe zum Grundbegriff macht, aber später einen neuen Begriff einführt. Dieser soll dasselbe wie Liebe besagen. Aber mit diesem neuen Wort wird in der Tat das von Hegel auf den Begriff gebracht, worum es ihm nun bei der Liebe geht: „Vermittlung"[18]. Wir können in der Vermittlung die dialektische Methode sehen, die Hegel zu gehen versucht und worin er überhaupt den Gang der Philosophie sieht, nämlich von der Idee zum Begriff, oder anders gesagt mit Hegel: „in dem Fassen des Entgegengesetzten in seiner Einheit"[19], wie er in seiner Logik den Grundsatz der dialektischen Methode formuliert.

So wäre die Liebe eine Idee mit ihrer offenen Weite, zu der bleibende Gegensätze gehören. Von der Philosophie, sprich Liebe, ginge es nun zur Wissenschaft, sprich Vermittlung. Hier spiegelt sich die von mir angesprochene Verdrehung. Vermittlung besagt jedenfalls, daß eines mit anderem, gar Sein mit Nichts, zusammengebracht, in eines „aufgehoben", Gegensätze „versöhnt" werden können. Ich benütze die Worte aufheben und versöhnen, weil sie zu Hegels Grundworten gehören. Wenn wir Liebe menschlich erfahren, dann erfahren wir auch, daß es nicht einfach um Vermittlung geht und alles wie eine Vermittlung abläuft. Da bleibt gerade auch Unvermitteltes und wohl auch nie Vermittelbares. Das wird ja dann im Satz von Gott und der Liebe vor Augen gehalten. Und hier treffen sich Liebe und Wahrheit. Beides sind offene wie öffnende Bereiche, in die wir suchend, strebend hineingehen können. In der Liebe zu einem Menschen suche und strebe ich nach dem anderen, wobei ich vor allem in der Liebe bleibe, welche doch Suchen, Streben, Hingang bedeutet.

---

[18] Siehe Georg Wilhelm Friedrich Hegel, Werke in zwanzig Bänden, Register, Frankfurt a. M. 1979.
[19] G. W. F. Hegel, Werke in zwanzig Bänden, hrsg. v. E. Moldenhauer u. K. M. Michel, Frankfurt a. M. 1969–1971, Bd. 5, S. 52.

Ich komme da nie ganz an. Dieser Angang der Liebe geschieht aber nun wohl ganz anders, wenn Liebe zur Vermittlung wird. Im Wort Vermittlung steckt Mittel, steckt auch Mitte. So wollen Menschen also zu einer Mitte kommen, in einer Mitte sich treffen. Wird dies gesagt oder wird nicht auch gesagt, daß Unmittelbares, das eigentlich je für sich steht, doch vermittelbar ist, und zwar eben durch die Vermittlung? Hegel redet vom Unmittelbaren in einer Weise, daß es wie ein Stein zum Anstoßen erscheint, ein Stein, der umgewälzt werden soll. Zwei Unmittelbarkeiten sollten sich selbst aufheben, eine ins andere gehen, und wir können hier wohl sagen, sich verdrehen, sich verkehren. Vermittlung ist ein Ineinanderdrehen.

Aus der Vermittlung spricht eine bestimmte Aktivität. Eine solche hört man aus dem Wort Liebe kaum heraus. Dies sagt doch vor allem, daß der Mensch in ihr erfährt, wie er von etwas getragen wird, das über ihn hinausgeht, das auch von außen kommt. So auch das Bild von Gott und der Liebe. Es ist das Bild des von außen Kommenden, sich Gebenden. Jedenfalls wird hier eher Passivität, Erleiden und so auch Leidenschaft genannt als Aktivität, welche aus der Vermittlung spricht. Und so können wir gar die Vermittlung als dem Willen nahestehend sehen. Wille, unbestreitbar ein Grundwort der neuzeitlichen Philosophie, das immer mehr gebraucht wird und immer mehr sagen soll – dieser Wille spiegelt sich auch in der Vermittlung. Es ist eine Liebe mit viel Willen, ja vielleicht überhaupt nur auf der Grundlage und mit dem Ziel des Willens, eben in der Vermittlung jede Unmittelbarkeit aufzuheben und d. h. ja auch, nach dem Hegelschen Begriff der Aufhebung, die Unmittelbarkeit durchaus nicht zu negieren, sondern sie zu bewahren und auf eine höhere Ebene zu heben. Das wäre dann der neue Zustand der Liebenden, sich Vermittelnden in der Mitte einer ganz neuen Erfahrung von Unmittelbarkeit. Gott ist die Liebe, der Mensch ist der Wille. Der Wille kann nun gerade die Liebe vermitteln.

Wir können jetzt auch hinsichtlich der Philosophie sagen, daß es nicht einfach um ein Streben und Suchen nach Wissen und Wahrheit geht, sondern daß nun der neuzeitliche Philosoph den Willen zum Wissen und zur Wahrheit hat. Und damit bekundet er, daß er Mittel und Wege finden will, um zum Wissen, zur Wahrheit zu gelangen. Und wir können hier jetzt Hegels Wort von der Vermittlung verwenden. Philosophie ist nicht mehr Liebe zur Wahrheit, sondern Vermittlung von Wahrheit. Damit wird schon das Neue, der neue Anspruch ausgesprochen. Vermittlung ist nicht mehr Liebe, und Gewißheit nicht mehr Wahrheit. Darum kreisen die Verkehrungen.

Lüge ist Verdrehung, Verkehrung des Verhältnisses einer Ordnung. Auf dies zielt Augustinus mit seinem Bild von Gott und dem
Teufel. Es wird bei Augustinus auf die Spannung von Hochmut und
Demut hingewiesen. Hochmut, Eitelkeit, Eigendünkel, Stolz – all
dies wird zentriert bei Augustinus im Wort von *amor sui*, der Selbst-
liebe. Diese wird näher noch beschrieben mit Selbstsucht, zu der
wesentlich die Habsucht gehört. Es ist der Mensch allein bei sich
selbst, der in allem, was er tut, nur bei sich selbst bleibt, alles für sich
selbst tut. Es ist der Mensch ohne Welt, gegen die Welt. So ist er nun
im weitesten ein Mensch ohne Gott, gegen Gott.

Der Mensch öffnet sich nicht, er verschließt sich. Er schaut eigentlich nicht in die Welt, sondern nur in sich selbst hinein. Und dazu
gehört ein Satz von Karl Marx, den ich einen teuflischen Satz nennen
möchte, obwohl dies ungeheuerlich in unseren heutigen modernen
Ohren klingt, nicht nur für Marxisten, sondern überhaupt für die
gegenwärtige Philosophie. Es ist jener berühmte Satz, in dem nach
Marx die Religionskritik zentriert. Die Kritik der Religion endet für
Marx mit der Lehre, „daß der *Mensch das höchste Wesen für den
Menschen* sei. Die Wurzel für den Menschen ist aber der Mensch
selbst" (MEW 1, 385). Dieser Satz wird auch gegen die Liebe gesprochen, nicht nur gegen die Liebe, die bei Gott sein soll, sondern
gegen jene, an der der Mensch Anteil hat. Es ist ein hochmütiger
und deshalb ein teuflischer Satz. Hier protzt der Mensch mit seinem
Besitz, der nun zum Selbstbesitz sich erklärt und damit die ganze
Welt besitzt. Dazu paßt der Satz, daß die Welt der verlängerte „un-
organische Körper" des Menschen ist (MEW Ergänzungsband I,
516). Es ist der Gegen-Satz zum Satz von Gott, der die Liebe und
die Wahrheit ist. Mit diesem wird der Mensch geöffnet ins Göttliche;
mit dem Marxschen Satz wird der Mensch bei sich selbst verankert.
Hochmut, Anmaßung, Anspruch des Satzes sind wohl deutlich. Demgegenüber wird bei Augustinus von Gottesfurcht gesprochen.

Freilich kann man hier zu einem Gottesbild kommen, wo man
Gott fürchten muß. Dies wird bei Platon wie bei Jaspers in deren
politischer Philosophie hervorgehoben. Der Mensch schreckt letztlich vor Verbrechen und Untaten – und bei Jaspers geht es um den
Krieg – nicht zurück, wenn ihm nicht ein höheres Gericht droht.
Ohne Glaube, ohne Gott würde der Mensch wohl sich alles erlauben,
jeder gegen jeden alles tun. Dies kann man durchaus mitbedenken.

Die Gottesfurcht ist nicht jene, die dem Gott allmächtige, über-
menschliche Züge gibt. Darüber gibt es wohl genügend Zeugnisse,
gerade im Alten Testament. Es handelt sich hier um die Ehrfurcht

und Achtung, denen die Demut entspricht. Die Achtung ist entscheidend unter Menschen, wie wir bei Kant besonders sehen werden, der
dies herausstellt. Es gibt Achtung in vielfältiger Form. Die höchste
ist wohl die Ehrfurcht, die uns aber bereits unter Menschen aufgehen
muß. So wird von der Ehrfurcht vor den Eltern gesprochen. Dann aber
wiederum, was heute wohl gerade wichtig ist, muß die Achtung vor
dem Großen, also die Ehrfurcht vor der Natur uns etwas bedeuten.

6. Verachtung und Vernichtung des Menschen (Sade)

Bevor ich auf Kant komme, der in der Lüge die größte Mißach-
tung des Menschen, der Menschenwürde sieht, möchte ich kurz an
einen Denker erinnern, der wahrscheinlich in schärfster Weise gegen
jede Achtung, nicht nur vor Gott, nein, vor allem vor dem Menschen
gedacht und geschrieben hat. Es ist der Marquis de Sade. Er gehört
dem Zeitalter der Aufklärung an, das er in seiner Weise vollendet,
wobei er mit seiner Modernität unsere Morderne oder, wie wir heute
gern sagen, Postmoderne auch bestimmt, auch wenn dies weniger so
gesehen, ja gerade geleugnet wird. Es ist sein politischer Aufruf:
„Franzosen, noch eine Anstrengung, wenn ihr Republikaner sein
wollt" (siehe Ausgewählte Werke 3, 71 ff.). Ein Aufruf, der gewirkt
hat und weiterwirkt. Es ist letztlich die Anstrengung, die Moral abzuschaffen. Davor liegen die zwei Anstrengungen, den König, dann
den Gott und schließlich die Moral abzuschaffen.

Albert Camus hat in seinem Werk über den revoltierenden Menschen am besten erkannt, worum es bei dieser letzten Anstrengung
geht. Er spricht vom Menschenmord. Regizidium, Deizidium, Homi-
zidium, also auf deutsch: Königsmord, Gottesmord, und schließlich
Menschenmord (vgl. A. Camus, L'homme revolté). Sade preist den
Mord. Dies lesen wir in seinem Werk, das eine Ansammlung von
Morden schließlich ist. Darin wird die sexuelle Lust befriedigt. Es
wäre eine viel zu kurz greifende Überlegung, wenn man hier eine
krankhafte sexuelle Veranlagung sehen würde, die heute in der Kri-
minaltheorie eine wichtige Rolle spielt. Bei Sade geht es um eine
ganz andere Dimension des Problems. Im Töten, im Mord haben wir
die Vorstellung und das Bild der weitestgehenden, der absoluten
Vernichtung.

Sade zeigt den Menschen in der totalen, ja totalitären Form der
Hab- und Selbstsucht. Es kommt zum Besitz als Selbstbesitz ohnegleichen. Der Mensch zeigt sich hier in einmaliger, einzigartiger Weise.

Der Mensch geht nicht auf andere zu, sucht und strebt nicht. Der Mensch liebt nicht, er tötet. Dabei geht es um den Selbstbesitz des Menschen. Sade prägt die Formel vom *l'homme unique*[20]. Der Mensch ist ein einzigartiges Lebewesen, das wie kein anderes töten kann. Darin findet er seine eigentliche Tat und Schaffenskraft. Es ist die Gegenkraft zur *generatio* Gottes. Es ist die Gegenzeugung des Nichts. Sein wird in Nichts verdreht. Man kann darin eine Revolution sehen. Es ist die Lüge, die Verfälschung, die das Fallenlassen demonstriert. Der Mensch, *l'homme unique*, kann in einzigartiger Weise die Welt fällen, Menschen umbringen. Er kann Fälscher und Henker schlechthin sein.

Die Forderung von Sade muß man in dem von ihm genannten Zusammenhang sehen. Zuerst wird der König und d. h. die Herrschaft der Politik beseitigt, dann Gott als die noch weiter und höher greifende Autorität, aber schließlich der Mensch selbst, der sich ja gegenseitig am meisten im Wege stehen kann. Der Mensch kann ohne König (Herrschaft und Regierung), ohne Gott sein, hat aber immer noch sich gegenseitig mit der menschlichen Forderung der Moral, d. h. eines Benehmens, eines Anstands, einer Achtung im zwischenmenschlichen Sinn. Gerade dies stört noch, kann mehr stören als jede göttliche oder königliche Herrschaft über mir. Die Moral ist die mich am meisten verstrickende Herrschaftsform, die es zu durchbrechen gilt.

Die Moral muß fallen. Ich kann sie fällen, indem ich sie verfälsche. Ich muß sie gar nicht ganz abschaffen, ich kann eine andere Moral schaffen, eben jene, die uns Sade in seinen Werken vorspielt, vorgaukelt. Dort wird, was gemeinhin als unmoralisch, widerwärtig, ekelhaft angesehen wird, zur Moral erhoben. Es ist die totale Revolution, daß alles verdreht werden kann, Kleines groß, Großes klein, das Abscheuliche zum Verehrungswürdigen gemacht werden kann. Der Mensch kann hier alles, gegen alles und sich selbst aufstehen. Es ist nicht nur der Hochmut gegen Gott oder die Könige, nein, der gegenseitige Hochmut, der hier vernichtet. Das wichtigste in der Moral ist doch die Liebe, ohne welche überhaupt keine menschliche Gesittetheit, Lebensart und Lebensform aufkommen kann. Die Liebe muß gefällt werden. Der Haß tritt an ihre Stelle. Gott ist die Liebe, der Teufel ist der Haß. Menschen hassen jetzt und werden aber dadurch wie Gott, wie Götter, zumindest solange sie andere ausbeuten und unterdrükken und nicht nur im sexuellen Sinne vergewaltigen können.

---

[20] Vgl. hierzu Maurice Blanchot, Sade, Berlin 1963, S. 33 u. 54; u. Jean-Jacques Brochier, Le Marquis de Sade et la conquête de l'unique, Paris 1966.

Man hat nun in jenem Aufruf ein Wort der Französischen Revolution gesehen, gar ein wichtiges Wort für die Freiheit. Man kann dies so sehen, wird aber dann zugeben müssen, daß Aufklärung wie Französische Revolution zu einer Freiheit führen, in der sich kaum menschlich leben läßt. Freiheit von Gott als Freiheit für einen neuen Menschen durch Abschaffung von Herrschaft, ja Mord des Königs! Freiheit des Menschen durch die Eliminierung Gottes! Und schließlich endgültige, höchste Freiheit des Menschen durch die Befreiung des Menschen von Moral? Hier könnte es aber sein, daß der Mensch sich vom Menschlichen, ja vom Menschen überhaupt befreit.

Es soll der Mensch zum *l'homme unique* werden. Heißt dies der einzigartige Mensch oder einzig nur noch der Mensch in der Welt oder, daß nur wenige übrig bleiben, wie es in Sades Werken dargestellt wird? Dort werden die meisten ausgebeutet, versklavt, und nur wenige bleiben übrig. Viele werden erniedrigt, damit einige sich in unmenschlicher Weise erhöhen können. Was für ein Mensch zeigt sich hier, was wird im Menschlichen erreicht? Der Befreiungsgang ist umfassend, total und schließlich totalitär. Es ist eine Freiheit von allem, wobei aber nichts mehr übrig bleibt. Das besagt doch *l'homme unique*, der Mensch ohne Herrschaft (König), ohne Gott und schließlich ohne Moral. Aber das ist ein Mensch ohne Menschen, jedenfalls ein Mensch, dem es nicht um ein Leben unter Menschen, ja überhaupt nicht um das Leben geht. Es steht doch am Ende der Tod, die Vernichtung, der Mord. Das Leben zielt hier auf Mord. Das ist willentliche, bewußte Tötungsabsicht. Das ist der Wille zur Vernichtung, zum Nichts.

Man kann hier, obwohl das bei Sade nie auch nur im Ansatz bedacht wird, schon etwas sehen, was aber erst durch Nietzsche für den Willen klar wird. Es ist der Mensch des Willens, der im Willen eigentlich nur eines will, nämlich ständig zu wollen. Ursein des Wollens – davon sprach Schelling. Mit dem Willen soll also das alte klassische philosophische Sein noch hintergangen werden. Philosophie als Liebe zur Wahrheit wird hier zum Willen zur Macht (Nietzsche), zum Willen zur Gewißheit (Descartes) oder auch zum Willen zum Nichts. Davon spricht Nietzsche, der mit diesem Wort den Willen näher beschreiben und damit das herausholen will, was im Willen eigentlich für ihn steckt. Wir zitierten dies schon. Der Wille will eher das Nichts wollen, als nicht wollen. Wenn wir das bei Nietzsche vielleicht nicht weiter illustriert finden, bei Sade wird dazu alles im Höchstmaß vorgeführt, nämlich in Szenen figuriert.

Man kann hier auch heraushören, daß der Wille mit dem Nichts

zusammengeht, ja gar dasselbe ist. Dies wird vielleicht eher einleuch-
ten, wenn wir bei der Liebe auf das Sein verweisen. Ohne hier das
Sein auslegen zu wollen als Anwesenheit *(ousia)*, wird man bei der
Liebe doch soviel sagen, weil erfahren können, daß sie gerade danach strebt, den anderen voll und ganz sein zu lassen. Bei der Liebe
geht es um das Sein. Bei ihr sehen wir ganz konkret, was Sein bedeutet, das in der Philosophie oft so spannend wie umständlich reflektiert wird. Liebe geht auf das Sein und der Wille auf das Nichts.
Dies scheint aber noch eine ungeheure Behauptung.

Wir haben schon langher in der Philosophie, und d. h. seit Platon,
den Hinweis auf das Mehr-haben-wollen *(pleonexia)*. Dasselbe Phänomen wird in der Habsucht angesprochen. Damals wurde nun
kaum vom Willen gesprochen, auch wenn dieser dann bei Augustinus
ins Blickfeld rückt.[21] Aber wir können bei dem Mehr-haben-wollen
und in der Habsucht den Zusammenhang mit jenem sehen, was dann
später der Wille zur Macht genannt wird. Dieser bleibt nirgendwo
stehen. Es ist kein Wille, der zu einem Ende, in ein Ziel gelangt. Die
Vollendung des Willens kann man sich nicht so vorstellen, daß der
Wille etwas will und es für ihn dann genug ist. Der Mensch des
Willens ist ein im unaufhörlichen Wollen lebender und so nur wirklicher Mensch. Es geht um die Existenz, die Verwirklichung des Willens, wie wir sagen können. Wille und nichts als Wille. Denn der Wille
ist ja ständig Wille. Das besagt gerade Wille. Es ist der Wille zum
Willen, der unaufhörliche Wille. Der Mensch lebt im Willen. Aber
hier spielt sich die eigentliche Verkehrung, Verfälschung ab. Die Liebe geht ins Offene, kommt an und kommt nicht an. Der Wille kommt
immer an. Er geht hinaus und holt sich von draußen das, was er will,
herein. Er geht unaufhörlich nach außen, aber reißt unaufhörlich
alles nach innen. Er öffnet sich dabei auch, um aber alles in sich
hineinzureißen und damit zu verschließen. Er mag in alles ausgreifen, eben hinaus bis zum Gott und ins Ganze der Welt, aber um
immer dabei seinen Willen zu beweisen.

Im Willen können wir letztlich kein Streben und Suchen sehen,
obwohl es nahe liegt, auch dieses Bild auf ihn zu verwenden. Denn
Wille sagt ja zunächst, daß der Mensch will und will. Dies geschieht
im Mehr-haben-wollen. Nichts, was der Wille erreicht, ist ja genug.
Der Wille geht immer weiter. Ist er also so doch Suchen und Streben? Der Wille ist immer gleich, und wir müssen gar nicht hinzu-

---

[21] Vgl. Augustinus, De libero arbitrio; siehe hierzu v. Verf., Die Zukunft der
Freiheit, Darmstadt 1993, S. 75–92 („2. Willensfreiheit *(liberum arbitrium)*").

fügen, gleich groß oder gleich mächtig. Im Willen geht es um das Wollen, und wir können hier auch auf den Zusammenhang von Nietzsches ewiger Wiederkehr des Gleichen und dem Willen zur Macht verweisen. Beide Aussagen betreffen letztlich dasselbe. Ist also Wille nicht nur endlos sondern ewig, ja gar unendlich. Ewig heißt ja, daß er ständig Wille ist; Unendlich würde heißen, daß er immer weiter geht. Unendlichkeit, Ewigkeit will er sicher involvieren. Das gehört zu seinen Fälschungen. Die Unendlichkeit, die Ewigkeit bei Gott und nicht nur die Liebe und die Wahrheit, sollen zu Fall gebracht werden. Dahin greift der Hochmut des Willens. Wenn so aber der Wille waltet, dann fallen wirklich König, Gott und Mensch zugleich. Der Wille will alles überragen und so gerade das Überragende des Königs, des Gottes und des Menschen, der vielen und anderen Menschen. Letztere, die anderen und vielen Menschen, sind für den Willen ein noch viel störenderes, den Willen erregenderes Problem als Gott und König. Denn die Menschen können ja gerade immer sich gegenseitig überragen wollen. Herrschaft und Ausbeutung erfahren wir nicht unter Gott und König, nein, unter Menschen. Hier setzt der Wille an. Und es ist der Wille, der in dem Menschen steckt, diesen ganz darstellen soll.

Nietzsches Philosophie wurde Lebensphilosophie genannt. Der Grundzug des Lebens ist der Wille zur Macht. In diesem beruht aber auch der Wille zur Vernichtung und damit zum Nichts. Denn es ist der Wille, sich gegen alles durchzusetzen. Es geht darum, daß der Wille alles vereinnahmen, sich einverleiben kann. Auch hier können wir die Rede vom „Willen zum Willen" (Heidegger) anschließen. Denn es soll nichts anderes mehr in der Welt sein und beim Menschen übrig bleiben als der Wille. Nur der Wille bestimmt die Lebensordnung, nicht Gott oder ein König. Deren Ordnung beruhte wesentlich in Herrschaft. Aber auch der Wille herrscht, ja in einer Weise, die noch viel mehr von dem zeigt, was Herrschaft bedeuten kann. Es ist die absolute, totalitäre Herrschaft, in der nun der Mensch sich einzigartig herausschält, zum *l'homme unique* wird. Man muß dabei sehen, daß hier der Mensch nicht nur als Mensch einzigartig in der Welt dasteht, vielmehr daß ein letzter einzelner Mensch übrigbleibt. Hier denkt Sade an den einen Schöpfergott, dem er mit dem einen, ja einzigen Menschen antworten will, der die Schöpfung rückgängig macht. Er hat dazu das Bild von einem Archimedes gezeichnet, der die Welt aushebeln soll (vgl. Œuvres complètes 6, 402).

B. *Kants Kritik der Lüge*

1. Kants letztes Thema: Wahrheit, Freiheit, Frieden

Kants Philosophie ist ganz darauf ausgerichtet, den Menschen über sich selbst aufzuklären. Das geschieht durch Selbstkritik. Diese philosophische Selbstkritik will am Menschen selbst herausarbeiten, was ihm nützt und schadet, was für ihn gut und schlecht ist. So ist diese kritische Philosophie auch eine praktische Philosophie. Kant betont die praktische Absicht, spricht auch von der weltbürgerlichen Absicht. Bei ihm steht also Philosophieren immer im Zusammenhang von Praxis und Politik. So ist sie auch politische, nämlich weltbürgerliche Philosophie. Ihre Grundfrage lautet: Was ist der Mensch? Daraus folgen alle weiteren Fragen, bzw. lassen sich alle Fragen auf diese zurück versammeln.[22] Im Laufe dieser Ausarbeitung einer kritisch-menschlichen Philosophie kommt er erst spät zur Frage nach der Lüge, die er dann allerdings für die Philosophie und den Menschen entscheidend hält. Nach ihm geht es bei Wahrheit und Lüge um die Würde des Menschen. Lüge ist für ihn „Verachtung" und „Vernichtung" des Menschen. Von der Lüge in dieser entscheidenden Weise spricht er in drei Abhandlungen, die er in seinen späten Lebensjahren schreibt und die zu seinen letzten Veröffentlichungen gehören. Es sind die ›Metaphysik der Sitten‹ (§ 9 Von der Lüge), dann ›Verkündigung des nahen Abschlusses eines Tractats zum ewigen Frieden in der Philosophie‹ (1796) und schließlich ›Über ein vermeintes Recht aus Menschenliebe zu lügen‹ (1797).

Im letztgenannten Traktat schreibt er vehement gegen die Auffassung, die Benjamin Constant in seiner Schrift vertritt ›Über das Menschenrecht zu lügen‹. Kant schreibt in einer Weise gegen die Lüge, wie es radikaler auch Augustinus nicht getan hat. Was für Augustinus Gott ist, das ist für Kant die Vernunft und ihr Gesetz, das Sittengesetz. Der Mensch steht vor dem Unbedingten des Gesetzes, von dem sich nichts abhandeln läßt. Es gibt hier keine Kompromisse. Es gibt nicht kleine und große Lügen. Notlügen sind ebenfalls voll und ganz Lügen.

---

[22] Zu Kants Unterscheidung von Philosophie nach dem Schulbegriffe und nach dem Weltbegriffe siehe v. a. seine Einleitung in die Logik (Kant, Werke in sechs Bänden, hrsg. v. W. Weischedel, Darmstadt 1966, Bd. 3, S. 446 ff.), wo er auch vom Philodoxen als dem „Vernunftkünstler" und dem Philosophen als „Gesetzgeber" spricht (siehe auch KrV B 867 f.).

Bevor ich auf die Radikalität wie Brisanz der Kantischen Kritik an der Lüge eingehe, möchte ich auf den Zusammenhang verweisen, in welchem Kant auf die Lüge im Ganzen der Philosophie zu sprechen kommt. Dies wird vor allem deutlich in seiner Schrift über einen möglichen künftigen Frieden in der Philosophie. Diese Schrift hat zwei Teile, einen ersten, in dem die „Frohe Aussicht zum nahen ewigen Frieden" winkt. Diese Aussicht eröffnet eben die kritische Philosophie als eine Philosophie in weltbürgerlicher Absicht. Aber dann schließt sich ein zweiter Abschnitt an, in dem „bedenkliche Aussichten" vor Augen geführt werden. Der zweite Abschnitt endet mit dem Hinweis auf die Lüge. Dies ist wohl die bedenklichste Aussicht überhaupt.

Kant sieht in der ganzen bisherigen Philosophie mehr oder weniger einen Streit, einen Kampf, ja letztlich gar einen Krieg. Denn eine Philosophie will die andere niederringen, übertreffen. Dies hängt damit zusammen, daß Doktrinen aufgestellt werden, daß Philosophie Schulphilosophie ist, wie er ausdrücklich sagt. Von der Philosophie nach dem Schulbegriff will er überleiten zur Philosophie nach dem Weltbegriff. Das ist Philosophie in weltbürgerlicher Absicht. Schulphilosophie ist für ihn letztlich keine Philosophie. Wer Philosophie nach dem Schulbegriff betreibt, ist kein Philosoph, sondern – ein Platonisches Wort aufnehmend – Philodox. Dies heißt nun Freund, Liebhaber der Meinung und kommt dabei dem Sophisten nahe, weil er in den jeweiligen Meinungen dies und jenes behauptet, es auch als Wissen zu begründen versucht und sich durchaus damit beschäftigt, Gründe vorzuweisen.

Eine Meinung stellt sich gegen die andere und versucht so, eben schon in sich selbst ihren ausreichenden Grund zu haben; man bildet sich eine Meinung aufgrund dessen, was man gehört oder gesehen hat. In der Meinung wird durchaus etwas vernommen. Aber man spricht dann auch von unkritischen Meinungen, denen das Kritische in mehrfacher Hinsicht fehlt. Man verläßt sich hier auf Wahrnehmungen und stellt sich mit ihnen auf den Boden der Sinnlichkeit. Das ist aber ein wackliger Boden, den man zu festigen versucht, indem man an seiner Meinung festhält. Man kann hier jenes sehen, was Kant vernünfteln und gründeln nennt, weil nämlich in der Meinung etwas versucht wird, was nur die Vernunft selbst in bezug auf Grund und Begründung leisten kann.

Die Doxa kann sich verhärten und wird zum Dogma. Ein solches haben wir, wenn man sich auf angeblich letzte Gründe beruft, nämlich solche Letztheiten, wie die Erfahrung, das Empirische oder die

Materie, aber auch die Idee. Auf solche Letztheiten sich hinbewe-
gend und von dort her alles sagend, kommt man zur Doktrin. Weil
hier jeweils das Empirische, das Materiale, die Idee übertrieben wird,
wird dann auch von Ismen gesprochen, so vom Empirismus, Mate-
rialismus, Idealismus. Dies sind Schulphilosophien in dem von Kant
gemeinten Sinne, daß hier „vernünftelt" und „gegründelt" wird, wobei man aber nie zum wirklichen Zusammenhang von Vernunft und
Grund kommt. Nach diesem fragt aber Kant in seiner kritischen
Philosophie.

Doktrinen, Ismen sagen nun gerade, was sie für vernünftig und
begründet halten. Meinung wird zum Dogma, diese spricht als Doktrin und spreizt sich in einen Ismus, d. h. versucht alles, was ist, zu
erfassen und bei sich zu vereinnahmen. Es kommt zur Anmaßung
von Herrschaft. Dies führt letztlich zur Auseinandersetzung, wobei
man sich weniger mit einer anderen Philosophie auseinandersetzt,
um ihr zu begegnen und zu entgegnen und darin durchaus einen
Gegner ernst zu nehmen, nein, man steht sich nicht als Gegner, vielmehr als Feind gegenüber. So bleibt es nicht nur bei der Auseinandersetzung, sondern es kommt zum Krieg zwischen den Dogmen.
Und dies besagt auch das Wort Ismus, der nun allenthalben um sich
greifen und jedes andere entweder in sich einbeziehen oder elimi-
nieren will. Wir haben hier einen denkwürdigen Zusammenhang, wir
können gar von einem Begründungszusammenhang sprechen, auf
den Kant indirekt hinweist. Es kommt zu Krieg, weil Herrschaftsan-
sprüche angemeldet werden, weil einer den anderen unterdrücken
will.

Kant sieht diesen Krieg in der Philosophie, die für ihn deshalb
mehr oder weniger bislang Philodoxie war. Er will vom Krieg in der
Philosophie zum Frieden gelangen. Das ist ein großes Unternehmen,
wobei die Kritik größer nicht sein kann. Kritik als Vorwurf gegen
alle bisherige Philosophie, aber auch Kritik als Heraushebung und
Herausarbeitung dessen, was Philosophie sein kann. Beides sagt das
Wort Kritik. Wie nun kritische Philosophie die Lüge kritisiert, wie
weit sie in ihrer Kritik zu gehen hat, wollen wir im folgenden betrachten.

2. Kants Brief über die Lüge

In einem Brief lesen wir Kants eindringlichstes Wort über die
Lüge. Es steht dort im Zusammenhang mit der Offenherzigkeit und
Aufrichtigkeit, wie sie besonders für Freundschaft und Liebe gefor-

dert ist. Er versucht eine Antwort auf die Frage, wie es bei Liebe und Freundschaft steht, wenn hier „Mißtrauen" und „Zurückhaltung" herrscht. Liebe und Freundschaft „setzen gleiche gegenseitige Achtung für ihrer beiden Charakter voraus"[23]. In Liebe und Freundschaft will man dem anderen alles anvertrauen, sich offenlegen. Wir können hier von einem sich öffnenden, möglichst nicht verschließenden Verhalten zwischen Menschen sprechen und dies als das wahre Verhältnis zwischen Menschen bezeichnen. Kant macht sich keine Illusionen und zitiert ein altes Wort, das man bei Kant öfter findet und als ein „Lieblingszitat Kants" (vgl. ebd., 870) bezeichnet wird. „Meine lieben Freunde, es gibt keinen Freund!" (563). Aber er fährt fort: „Und doch wird Freundschaft aber als das Süßeste, was das menschliche Leben nur immer enthalten mag, und von wohlgearteten Seelen mit Sehnsucht gewünscht. Kann nur in der Offenherzigkeit stattfinden" (563 f.).

Freunde verbergen nichts, leben offen und wahr miteinander. Hier ergeben sich aber bereits Schwierigkeiten mit dem sich öffnenden Leben. Ist man unaufrichtig, wenn man nicht alles offenlegt, wenn man abwägt, was man sagt und nicht sagt? Kant setzt hier an, um das Leben in der Spanne einer offenen bis hin zu einer sich völlig verschließenden Haltung zu sehen, welches dann die Lüge ist. Freundschaft und Wahrheit stehen letztlich gegenüber Feindschaft und Lüge. Davon spricht Kant zwar nicht; dies können wir aber wohl aus folgendem schließen. Hören wir ihn selbst:

„Von jener Zurückhaltung aber als dem Mangel dieser Offenherzigkeit, die man, wie es scheint in ihrem ganzen Maße der menschlichen Natur nicht zumuten darf (weil jedermann besorgt, wenn er sich völlig entdeckte, von dem anderen gering geschätzt zu werden), ist doch der Mangel der Aufrichtigkeit als eine Unwahrhaftigkeit in wirklicher Mitteilung unserer Gedanken noch gar sehr unterschieden. Jene gehört zu den Schranken unserer Natur und *verdirbt* eigentlich noch nicht den Charakter, sondern ist nur ein Übel, welches hindert, alles Gute, was aus demselben möglich wäre, daraus zu ziehen. Diese aber ist eine Korruption der Denkungsart und ein positives Böse. Was der Aufrichtige, aber Zurückhaltende (nicht Offenherzige) sagt, ist zwar alles wahr, nur er sagt nicht die ganze Wahrheit. Dagegen der Unaufrichtige etwas sagt, [das] dessen er sich als

[23] Immanuel Kant, Briefwechsel, Auswahl und Anmerkungen von Otto Schöndörffer, mit einer Einleitung von Rudolf Malter und Joachim Kopper, Hamburg 1972, S. 563.

falsch bewußt ist. Die Aussage von der letzteren Art heißt in der Tugendlehre *Lüge*. Diese mag auch ganz *unschädlich* sei[n], so ist sie darum doch nicht unschuldig; vielmehr ist sie eine schwere Verletzung der Pflicht gegen sich selbst, und zwar einer solchen, die ganz unerläßlich ist, weil ihre Übertretung die Würde der Menschheit in unserer eigenen Person herabsetzt und die Denkungsart in ihrer Wurzel angreift; denn Betrug macht alles zweifelhaft und verdächtig und benimmt selbst der Tugend alles Vertrauen, wenn man sie nach ihren Äußeren beurteilen soll." (564)

Dieser Briefentwurf ist von 1792, und wir finden in ihm alles, was Kant dann in allen weiteren Äußerungen zur Lüge vorbringt. Die Lüge steht gegen die Würde des Menschen; sie greift ihn in seiner Wurzel an, nämlich der Vernunft und Freiheit, welche den Menschen zum Gesetzgeber, zur Autonomie wachsen und gedeihen läßt. Hierzu können wir drei wesentliche Stellen ausmachen, die wir alle im Spätwerk von Kant finden. Einmal in seiner ›Metaphysik der Sitten‹, und zwar in deren zweiten Teil, in „Metaphysische Anfangsgründe der Tugendlehre" (1797). Dann: ›Über ein vermeintes Recht aus Menschenliebe zu lügen‹ (1797). Ein Jahr davor veröffentlicht er ›Verkündigung des nahen Abschlusses eines Tractats zum ewigen Frieden in der Philosophie‹.

3. Krieg und Frieden – Lüge und Wahrheit

Kant erwägt in diesem Traktat die „frohe Aussicht zum nahen ewigen Frieden", wie er den ersten Abschnitt überschreibt, in welchem er eben in seiner Zeit mit der kritischen Philosophie die Chance gegeben sieht, um nach aller Dogmatik der bisherigen Philosophie zu einer wirklichen Wissenschaftslehre (theoretische Philosophie) und einer Weisheitslehre (praktische Philosophie) zu gelangen, wobei die grundsätzlich verschiedenen Möglichkeiten, Ansätze wie Ziele beider, d. h. der theoretischen wie praktischen Philosophie endlich gesehen werden. Aber er stößt im zweiten Abschnitt auf die „Bedenkliche Aussicht zum nahen ewigen Frieden in der Philosophie" und setzt sich hier mit Stimmen seiner Gegenwart (Akademieausgabe 8, 419) auseinander, welche gegen die kritische Philosophie tönen und in dieser gerade das Philosophische mißverstehen. Dies zeigt sich vor allem im Prinzip der kritisch-praktischen Philosophie, dem kategorischen Imperativ, welcher weder ein Wissens- noch ein Erfahrungsproblem darstellt, vielmehr Inbe-

griff von jenem ist, was Kant Weisheitslehre, ja „Weisheitsfor-
schung" (8, 417) nennt.

„Weisheit aber ist die Zusammenstimmung des Willens zum *End-
zweck* (dem höchsten Gut); und da dieser, sofern er erreichbar ist,
auch Pflicht ist und umgekehrt, wenn er Pflicht ist, auch erreichbar
sein muß, ein solches Gesetz der Handlungen aber moralisch heißt:
so wird Weisheit für den Menschen nichts anders als das innere Prin-
cip des *Willens* der Befolgung moralischer Gesetze sein, welcherlei
Art auch der *Gegenstand* desselben sein mag; der aber jederzeit
übersinnlich sein wird: weil ein durch einen empirischen Gegenstand
bestimmter Wille wohl eine technischpraktische Befolgung einer Regel, aber keine *Pflicht* (die ein nichtphysisches Verhältnis ist) begründen kann." (8, 418). Dies ist der für die Philosophie als Weisheitslehre bzw. für den Menschen als einem vernünftig sein könnenden
wie sein wollenden Menschen entscheidende Satz.

Kant sieht einerseits den möglichen Schritt jetzt nahe zu diesem
für die kritische Philosophie grundlegenden, d. h. wirklich kritischen
Unterschied zwischen theoretischer und praktischer Philosophie.
Andererseits bleibt er skeptisch, ja beendet den Traktat mit dem
Hinweis auf die Lüge. Nachdem er die aus kritischer Vernunft sich
eröffnende Chance für ein Leben in Wissen und Weisheit (eben betreffs eines Willens zu einem freien wie gesetzmäßigen Leben) aufgezeigt hat, schreibt er abschließend:

„Es kann sein, daß nicht Alles *wahr* ist, was ein Mensch dafür hält
(denn er kann *irren)*; aber in Allem, was er sagt, muß er *wahrhaft*
sein (er soll nicht *täuschen)*: es mag nun sein, daß sein Bekenntniß
bloß innerlich (vor Gott) oder auch ein äußeres sei. – Die Übertretung dieser Pflicht der Wahrhaftigkeit heißt die *Lüge*." (421). Er
verweist dann kurz auf die Möglichkeit der inneren Lüge vor mir
selbst wie die der äußeren einem anderen gegenüber, was er ausführlich in seiner ›Metaphysik der Sitten‹ darstellt, um dann den
Traktat so zu beschließen:

„Die *Lüge* (‚vom Vater der Lügen, durch den alles Böse in die
Welt gekommen ist') ist der eigentliche faule Fleck in der menschlichen Natur; so sehr auch zugleich der *Ton* der *Wahrhaftigkeit* (nach
dem Beispiel mancher chinesischen Krämer, die über ihre Laden die
Aufschrift mit goldenen Buchstaben setzen: 'Allhier betrügt man
nicht') vornehmlich in dem, was das Übersinnliche betrifft, der gewöhnliche Ton ist. Das Gebot: *du sollst* (und wenn es auch in der
frömmsten Absicht wäre) *nicht lügen*, zum Grundsatz in die Philosophie als eine Weisheitslehre innigst aufgenommen, würde allein

den ewigen Frieden in ihr nicht nur bewirken, sondern auch in alle Zukunft sichern können" (422).

Daß er bei diesem Ausblick auf den ewigen Frieden zum Schluß auf die Lüge blickt, ist verwirrend und verkehrt doch letztlich die ganze Aussicht. Kant bleibt gerade hier kritischer Philosoph, indem er sich dem kritischen Punkt schlechthin stellt. Er, die Philosophie wie der Mensch überhaupt stehen vor einer Lebensentscheidung. Man übertreibt nicht, wenn man die eigentliche Aufgabe des Menschen und so der Philosophie im besonderen in der Auseinandersetzung, ja im Kampf gegen die Lüge sieht. Wenn ich hier von Kampf spreche, klingt dies recht kriegerisch und widerspricht wohl Kants Ansinnen, der vom Krieg zum Frieden, von der dogmatischen zu jener kritischen Philosophie kommen will, in der der Frieden sich auftut und für alle Zukunft gesichert wird. Zum Frieden kommt es aber nur, wenn wir gegen die Lüge angehen. Daher beendet auch Kant seinen Traktat über einen möglichen ewigen Frieden mit dem Hinweis auf die Lüge. Vor dieser stehen wir, und diese Lüge ist wie ein Stein auf dem Lebensweg, der schwerlich wegzuwälzen ist. Es scheint eine bleibende Aufgabe, vergleichbar mit einer Sisyphosarbeit. Denn die Lüge ist etwas Angeborenes. Kant spricht vom faulen Fleck in der menschlichen Natur.

Indem Kant dann vom „Ton der Wahrhaftigkeit" spricht, welcher „der gewöhnliche Ton ist", spitzt er das Problem noch zu, in welches wir von Natur aus gestellt sind. Einerseits die Lüge, aber andererseits tönen wir mit dem Hinweis auf Wahrhaftigkeit. Wir machen uns hier etwas vor. Wir tragen ein Schild vor uns her, das Wahrhaftigkeit verkündet. Wir lügen von Natur; gewohnt sind wir aber auch, uns ständig vorzusagen: Wir sind wahrhaftig. Wir können hier Kants Schlußsätze so interpretieren: Wir müssen (von Natur nämlich) lügen, wir können aber (aus Vernunft) wahrhaftig sein. Wir sollen nicht lügen. Wir können in dieser Verwirrung von Müssen und Können zu einem Sollen kommen, in welchem wir eine Naturanlage wie auch eine Gewohnheit, eine Konvention, wir können sagen, Natur wie Geschichte hinter uns lassen können. Wir können trotz natürlicher wie geschichtlicher Herkunft doch noch eine andere, neue Zukunft haben.

Du sollst nicht lügen, entspricht dem kategorischen Imperativ. Dieser sagt, daß wir in allem, was wir tun, dieses auch so wollen können, daß jedermann, daß alle Menschen, „die Menschheit", wie Kant sagt, mit diesem Tun leben und sein können. So ist dies nicht nur ein moralischer Grundsatz. Wir können auch von einem ontologischen Grundsatz insofern sprechen, als sich aus ihm das Sein des

Menschen im ganzen auslegt. Aus diesem Grundsatz erfährt sich der Mensch als ein allgemeines, auf das Menschheitliche hin gerichtete Lebewesen. In diesem Sinne spreche ich von einem ontologischen Grundsatz. Und hierzu gehört nun das Gebot, du sollst nicht lügen. Es ist nicht nur ein religiöser, auch nicht nur ein moralischer oder moralphilosophischer, nein letztlich ein ontologischer Grundsatz. In jeder Lüge zerschneide ich das Band der Menschlichkeit, verabsolutiere ich mich gar. In jeder Lüge liegt dieser nihilistische Kern, daß ich auch im kleinsten Tun einer Lüge immer gegen andere, letztlich das Ganze des Menschlichen, die Menschheit handle. Wenn man den kategorischen Imperativ kurz fassen kann in die Formel: werde allgemein, so entspricht dem das Wahrheitsgebot, das letztlich besagt: werde freundlich, offen. Hier deutet sich die Verbindung zu jenem an, was das Allgemeine und schließlich das Menschheitliche bei Kant genannt wird.

Beide kleine Schriften – ›Verkündigung des nahen Abschlusses eines Tractats zum ewigen Frieden in der Philosophie‹ bzw. ›Über ein vermeintes Recht aus Menschenliebe zu lügen‹ – gehören nicht nur zu den letzten wichtigen Veröffentlichungen von Kant, sondern spitzen die ganze Philosophie geradezu in die Frage und das Problem der Lüge zu. Dies wird vor allem im Traktat über den Frieden in der Philosophie deutlich, der klarmachen will, was es letztlich mit der Lüge auf sich hat. Hier kommt Kant mit seiner kritisch-aufklärenden Philosophie zum eigentlich kritischen Punkt, über den wir uns klar sein müssen. Wenn gelogen wird, dann stehen Menschen und so auch Philosophien gegeneinander. Das haben wir in der sogenannten Schulphilosophie, die sich heute immer noch als eine solche zeigt, wenn eine Philosophie von den anderen nichts hält, sie bekämpft, einer dem anderen zumindest Gegner, wenn nicht Feind ist. Kant will in der Philosophie einen Frieden erreichen, nach einem langen Krieg in der Philosophie zum Frieden kommen.

4. Ein Recht auf Lüge?

Mit der Schrift ›Über ein vermeintes Recht aus Menschenliebe zu lügen‹ antwortet Kant Benjamin Constant, der die in der menschheitlichen Literatur immer wieder aufgeworfene Frage zu behandeln versucht, wie einem Mörder zu begegnen sei, ob ein Mörder angelogen werden kann, ob es hier eben gar ein Recht auf Lüge gäbe. Benjamin Constant löst das Problem, indem er die Menschen scheidet in jene, welche ein Recht auf Wahrheit haben, und solche, die es nicht haben. Dazu gehören alle jene, die wir Verbrecher an den Menschen, am Mitmenschlichen und Menschheitlichen nennen.

Ich möchte nun, ohne daß dies bei Kant ausdrücklich wird, aber meines Erachtens doch im Hintergrund steht, auf das Problem der Menschenrechte hinweisen. Es ist wohl kein Zufall, daß Constant in einem Zeitalter der Aufklärung, das zugleich ein Zeitalter der Erklärung der Menschenrechte ist, hier nach diesem Recht des Menschen zur Lüge fragt. Es wird hier ein Menschenrecht in dem Sinne angemeldet, daß es um einen neu zu definierenden Anspruch geht, der in einer Zeit der Menschenrechtserklärung ebenfalls als Recht erklärt werden muß. Kant widerspricht vehement.

Ja, man hat beim alten Kant, der hier unter anderem ein Schlußwort in seiner Philosophie spricht, eine verwirrende Lage in der Philosophie gesehen, die immer wieder diskutiert wurde, so auch dokumentiert in dem Bändchen ›Kant und das Recht der Lüge‹[24]. Diese Diskussion ist auch gesammelt worden, um weitere Überlegungen anzuregen. Ich möchte nicht auf die immer kontrovers geführte Diskussion eingehen, die darin sich verfangen kann, daß man Kant als einen rigorosen Moralisten, Moralphilosophen und als Philosophen überhaupt sieht, dem gegenüber ein praktiziertes Leben steht, in dem andere Pragmatiken zum Ausdruck kommen müssen.

Kant steht vor dem Problem des Zusammenhangs von Vernunft, Freiheit und Wille einerseits und Freiheit und Recht andererseits, wie ich unterscheiden möchte. Es ist die Freiheit zum und im Recht, spezifisch im Menschenrecht. Hier werden große Freiheiten beansprucht wie die Meinungsfreiheit, die gerade in den totalitären Staaten unterdrückt war, weshalb es zu der Devise und Diskussion von 'Lieber tot als rot' kam. Ich sehe nun das zu diskutierende Recht auf Lüge im Zusammenhang mit jener Freiheit zum Recht, wie sie im Rechtsstaat im ganzen wie auch spezifisch in den Menschenrechten uns zugewachsen ist.

Wir müssen uns dabei erinnern, wie die Entwicklung des Rechtsstaates und der Menschenrechte vor sich ging. Als John Locke das Problem erstmals zu formulieren versuchte, sprach er weniger von Recht als von Besitz. Die Perspektive und die Dimension des Besitzes muß im Auge behalten werden. Locke spricht von drei Besitztümern, die da sind „Leben, Freiheit, Eigentum". Dies wurden die

---

[24] Georg Geismann u. Hariolf Oberer (Hrsg.), Kant und das Recht der Lüge, Würzburg 1986.

ersten und somit klassischen Menschenrechte, und um sie zu gewähren und zu schützen, wurde dann auch vom Rechtsstaat gesprochen. Dieser ist das *lawful government*, in dem Hannah Arendt den ersten Rechtsstaatsbegriff sieht, dessen Aufgabe vor allem darin besteht, Freiheit, Leben, Eigentum für den Menschen zu ermöglichen.[25]

Es wurde vom Besitz gesprochen, später von Recht. Der Zusammenhang von Besitz und Recht besteht darin, daß mit dem Recht der Anspruch auf Besitz erst wirklich zuverlässig verankert werden kann. Besitz fundiert hier im Recht, und wenn Besitztümer angestrebt werden, dann müssen die dafür entsprechenden Rechte anvisiert werden. Es ist dann eine weitere Frage betreff des Besitz haben wollenden Denkens, daß man im Rechtsbesitz selbst den eigentlichen und höchsten Besitz sehen kann. Wer keine Rechte hat, besitzt eigentlich gar nichts. So ist auch verständlich, wenn der Rechtsstaat im Sinne von Verrechtlichung bzw. Gesetzgebung ausgebaut wird. Positivierung von Recht und Gesetz entspricht dem Besitzanspruch. Wir können nun von einem Recht sprechen, in dem besonders der Anspruch des Menschen zum Ausdruck kommt. Recht ist Anspruchsrecht, und die Gesetze, die diesem Recht dienen, können dann hinsichtlich der darin figurierenden Ansprüche näher ausgelegt und erkannt werden.

Hier, im Anspruch, sehe ich den Zusammenhang mit einer Diskussion, wie sie damals geführt wurde, aber auch heute nach wie vor geführt werden kann, betreff eines Rechtes auf Lüge. Es ist ja ein Menschenrecht, welches der Menschenliebe dient. Der Mensch hat Anspruch, wobei der erste Anspruch wohl dem Leben selbst, dem bloßen oder nackten Überleben, wie man sagt, gilt. Bevor es Rechte auf Eigentum oder, was viel komplexer ist, auf Freiheit gibt, muß es ein Recht auf Leben geben, auf das pure, nackte Leben. Das scheint selbstverständlich für den Menschen als Lebewesen und führt ihn zu diesem Anspruch auf ein Recht zur Lüge, zumindest auf das Recht zur Lüge um der Menschenliebe willen. Wir können hier Menschenliebe zunächst übersetzen oder eingeschränkt verstehen als Lebensfürsorge bis Lebensliebe.

Die Aufklärung, die Erklärung der Menschenrechte im Sinne eines Benjamin Constant und ähnlicher Argumentationen würden dazu führen, daß man das Recht auf Lüge auch als einen zu modifizierenden Anspruch festhält und einen Anspruch zum Rechtsan-

---

[25] Vgl. hierzu v. Verf., Freiheit, Recht und Gemeinwohl. Grundfragen einer Rechtsphilosophie, Darmstadt 1990, S. 18.

spruch macht – gerade um des Menschlichen, um der Menschenliebe
willen. Es ist der Versuch, den Menschen soweit vernünftig, frei, politisch und d. h. hier Recht setzend zu halten, daß er gar zweierlei
Rechte sich anmaßt: die einen haben ein Recht auf Wahrheit und
die anderen, eben solche wie Verbrecher und gar Mörder, nicht. Hier
spiegelt sich ein Anspruchsdenken, das letztlich auch über die Wahrheit, das Recht, die Vernunft verfügt. Dem widerspricht nun Kant,
für den Vernunft, Freiheit, Wahrheit und so auch Recht letztlich nicht
teilbar sind. Er kann hier keinerlei Menschenliebe sehen. Für ihn
kann es um der Menschheit willen, ihrer Vernunft, Freiheit und damit zusammen um des Rechtes willen ein Recht auf Lüge nicht geben.

Wir stehen bei ihm nun vor dem Problem, daß einerseits das
Recht bei ihm noch einen viel weitergehenden Anspruch darstellt
und damit genau dem neuzeitlichen Anspruchsdenken entspricht,
wie aber andererseits dann ein Recht der Lüge unmöglich, ja völlig
unlogisch, unvernünftig gegen alle Freiheit und Wahrheit ist, aus der
der Mensch eigentlich nur leben kann. Er sieht den Anspruch gerade
in umgekehrter Weise. Der Anspruch geht nicht einfach vom Menschen aus, vielmehr sieht er die Menschen unter den Anspruch von
Vernunft und Recht gestellt.

Kant spricht von Pflicht, auch Gebot und entspricht damit dieser
Anspruchsstruktur, die auch der schon langher überlieferten, aber
immer wieder vergessenen des Gesetzes entspricht, in dem mehr
oder weniger Gebot gesehen wird. Wir können Recht als Anspruch
und Gesetz als Pflicht bezeichnen und unterscheiden. Bei Kant do-
miniert also der Gesetzesgedanke, auch und gerade, wenn er von
Recht spricht. Dies ist ein anderer Anspruch, der aber nicht geringer
ist, als der in der Neuzeit und bis heute sich mehr und mehr entwik-
kelnde Anspruchsgedanke im Recht und in der menschlichen Kultur
überhaupt. Es ist nämlich der Anspruch des Menschen als Philosophen, der zu mehr hinausstrebt, nämlich zu dem, was der kategorische Imperativ uns sagt, oder jetzt auch, wie wir oben schon anvisiert
haben: zum Gebot, zur Pflicht, zum Gesetz der Wahrheit.

Bei Kant müssen wir den Zusammenhang zwischen Anspruch und
Pflicht (und wir können auch sagen zwischen Recht und Gesetz)
sehen. Und hier gleichen sich Recht und Wahrheit. Es gibt für ihn
die Pflicht zur Wahrheit wie die Pflicht zu Recht und Gesetz. Dies
ist nicht einfach eine Umkehrung des Anspruchsgedankens, daß nun
der Anspruch von uns auf eine über uns liegende Ebene gebracht
wird, nein, der Mensch kann nur zu einem wirklichen Wahrheits- und

Rechtsanspruch kommen, wenn er eben der Wahrheit und dem Recht genügt, ihm entspricht. Er kann nicht Recht und Wahrheit im Menschen fundieren, nein umgekehrt, in Recht und Wahrheit muß sich der Mensch fundieren bzw. von dort her sein Leben zu gestalten versuchen. Dies ist der Kantsche Ansatz eines anderen, letztlich weiteren Anspruchsdenkens.

Hier sticht nicht die Überlegung, ob man Kant als Moralphilosoph unterscheiden könne vom Rechtsphilosophen bzw. man Moral und Recht auseinanderhalten müsse. So kann man zwar bei Kants rigoroser Ablehnung eines Rechts aus Menschenliebe zu lügen, seinen moralphilosophischen Impetus sehen und letztlich hier das Recht aus der Moral begründet denken. Das trifft aber für Kant schwerlich zu.

Freilich kann man sagen, daß wir von ihm die Definition und Behandlung der Lüge in der ›Metaphysik der Sitten‹ haben, und zwar dort nicht in der Rechts-, sondern in der Tugendlehre. In dieser beginnt er die Überlegung damit, daß mit der Lüge der Mensch als moralisches Wesen sich selbst verletzt: „Die größte Verletzung der Pflicht des Menschen gegen sich selbst, bloß als moralisches Wesen betrachtet (die Menschheit in seiner Person), ist das Widerspiel der Wahrhaftigkeit: die *Lüge*"[26].

Dann kommen die weiteren, sich steigernden Äußerungen. Zunächst spricht er von der Verletzung, dann von der „Wegwerfung" (ebd., 278), ja gar „Vernichtung seiner Menschenwürde". Dies wird wie folgt illustriert: „Ein Mensch, der selbst nicht glaubt, was er einem anderen (wenn es auch eine bloß idealische Person wäre) sagt, hat einen noch geringeren Wert, als wenn er bloß Sache wäre" (ebd.).

Wir sehen, wie der Mensch mit der Menschheit verbunden ist, daß er dieses moralische Lebewesen ist, das in sich die Stätte, den Sitz für die Menschheit birgt. Das Moralische ist die Menschheit in seiner Person, wie Kant sagt. Es ist nur eine Selbstverletzung, weil die Menschheit selbst verletzt wird. Jeder Mensch und die Menschheit müssen in diesem Zusammenhang gesehen werden. Es gibt nicht den Menschen als einzelnen auf der einen und dann die Menschheit auf der anderen Seite. Der Mensch ist die Menschheit. Das ist ein spekulativer Satz, wie man mit Hegel sagen könnte, oder ein ontologi-

---

[26] Immanuel Kant, Metaphysik der Sitten, Erster Teil: Anfangsgründe der Rechtslehre, Zweiter Teil: Metaphysische Anfangsgründe der Tugendlehre, hrsg. v. Karl Vorländer, Hamburg 1922, Nachdruck 1959, S. 277.

scher, wie ich sagen möchte. Es wird aus ihm das Ganze des Seins des Menschen sichtbar und d. h. ausgelegt.

An jedem Menschen, der lügt, ereignet sich damit ein Allgemeines, alle Menschen Betreffendes. Die moralische Dimension geht ins Ganze sicherlich in anderer Weise wie die rechtliche. Aber hier läßt sich dann nicht einfach gegen die Moral ein anderes Recht aufrechnen. Kant wiederholt den anklagenden Satz und formuliert ihn nur zurückhaltender, wie er sagt, in seiner Überlegung über das Recht auf Lüge. Er merkt dazu an, daß „die Tugendlehre ... in jener Übertretung nur auf die *Nichtswürdigkeit* [sieht], deren Vorwurf der Lügner sich selbst zuzieht" (8, 426). Indem hier Kant von Nichtswürdigkeit spricht, muß man schon den Zusammenhang mit der Würde des Menschen sehen. Er scheint einschränkend „nur" von der Nichtswürdigkeit zu sprechen. Er meint den Menschen je für sich selbst, der sich jeden Zusammenhang und Zusammengang mit anderen Menschen letztlich abschneidet. Er bringt sich aber um die Menschenwürde. In dem Sinne ist er nichtswürdig. Es ist ein Mensch ohne Würde. Deutlicher könnte hier Kant nicht sprechen, und er spricht so in einer Rechtsabhandlung, wie man sagen kann. Dort stellt er dann heraus, daß es bei der Rechtsfrage um den Bezug zum konkret anderen geht, dem in einer Lüge direkt geschadet wird. Aber auch das Recht steht im Gesamtzusammenhang dessen, was Menschheit, das Ganze des Menschen genannt wird. Denn bei einem falschen Recht auf Lüge würde letztlich das Recht verfälscht. Wenn es ein Recht auf Lüge gäbe, würde das Recht überhaupt letztlich fallen.

Mit der Lüge fällt also nicht nur die Menschenwürde, sondern auch das Menschenrecht. Es ist nicht das Menschenrecht im gewohnten und, von Kant her gesehen, engeren Sinne, vielmehr das Recht des Menschen im Sinne der Menschheit. Menschenrechte sind nach den neuzeitlichen Erklärungen hauptsächlich Individualrechte. Jetzt müssen wir Menschenrecht im Sinne von Menschheitsrecht sehen bzw. nicht als Individual-, sondern Gemeinschaftsrecht. Dies hat auch dann jenen Zweck, daß es ja Individualrechte, Menschenrechte als Einzelrechte nur geben kann, wenn diese alle in *einer* Rechtsdimension stehen oder, wie Kant sagen würde, aus *einer* „Rechtsquelle" kommen. Wenn gelogen wird, wenn es ein Recht auf Lüge geben sollte, dann wird die Rechtsquelle ausgetrocknet. Man wüßte dann gar nicht mehr, was Recht wäre, was man unter Recht verstehen sollte.

Kant sieht den Zusammenhang von Recht und Wahrheit. Wie der Mensch auf das Recht verpflichtet ist, so auch auf die Wahrheit. Dies

spielt beim Vertrag eine Rolle, worauf er kurz eingeht. Wahrhaftigkeit ist für ihn eine Pflicht, „die als die Basis aller auf Vertrag zu
gründenden Pflichten angesehen werden muß, deren Gesetz, wenn
man ihr auch nur die geringste Ausnahme einräumt, schwankend
und unnütz gemacht wird" (8, 427). Es gibt also kein Recht, wenn
das Recht zweigeteilt wird und man das so organisieren kann, daß
man dem einen die Wahrheit zubilligt und dem anderen nicht. Der
Mensch kann nicht über die Wahrheit verfügen.

Kant spricht zum Abschluß seiner Überlegungen in der ›Metaphysik der Sitten‹ vom „oberste[n] Grundsatz der Wahrhaftigkeit" (280).
So ist die Wahrheit prinzipiell vergleichbar mit der Freiheit im Sinne
der Autonomie. Ich erinnere an die obigen Überlegungen im Zusammenhang des kategorischen Imperativs mit der Wahrheit. Wir können
gar über den kategorischen Imperativ (als ontologischen Grundsatz)
diesen „oberste[n] Grundsatz der Wahrhaftigkeit" stellen. Nun, ich
meine, daß es nicht um ein Abwägen der Grundsätze geht. Alles zielt
nur darauf, daß die Dimension des Zusammenhangs von Freiheit, Wahrheit und Recht gesehen wird. Wenn der kategorische Imperativ ein
Freiheitsgrundsatz ist, so können wir hier vom Wahrheitsgrundsatz
sprechen. Wenn wir nun auch noch vom Rechtsgrundsatz sprechen
wollen, so können wir diesen so formulieren, wie ihn Kant anbietet:
„Das Recht muß nie der Politik, wohl aber die Politik jederzeit
dem Recht angepaßt werden" (8, 429). Was heißt hier Recht? „Das
Recht ist ... der Inbegriff der Bedingungen, unter denen die Willkür
des einen mit der Willkür des anderen nach einem allgemeinen Gesetze der Freiheit zusammen vereinigt werden kann" (Kant, Metaphysik der Sitten, S. 34 f.). So beschließt Kant den Abschnitt in der
Rechtslehre, welcher überschrieben ist „Was ist Recht?", um dann
im nächsten Abschnitt „Allgemeines Prinzip des Rechts" fortzufah-
ren: „Eine jede Handlung ist *recht*, die oder nach deren Maxime die
Freiheit der Willkür eines jeden mit jedermanns Freiheit nach einem
allgemeinen Gesetze zusammen bestehen kann". Wir sehen hier sogleich den Zusammenhang mit dem kategorischen Imperativ. Wir
können also schwerlich einer Überlegung folgen, nach welcher bei
Kant Moral und Recht auseinanderdividiert wird. Beides sind nur
zwei Perspektiven derselben Dimension, in welche sich der Mensch
stellt und in deren Anspruch er lebt. Diesen Gedanken des Anspruchs hat Kant. Es ist der Anspruch von Moral *und* Recht, welche
beide aus dem Anspruch einer bestimmten Freiheit kommen, nämlich der Autonomie.

Nach Kant ist der Mensch das Lebewesen, das vernünftig und frei

leben kann. Vernunft und Freiheit sind eines. Vernünftig und frei sind
wir, wenn wir zur Autonomie gelangen. Diese ist, was das Wort auch
genau sagt: Selbstgesetzgebung. Kant spricht vom Philosophen als
Gesetzgeber. Wir können auch von einer Freiheit zur Vernunft sprechen. Der Mensch ist frei, ein vernünftiges Leben zu führen. In dieser
Freiheit liegt ein großer Anspruch. Er geht aufs Ganze, das jedermann in seinem Willen erreichen kann. Dies wird im kategorischen
Imperativ ausgedrückt. Dieser ist letztlich die Aufforderung, ja was
das Wort auch sagt, der Imperativ, der Befehl, uns jeweils ins Ganze
zu versetzen. Dies leistet der Wille. Dieser wird nun zum Band zwischen jedem Menschen und allem, was ist, d. h. hier die Menschheit.
Hier übersteigt der je einzelne sich auf das Ganze der Menschheit
hin. Wir können von einer Transzendenz sprechen. In ihr geht der
Mensch in Letztes und Äußerstes, in das er hinausstehen kann. Er
wird so selbst zu einem Höchsten, worin er sich über alles stellt. Es
wird von Würde gesprochen, von der Würde des Menschen. Es ist
die Würde der Autonomie.

In der Freiheit als Autonomie erfahren wir die spezifische Freiheit
des Menschen. Es ist eine Freiheit, welche in die größte Weite hinausgeht, welche hier das Menschliche überhaupt, die Menschheit ist.
Von dort her mißt sie alles und gibt sich die Freiheit selbst ihr Maß.
Dies und eigentlich nichts anderes wird im Wort Autonomie ausgesprochen, das wir heute fast immer ganz anders verstehen. Man sagt
Autonomie und meint dann die Selbstbestimmung im weitesten Sinne für alle Kultur- wie Lebensbereiche. Bei Kant ist es der Meßpunkt
des Ganzen der Menschheit, um von dort her das Maß, oder anders
gesprochen, das Gesetz zu geben. Ich selbst kann und will mir das
„allgemeine Gesetz" geben, das „Naturgesetz", die Dimension der
„Menschheit".[27] Es sind diese drei Formen, in welchen sich der kategorische Imperativ ausspricht und in denen wir die Autonomie
ausgesprochen sehen. Es ist die Autonomie des Gesetzes, des Naturgesetzes, der Menschheit. Es ist die Freiheit zum Gesetz, zur Menschheit. Und hier wird dann auch der eigentliche Anspruch dieser Freiheit offenbar. Es ist der Anspruch des Gesetzes. Und dies bedeutet
nun auch gerade, daß das Gesetz uns beansprucht, daß wir in der
Autonomie den Anspruch des Gesetzes erfahren.

Kant spricht von Pflicht, was uns immer noch unangenehm in den
Ohren klingt. Wir stellen gern Anspruch gegen Pflicht und begreifen

---

[27] Vgl. hierzu die verschiedenen Formulierungen des kategorischen Imperativs in Kants ›Grundlegung zur Metaphysik der Sitten‹, S. 42, 43 u. 52.

kaum, daß auch zum Anspruch gehört, ja der höchste Anspruch des Menschen darin liegen kann, daß er die Pflicht für sich beansprucht. Was heißt Pflicht als Anspruch?

Selbstgesetzgebung ist in ihrem weitesten Sinne Selbstverpflichtung. Die Weite geht in das Ganze der Menschheit hinaus, das wir bei all unserem Tun vor Augen haben. Ich kann mich isolieren, ich kann ohne Hin- oder Rücksicht auf diese weite Dimension des Menschheitlichen leben. Das geschieht tagtäglich. Aber das ist unter aller Würde, ja hier ist dann das Leben letztlich nichtswürdig, wie Kant auch sagt. Von der Nichtswürdigkeit spricht er bei der Lüge. Diese ist deshalb nichtswürdig, weil der Mensch seine Würde verleugnet, weil er in der Lüge gegen die Würde verstößt. Jeder stellt sich selbst über alles, ohne sich ins Ganze der Menschheit hineinzubegeben. Der Mensch, der nicht auf die weite Dimension des Menschheitlichen achten will, verletzt sich in seiner Menschenwürde. Kant spricht von Nichtswürdigkeit, Verletzung, ja sogar von der Vernichtung der Menschenwürde. All dies geschieht in der Lüge. Er genügt dabei nicht seinem eigentlichen Anspruch des Gesetzes, der Autonomie bzw. der Selbstgesetzgebung. In der Menschenwürde zur Autonomie liegt der höchste Anspruch des Menschen.

5. Selbsterhebung als Selbstverachtung (Kant und Augustinus)

Wir können Kant mit Augustinus vergleichen. Beide stellen bei der Lüge heraus, daß es um einen Aufstand, eine Selbsterhebung des Menschen geht. Bei Augustinus richtet sich der Aufstand gegen Gott, bei Kant gegen die Vernunft bzw. die Menschheit. Ich möchte das Problem im Sinne von Augustinus bzw. Kant so formulieren: Wenn ich lüge, verachte ich Gott. Wenn ich lüge, verachte ich den Menschen. Aber bei beidem geht es letztlich um Selbstverachtung. Augustinus spricht wohl von *amor sui* oder auch dem Hochmut, dem gegenüber er dann *amor Dei* und die Demut *(humilitas)* stellt. Was aber bei Augustinus Gottesfurcht und Demut ist, dem entspricht bei Kant die Ehrfurcht und die Achtung. Gerade die Achtung stellt Kant heraus, sieht in ihr ein Gefühl, in welchem Vernunft waltet, in welchem sich die Vernunft als Gefühl im Menschen zeigt.[28] Das ist eine

---

[28] Siehe hierzu Kants Analyse der Achtung in seiner ›Kritik der praktischen Vernunft‹ im Abschnitt von den 'Triebfedern der reinen praktischen Vernunft'.

bis heute irritierende These von Kant, die aber nachvollzogen, weil von jedem Menschen erfahren werden kann. Hier spüren wir denn auch den Zusammenhang mit der Erfahrung von Pflicht. Diese ist nicht einfach ein mühevoll in Gedanken errungenes Verhalten, sondern ergibt sich aus dem Leben selbst, das zu leben versucht, dabei auf sich achtet und so gerade immer auf den Menschen, auf die Menschheit achten muß. Ein Mensch kann kaum ohne Achtung und Pflicht leben, bzw. er erfährt, wenn er mehr oder weniger dagegen zu leben versucht, daß er gegen das Leben verstößt.

Bei Augustinus ist die Wahrheit in Gott, bei Kant ist die Wahrheit im Gesetz bzw. in der Menschheit. Hier kann man allerdings auch den entscheidenden Unterschied aufzeigen. Wenn die Wahrheit bei Gott ist, dann ist für den Menschen angezeigt, daß er sich zwar dieser Wahrheit öffnen, aber nicht zu ihr hinausgelangen kann. Es ist der Zustand des Suchens und Strebens, wie es auch in der Philosophie geschieht und selbst in ihrem Namen zum Ausdruck kommt. Hier ereignet sich auch das Verschließen gegenüber der Wahrheit, der Rückzug des Menschen in sich selbst, der sich nicht öffnet. Im Vergleich zu dieser Aussicht auf Wahrheit steht es bei Kant so, daß mit der Autonomie der Mensch sich ganz in die Wahrheit des Gesetzes, der Menschheit hinausversetzen kann. Es ist nicht einfach eine Transzendenz, sondern, wie nun auch das neue Wort bei Kant lautet, ein transzendentales Geschehen, das durchaus auf den Menschen zurückkommt. Das besagt Autonomie. In ihr ist der Mensch wirklich Gesetzgeber, Sachwalter der Menschheit und kommt so auch bei einem augenscheinlich kleinen und geringen Tun immer zu einem großen Tun, nämlich ins Geschehen des Menschheitlichen überhaupt. Das ist der Anspruch der Autonomie. Deren Freiheit geht in die große Weite des Menschheitlichen hinaus, um dieses aber bei mir nun stattfinden zu lassen. Ich bin der Statthalter, der Ort, ja der Punkt, in dem sich die Menschheit konzentrieren kann. Das transzendentale Geschehen blickt in die größtmögliche Weite hinaus, um diese aber immer auch ganz konkret bei sich zu haben. Und konkret heißt hier, daß ich mit dem Ganzen, der Menschheit zusammengewachsen bin. Wir können auch davon sprechen, daß der Mensch eben in der Autonomie für das Geschehen des Ganzen gerüstet, ihm gewachsen ist.

Beide, Augustinus wie Kant, haben eine hohe Meinung vom Willen, der den Menschen zu Gott, aber auch zum Teufel führen kann. Bei Augustinus ist der Wille ambivalent, bei Kant indessen wird der Wille mit der Autonomie zusammengedacht, oder anderes gesagt,

Freiheit ist Wille, und zwar jener Wille, der eben das Ganze des Gesetzes der Menschheit vermag. Kant spricht vom guten Willen, der
überhaupt das Beste ist, was sich in der Welt findet. Der gute Wille
ist gut für das Ganze. Im guten Willen habe ich auch das Ganze in
mir. Kant spricht von „der moralischen Welt" in mir (KrV B 839).
Welt ist sicher ein Begriff für das Ganze, das im Naturganzen vom
Menschen, bei allen wissenschaftlichen Forschungen und selbst
raumfahrerischen Entdeckungen, niemals denkend oder gar sinnlich
erfahren und durchdrungen werden kann. Ganz anders ist es im moralischen Bereich. Hier bringt der Wille alles zusammen, in sich
selbst zustande. So habe ich im Sittlichen eine Welt in mir. Dies ist
„die moralische Welt", von der Kant spricht. Bei ihm äußert sich aber
der Anspruch des Menschen, gerade wenn er diese neue Form des
Anspruchs hat, nämlich den Anspruch der Pflicht. Ich verpflichte
mich ja freiwillig. Ich beanspruche die Freiheit, mich frei verpflichten
zu können. Pflicht ist keine Last, vielmehr die Leistung des Lebens,
das dem guten Willen gehorcht. Für Menschen, die guten Willens
sind, öffnet sich eigentlich das Ganze im Sinne des Gesetzes oder
der Menschheit. Im Unterschied zu Augustinus kann man hier wieder einmal eine transzendentale Lage des Menschen sehen und Augustinus dann das Transzendieren zuordnen. Das wäre im Sinne dieser bereits gewohnten Sichtweisen des Transzendenten bzw. Transzendentalen gesprochen.

Der gute Wille eröffnet uns eine neue und ins Ganze gehende
Sicht des Menschen. So können wir durchaus von Wahrheit sprechen. Die Wahrheit ist jetzt nicht bei Gott, sondern beim Menschen,
nämlich beim Menschen des guten Willens, der den Menschen ins
Ganze des Gesetzes bzw. der Menschheit öffnet. Hier zeichnet sich
ein Unterschied zu Augustinus ab. Hier erreichen wir aber auch einen kritischen Punkt. Augustinus verweist uns bei der Lüge auf das
Problem der Selbsterhebung des Menschen. In der Autonomie, in
dieser Weise einer freien Selbstsetzung im guten Willen ereignet sich
ebenfalls eine Selbsterhebung. Freilich muß man sagen, daß es nicht
ein teuflischer, gegen den Gott gerichteter Hochmut des Menschen
ist, sondern das Gegenteil: die Achtung des Gesetzes und der Menschheit.

Selbstsetzung heißt hier sich selbst in das Gesetz versetzen. Es ist
die Freiheit eines jeden Menschen, frei aufs Ganze zu gehen. Es
könnte aber dabei eine Selbstüberschätzung stattfinden. Diese sehe
ich darin, daß der Mensch mit dem Willen, gerade dem guten Willen,
alles schon beim Willen gut sein läßt. Der kleine, gute Wille geht auf

das große Ganze des Gesetzes, der Menschheit. Hier wird eine ungeheure Spanne aufgerissen, welche der Wille überbrücken soll. Wir
müssen uns aber fragen, ob hier der Mensch sich belügt, also nicht
nur täuscht, weil der gute Wille, wie längst schon gesagt, doch nur im
Menschen selbst, in seinem Gewissen oder seiner Gesinnung ist, wie
immer man dies bezeichnet.

6. *Ethos* und der Wille zur Pflicht

Den Kantschen Willen müssen wir als einen Willen verstehen, von
dem ganz und gar abhängt, nicht nur wie und was der Mensch ist,
sondern überhaupt, daß der Mensch eigentlich Mensch ist. Es ist
nicht der Wille als etwas Angeborenes, auch nicht das dem Menschen
spezifisch Angeborene, eventuell im Unterschied zu anderen Lebewesen wie dem Tier. Freilich bleibt hier die Frage, wie dieser Wille
für das Leben des Menschen letztlich zu denken ist. Kant sieht den
Willen in ähnlicher Weise wie Aristoteles die ethischen Tugenden.
Von diesen sagt Aristoteles[29], daß sie nicht einfach von Natur ange-
boren, gegeben sind, aber auch nicht gänzlich außerhalb der Natur
des Menschen liegen. Die ethischen Tugenden entstehen nur durch
Übung und Gewöhnung. Und dieses spezifische Tun wird *ethos*, das
Ethische genannt. Dort heißt es vom Menschen, daß er hinsichtlich
des Ethischen einen freien, weiten Rahmen des Tuns hat. Es wird
auch das Beispiel vom Stein genannt, der von Natur nach unten fällt.
Nicht so der Mensch, der von Natur eine Vielfalt von Lebensmög-
lichkeiten hat. Ich meine, daß bei Kant der Wille ähnlich verstanden
wird.

Mensch und Wille – dieser Zusammenhang muß so gesehen werden, daß im Menschen nicht einfach der Wille vorhanden, eventuell
latent ist und daß er dann langsam aus dem Menschen herauskommt,
um den Menschen zu einem Willensmenschen zu machen. Nein, wir
müssen umgekehrt sagen, daß mit dem Willen der Mensch überhaupt erst Mensch wird. Der Wille ist nicht im Menschen, um nun
in diesem Bild zu bleiben, vielmehr der Mensch lebt im Willen, geht
im Willen auf. Darin liegt seine eigentliche Möglichkeit des Wachstums, ja überhaupt erst der Anfang, ein Mensch zu werden. Mit dem
Willen hat er die Chance, ganzer Mensch zu sein, jener Mensch, der
ins Ganze des Menschlichen bzw. der Menschheit hinauslangen kann.

---

[29] Vgl. Aristoteles, Nikomachische Ethik II, 1.

Der Wille geht aufs Ganze, d. h. der Menschheit und ihres Gesetzes, des Sittengesetzes. Indem der Wille uns dieses Ganze vor Augen
hält, binden wir oder besser, verpflichten wir uns auf das Ganze. Die
Pflicht betreffs des Gesetzes und der Menschheit nimmt das Gesetz
nicht als ein nur außen- und fernstehendes. Dies wäre ja das gewöhnliche Verständnis von Pflicht bzw. von Pflichten, die uns alle mehr
oder weniger unangenehm und lästig sind. Hier gilt es, bei Kant Willen und Pflicht beieinander zu sehen. Es ist nicht eine Unterwerfung
zur Pflicht, der man mehr oder weniger genötigt Folge leistet. Nein,
es ist der freie Entschluß zur Pflicht. Deshalb möchte ich vom freien
Willen zur Pflicht sprechen. Diese ist nicht eine Last und Notwendigkeit, vielmehr eine Freude und Freiheit.

Wenn im Willen zum Ganzen des Gesetzes und der Menschheit
das eigentliche Menschsein aufgeht, wenn ich diesen Entschluß und
diese Entscheidung zum Menschlichen überhaupt gefaßt habe, dann
versetze ich mich hinaus ins Ganze der Menschheit, wie umgekehrt
ich das Ganze zu mir hole, wie dann die Rede von der „moralischen
Welt" (KrV B 839) in mir dies verdeutlicht.

Genau dies spricht aus Kants Grundbegriff 'Autonomie', der auf
deutsch Selbstgesetzgebung bedeutet; und Gesetz heißt Gebot und
Pflicht. Es ist die Selbstgesetzgebung als Selbstverpflichtung. So muß
Autonomie verstanden werden. Aber dabei muß immer vor Augen
sein, daß diese Autonomie nicht einfach aus uns wie ein Naturvor-
gang aufsteigt, in dem wir dann langsam, aber sicher vorankommen.
Hier ist gar nichts gesichert und deshalb überhaupt ein trügerisches
Bild, wenn wir von Natur im Sinne eines Naturablaufs sprechen.
Hier ist immer alles offen. Auch dies gehört gerade zur Freiheit, die
deshalb Offenheit ist. Es bedarf des ständigen sich Erneuernden im
Willen, des Entschlusses, der Entscheidung. Es muß immer wieder
angefangen werden. Man kann nicht ausruhen. Hier meine ich, daß
Kant wiederum verglichen werden kann mit Aristoteles in dessen
Auffassung vom *ethos* des Lebewesens Mensch. Das Ethische be-
stimmt bei ihm eigentlich das Leben des Menschen. Und bei Kant
ist es der Wille, die ständig schwierige wie schließlich ungeheure
Anstrengung, ein Mensch zu sein.

Wenn ich Aristoteles erwähne, müssen wir nun allerdings unterscheiden, daß es bei Aristoteles um eine Güterethik, bei Kant um
eine Pflichtethik geht. Dies wird näherhin durch das Wort Moralität
ausgedrückt. Ethik ist klassisch der Umgang, die Eingewöhnung, wir
können sagen, die *praxis* der Güter. Moralität ist die Übereinstimmung des Willens mit dem Sittengesetz, der Wille zur Menschheit,

zum Weltbürger. Das sind alles mögliche Umschreibungen für die Pflicht des Menschen. Die Ethik beschäftigt sich mit Gütern, die Moralität bzw. Moralphilosophie mit dem Guten überhaupt, welches der gute Wille ist.

Der Anspruch in der Moralität ist ungleich größer als in jener Ethik. Denn jetzt, bei Kant, geht es um den einen Kernpunkt einer alles entscheidenden, auf alles hin sich entschließenden Willenstätigkeit, welche tiefer wie weiter geht als jenes, was in einer Güterethik erreicht werden soll. Dort haben wir eine Vielfalt und doch eine Hierarchie von Gütern, hingegen im Willen das einzig Gute. Im Willen konzentriert sich hier viel, ja alles. Die Welt ist in ihm präsent. Der Wille ist das Ganze. Er vermag ins Ganze des Gesetzes, der Menschheit hinauszulangen. Wir können auch in der Kantischen Manier von einem transzendentalen Charakter des Willens sprechen. Anders ist es bei den Gütern im klassischen Verständnis, nach dem sich manche Güter in reiner transzendenter Struktur zeigen. Dies betrifft Wissenschaft und Weisheit als seelische Güter des Menschen. Aber auch politische Güter wie Gerechtigkeit, Freundschaft sowie Freiheit verweisen den Menschen in die transzendierende Struktur des politischen Lebens *(bios politikos).*

Die Transzendenz wird deutlich, indem vom Streben nach Gütern gesprochen wird. Jetzt haben wir nicht ein Streben, zu dem immer ein Hinausgang gehört, vielmehr den Willen, der bei allem Hinausgang in das Ganze, die Welt, die da ist Gesetz und Menschheit, doch zugleich bei sich selbst bleibt. Nur so kann man sinnvollerweise vom guten Willen sprechen. Das Gute des Willens ist nicht im Gesetz, das transzendent ist, vielmehr im Gesetz, das sich nun als transzendentale Struktur erweist, an der ich mit dem Willen voll und ganz teilnehmen kann. Ja, ich lebe aus dem Willen, um so dieser ganze weltbürgerliche, sittengesetzliche, menschheitliche Mensch zu sein.

Der Wille bezeugt die transzendentale Struktur des Menschen und nicht seine transzendente, wie dies in der klassischen Ethik eher beschrieben wird. Und hier ist es wohl der raffinierteste Gedankenzug, daß die Pflicht, die man gewohnterweise als eine Außenstruktur sieht, in den Willen selbst hineingenommen wird. Wille und Pflicht verbinden sich, sind dasselbe. Das zeigt sich auch im Selbst der Autonomie. Platon entwirft das weitestgehende, radikal-offene Bild der Transzendenz, indem er von der Idee des Guten spricht, die noch über das Sein überhaupt hinausgeht, die auf das Jenseits von Sein verweist. Ganz anders, um nicht umgekehrt zu sagen, geht nun Kant vor, wenn er vom guten Willen und gerade auch von der Pflicht spricht. Im Anschluß und im Vergleich zur Platonischen Redeweise können wir sagen, daß jenes, was hinausgeht, jenseits *(epekeina)*[30] andeutend genannt wird, nun in den Menschen selbst hineingenommen wird, mit dem er allerdings sich selbst hinausführt, den größten Schritt und Ruck, eben die Revolution der Denkungsart erfahren kann. Es geht nicht um den Ausblick (Idee) auf das Gute, das offen, weit wie fern ist, nein, das Gute ist nun ganz nah, ja bei mir, in mir selbst. Ich selbst bin das Gute, dies besagt doch letztlich das Wort vom guten Willen.

Idee des Guten ist ein transzendierender Gedanke, guter Wille ein transzendentaler. Und hier muß die Überlegung betreffs der Pflicht ansetzen. Es ist nicht ein Sollen, das außen oder über mir steht, nein, es ist das hereingeholte Sollen, das dann zugleich ein Wollen ist. Das figuriert im Gedanken und im Wort von der Pflicht, wie Kant jedenfalls meint. Der Mensch mit diesem Willen ist ein Mensch der Pflicht. In dieser lebt der Mensch erst, geht er ganz auf. Es wird hier nichts in der Struktur kleiner gemacht, nein, die Transzendenzstruktur wird hier transzendental ausgetragen. Deshalb auch die schwergewichtige Rede von der Pflicht. Nach Kant kommt es darauf an, daß der Mensch den Willen zur Pflicht hat.

7. Vom Anspruchsrecht zum Pflichtrecht

Die ganze Freiheit liegt in der Pflicht. Dies kommt auch in Kants Rechtsverständnis zum Ausdruck. Wir haben dort weniger ein Anspruchs-Recht, wie dies neuzeitlich bis heute ausgebaut wird, nein, wir können vom Pflicht-Recht sprechen. Darin schwingt mit, daß Gebot und Gesetz das Recht bestimmen. Aber wir müssen hier immer die Freiheit, die Autonomie im Recht walten sehen. Pflichtrecht ist Freiheits-, Autonomierecht, ein Recht, in dem nichts anderes Recht ist als das, was der Autonomie entspricht. Wie hier Autonomie, Pflicht, Recht zusammen- und ineinandergehen, können wir gerade an jenem uns näher klarmachen, was Kant bei der Lüge vorbringt. Es kann für ihn kein gutgemeintes Recht auf Lüge geben, weil damit überhaupt das Recht angetastet, unbrauchbar würde. Es könnte gàr kein Recht mehr geben, weil mit einem Recht auf Lüge das Recht im ganzen verletzt, ja vernichtet würde. Der Gedanke des Rechts würde von vornherein unmöglich. Recht wäre ohne Zweck und Sinn,

---

[30] Vgl. Platon, Politeia 509b.

weil mit einem Recht auf Lüge nicht nur eine Ausnahme, vielmehr eine Abkehr vom Recht erfolgt. Das Recht auf Lüge steht gegen Recht überhaupt. Das ist für Kant das Problem.

Der Mensch stellt Ansprüche auf, will da und dort sich eines Besitzes versichern und greift letztlich zum Recht. Anspruchsrecht ist Besitzrecht. Wir können ebenso von einem Menschenrecht im Sinne eines Ich-Rechtes sprechen. Dies zeigt sich auch im Recht auf Eigentum wie im allgemeinen Recht auf Freiheit, vor allem im Recht auf Meinung. Demgegenüber steht das Freiheits-Recht von Kant im Sinne des Autonomie-Rechtes. Dies will nicht einfach Ich-Recht sein, sondern ein Ich, das sich dem Gesetz verpflichtet. Das besagt Autonomie. Es ist die Selbstgesetzgebung im Sinne von Selbstverpflichtung. Diese ist die Verpflichtung auf das Ganze, d. h. das Gesetz und die Menschheit. Pflichtrecht ist so Gesetzesrecht, und wir können auch sagen, Menschheitsrecht. Hier liegt der Unterschied zwischen Menschenrecht im Sinne von Anspruchsrechten und Menschheitsrecht im Sinne von Gesetzesrecht.

Dabei müssen wir sehen, daß es letztlich Menschenrechte nur geben kann, wenn das Recht auf die Menschheit gerichtet ist bzw. von dort her richtet und rechtet. Das Ganze ist Dimension und Orientierungsrahmen. Das tritt bei Kant hervor. Kant sieht den Menschen in der Aufgabe und Pflicht des Menschheitlichen. Die Brücke zwischen dem je einzelnen Menschen und dem Menschheitlichen soll der Wille schlagen. Das ist seine große und einzige Aufgabe. So steht dem Anspruchsrecht nun das Willensrecht gegenüber, worin sich jedoch in anderer und noch schärferer Weise ein Anspruch anmeldet. Kant kommt letztlich überhaupt nicht aus dem Anspruchsdenken der Neuzeit heraus. Darin besteht Aufklärung und Kritik der Vernunft.

Das Anspruchsrecht, wie es neuzeitlich bis heute mehr und mehr sich ausgebreitet hat, muß daraufhin überdacht werden, wie das Recht überhaupt damit in Frage gestellt wird. Kant hat hier wohl als einer der ersten ein Problem erkannt, das nicht geringer wurde. Er zeigt, wie ich meine, daß es um einen ganz anderen Rechtsgedanken geht. Es ist nicht nur das (neuzeitliche bis heutige) Anspruchs-Recht, sondern, wie ich es einmal nennen möchte, Pflicht-Recht.

Kant macht den weitesten Schritt in der neuzeitlichen Philosophie und wird bis heute darin nicht übertroffen. Dies steckt im kategorischen Imperativ, im guten Willen, in der Autonomie. Es ist eine Freiheit von höchstem Anspruch, der tief und weit wie kein anderer ist. Er geht in die Weite des Ganzen, das ich bei mir haben und somit in mir verankern und tragen kann. Das ist der gute Wille. Es ist der Wille zum ganzen Menschen, dem Menschen der Menschheit, dem menschheitlichen Menschen. Können wir mit einem größeren Anspruch auftreten? Dieser Anspruch wird Aufgabe des Menschen, und so wird er auch zur Pflicht.

Kant stellt die große Frage nach dem, was dem Menschen gehört. Es gibt nicht mehr die alte und so klassisch gewordene Frage, was ist, sondern was ist mir bewußt, was habe ich bzw. was kann ich haben, was kann ich erreichen und so besitzen. So sind wir vom Sein zum Haben weitergegangen. Darin liegt der neuzeitliche Schritt und Fortschritt bis heute. Es geht uns nicht mehr darum, zu wissen, was ist, sondern was ich im Wissen wirklich für mich haben kann. Das spiegelt sich viel später, nämlich heute in der Kritischen Theorie wie im Kritischen Rationalismus. Gerade dort geht es um die jeweilige Habe eines vorläufigen Wissens, das gar nicht mehr darauf ausgerichtet ist, was im Ganzen ist, sondern was ich jetzt in einem bestimmten Umfeld durch Versuche und Erfahrung erreichen und so haben kann.

8. Recht: Sicherheit, Gemeinwohl, Gerechtigkeit

Nach Kant schadet jede Lüge, weil mit dem Lügen immer die Wahrheit im ganzen aufs Spiel gesetzt wird. Dasselbe ergibt sich bei einem beanspruchten Recht auf Lüge. Wenn es hier ein Recht geben soll, dann wird Recht in sich bereits fragwürdig und verkehrt. Dem Recht wird eigentlich der Rechtsgrund entzogen. Es gibt dann ein ganz anderes Recht bzw. Ausnahmerechte. Kant verweist auf die Einheit des Rechts. Wenn gelogen wird, wird immer die Basis der Wahrheit zerstört, auf die man doch letztlich vertrauen will. Wer einmal gelogen hat, dem kann man prinzipiell nicht mehr vertrauen. Mit der Lüge zerreiße ich also das Band, welches die Menschen umschließt und welches wir in der Vernunft, in der Wahrheit, im Recht geknüpft sehen. Wer eine Ausnahme oder auch Ausnahme- bzw. Sonderrechte beansprucht, verwirkt den eigentlichen Anspruch von Recht überhaupt. Hier zeigt sich auch, wie der neuzeitliche Rechtsgedanke ins Schwanken gerät.

Im Recht wollen wir Sicherheit und Besitz. Recht will den Besitz spezifisch sichern. Erst Rechtsbesitz ist wirklicher Besitz. Wir sprechen von Rechtssicherheit und meinen, daß Recht, das in Gesetzen positiviert ist, uns Sicherheit gibt. Sicherheit beanspruchend, wollen

wir mit dem Recht eine besondere Sicherheit erreichen. Einmal wird
mit dem Recht der Anspruch auf Besitz abgesichert, wozu des weiteren gehört, daß der Anspruch, der im Recht gesichert ist, nun auch
wirklich gesichert bleibt. Das Recht, das der Sicherung von Besitz
dient und ein Mittel zur Sicherung ist, soll den Gedanken der Sicherheit ganz involvieren. Was hier Mittel oder auch Funktion des Rechts
ist, nämlich die Sicherung, soll die Struktur des Rechts selbst ausmachen. Recht bietet, ja ist Sicherheit. Das wird gefaßt in der Rede von
der Rechtssicherheit. Unbestreitbar aber kommen wir in Schwierigkeiten mit dem Recht im Sinne der Rechtssicherheit, wenn wir Ausnahmen zulassen wie eben das geforderte Recht, aus Menschenliebe
zu lügen. Der Nutzen des Rechts liegt sicher höher, wenn er dem
Gemeinsamen dient und nicht Einzelfällen, Ausnahmen, auch wenn
hier das Selbstwohl dann einen bestimmten, wenn auch fragwürdi-
gen Nutzen hat. Doch die Rechtssicherheit, auf die Kant wohl besonders blickt, ist bei jeder Ausnahme gefährdet.

Wir können in Kants Kritik am Rechtsanspruch auf Lüge den
kritischen Versuch sehen, das Recht im Bezug auf Selbstwohl und
Gemeinwohl zu unterscheiden. Recht und Gesetz beziehen sich auf
das Gemeinwohl, den gemeinsamen Nutzen. Und hier ist es sicher
schädlich, wenn Recht für Ausnahmen, fürs Einzelne beansprucht
wird. So dient auch die Notlüge gegenüber einem Kranken vielleicht
dem Selbstwohl, aber keinesfalls dem Gemeinwohl. Dies muß aber
recht verstanden werden. Was heißt hier, daß wir im Recht einen
gemeinsamen Nutzen haben? Wenn ich bei einem Arzt immer mit
dessen Lüge rechnen muß, weil dieser eventuell so kalkuliert, daß
mir besser die Wahrheit verborgen bliebe, dann ist dabei nicht einmal sicher, ob mir dies zum Selbstwohl dient.

Aufs Ganze hin gesehen dürfte es von gemeinsamem Nutzen sein,
wenn der Rechtsnutzen aller im Auge behalten wird. So geht hier
auch ineinander, was man gemeinhin unterscheidet, nämlich Rechtssicherheit, Rechtsnutzen und Rechtsgerechtigkeit. Und bei der
Rechtsgerechtigkeit geht es darum, ob es sich überhaupt um richtiges, gutes, wahres Recht handelt, wobei hier das Problem schwierig
zu umschreiben ist. Es ist die klassische Frage nach dem Naturrecht,
was wir auch so formulieren können, ob mit einem Recht wirklich
der Natur der Sache, um die es beim Recht geht, entsprochen wird.
Eine Notlüge ist nützlich, kann vielleicht sogar dem Gemeinwohl
dienen. Fragwürdiger ist schon, ob eine Lüge der Natur der Sache,
der Natur des Menschen entspricht.

Von der Rechtsgerechtigkeit könnte man sagen, daß sich das

Recht durchaus nach dem Einzel- und Ausnahmefall richten sollte, wenn immer dies möglich oder auch geboten ist. So könnte also eine Notlüge dem Einzelfall helfen, und es käme hier vielleicht zum richtigen und so gerechten Anspruch auf ein Recht. Bei diesem gerechten Recht würde Recht nicht einfach als allgemeine Norm gesehen, vielmehr im Hinblick auf das je Einzelne, dem zugeteilt werden muß, was ihm gerechterweise zukommt. Die große Frage nach dem richtigen bzw. gerechten Recht steht aber nicht nur im Zusammenhang einer richtigen Verteilung und Einteilung von Recht, sondern auch mit der Sicherheit wie Nützlichkeit. Wir sehen, daß man diese drei Unterschiede im Recht eigentlich gar nicht machen kann, sondern daß alle drei Momente beim Recht zusammengehören. Recht besteht wesentlich darin, daß Recht in Sicherheit für Nützlichkeit und zur Gerechtigkeit dient.

Die Sicherheitsfrage haben wir hochgehalten bzw. gar hochgespielt, weil sie genau dem Anspruchsdenken entspricht. Anspruch ist Anspruch auf Besitz. Diesen sahen wir besonders gefestigt, wenn es zum Rechtsanspruch kommt. Rechtsbesitz ist erst wirklicher Besitz. Es würde nun genau diesem Besitz und d. h. Sicherheitsanspruch im Recht und durch Recht widersprechen, wenn das Recht selbst unsicher wäre. Besitz kann nur gesichert werden, wenn das dafür entstandene und funktionierende Sicherungsrecht selbst wiederum das sicherste überhaupt ist.

Unter allem Besitz gründet bzw. über allem Besitz steht und herrscht das Recht, das sicher ist. Recht als Recht ist so letztlich nichts anderes als Sicherheit. Wenn ich mich auf Recht nicht verlassen kann, dann gibt es überhaupt nichts Verläßliches, dann schwankt alles. Recht ist ein Boden der Sicherheit. Aus dem Boden des Rechts wächst Sicherheit.

Ein Recht auf Lüge, wenigstens und gerade aus Menschenliebe zu lügen, wie es manche Situation des Menschen doch erfordert, verstößt jedenfalls gegen die Sicherheit wie auch den gemeinsamen Nutzen des Rechts. Es kann hier wohl zu einem jeweiligen Einzelnutzen kommen, der aber auch letztlich fragwürdig ist. Denn es ist ja niemals ausgemacht, ob ich für mich selbst bei einer Lüge einen Nutzen habe. Sie kann im einzelnen gar schaden. Darauf kommt es aber nun Kant überhaupt nicht an. Sie ist immer Schaden im ganzen, weil sie dem Rechtsgedanken schadet. Die Sicherheit ist dahin, aber auch ein Recht, das auf das Gemeinwohl zielt. Hier kann man nicht zwischen Einzelnutz und Gemeinnutzen hin und her rechnen. Und so bleibt auch kaum mehr die Möglichkeit, unter dem Maßstab der

Gerechtigkeit, Recht so und auch anders ein- bzw. zuteilen zu können. Das gerechte Recht ist auch letztlich das gemeinsame, gemein-
sam nützliche Recht.[31]

---

[31] Gustav Radbruch, von dem wir eine der letzten großen Rechtsphiloso-
phien haben, hat dies gerade nach seinen Erfahrungen mit der Weimarer
Republik und dann besonders mit dem Dritten Reich in seinen letzten
rechtsphilosophischen Überlegungen herausgestellt, so besonders in ›Fünf
Minuten Rechtsphilosophie‹ und in seinem berühmt gewordenen Aufsatz
›Gesetzliches Unrecht und übergesetzliches Recht‹, worin er die Trias von
Sicherheit, Nutzen und Gerechtigkeit beim Recht besonders auf den letzten
Gesichtspunkt des Rechts, die Gerechtigkeit, hin überlegt. Siehe: Gustav
Radbruch, Gesamtausgabe, hrsg. v. Arthur Kaufmann, Bd. 1–3 (= Rechtsphi-
losophie I–III), Bd. 3, S. 78 ff. bzw. 83 ff. Vgl. hierzu vom Verf., Rechts-Auto-
nomie und Rechts-Autopoiesis der Gesellschaft?, in: Philosophisches Jahr-
buch, 103. Jg., 1996/I, S. 181–190.

III. WAHRHEIT UND LÜGE IN PHILOSOPHIE, WISSENSCHAFT UND POLITIK

A. Von der Seinsphilosophie zur Willensphilosophie

1. Sein und Wille

Auf der Suche nach Sein, auf der Suche nach Grund, („in search of order", wie Voegelin sagt und der Titel des abschließenden, fünften Bandes von ›Order and History‹ lautet) sah sich lange die Philosophie und drückte dies auch in ihrem Namen aus. Und Liebe wie Wahrheit waren und sind die irritierenden Namen für eine Erfahrung des Menschen, in welcher er sich zu öffnen versucht. Sie sprechen je in ihrer Weise von dieser Öffnung und so auch von Freiheit. All dies, was Sein, Grund, Liebe und Wahrheit nennen, das wird vom Willen verändert. Mit dem Willen, einer Philosophie des Willens, kommen wir vom Sein zum Ursein (Schelling), vom Grund zum Ur- bzw. Ungrund (wiederum Schelling), von der Liebe zur Vermittlung (Hegel) und von der Wahrheit zur Gewißheit (Descartes).

Nun bleibt freilich zu überlegen, wann die Willensphilosophie beginnt und die Seinsphilosophie in eine Willensphilosophie übergeht oder diese auch zugleich mit jener einhergeht. Mit dem Willen verdrehen und verändern wir die Philosophie. Verdrehen und verfälschen wir sie damit? Ist der Name 'Willensphilosophie' überhaupt noch sinnvoll, wenn es um eine andere Philosophie, ja eine im Grunde geänderte Philosophie sich handelt? Der Name 'Willensphilosophie' könnte ein Widerspruch in sich sein.

Aristoteles geht es um das Streben nach dem Guten, das der Mensch in der *polis* für den politischen Lebensvollzug braucht, den er ethisch vollzieht, d. h. in einer bestimmten Weise, die nicht mit Theorie und Wissen, sondern nur mit *ethos* und ethischen Tugenden erfolgen kann. Das versucht er zu zeigen (Nikomachische Ethik I). Er bestreitet wohl nicht, daß es ein anderes Problem des Guten gibt, wie es sich Platon denkt, der auf die Idee des Guten, wir können ruhig sagen, des Guten an sich hinausweist (vgl. Politeia 509b). Demgegenüber ist das menschlich Gute *(agathon anthropinon)* etwas, das im Streben auch erreicht wird, wobei das Streben beim Gut als einem Ziel ankommt. Hier liegt die Problematik in der Identität von Gut und Ziel. Hinsichtlich des Strebens können wir aber sagen, daß nicht ein Gutes einfach außen und eventuell an sich steht, demgegenüber ich dann ein Gutes für mich sehen oder heranholen will. Nein, darum geht es nicht beim Streben. Das Streben läßt sich anziehen von einem Gut, das ich auch erreiche. Dies ist das menschlich Gute gemäß Aristoteles. Und darum handelt es sich bei den menschlich-politischen Gütern, worauf die politische Lebensgemeinschaft sich richtet.

Anders steht es bei der Platonischen Idee des Guten. Sie ist ein immer weiter gehendes, ein hinausgehendes Streben. Es wird dabei gesagt, daß wir in einer weiter- und hinausgehenden Ordnung stehen, an der wir teilnehmen. *Methexis (participatio)* ist eines der wichtigen Worte bei Platon, um dies zu deuten.[32] Das Streben nach der Idee des Guten, das vom *eros* und von der *philia* geprägt ist, läßt den Menschen auf dem Weg des Strebens, das ins Offene und so Freie führt.

Das Streben richtet sich auf ein Gut, auf viele Güter. So nach den Gütern, wie sie klassisch eingeteilt wurden in äußere, leibliche und seelische Güter.[33] Der Mensch strebt nach diesen Gütern, zu denen er auch gelangt. So ist das jeweilige Gut auch ein Ziel des Strebens. Das Streben kommt an, vollendet sich. So wird aus dem Streben dann Praxis, d. h. Lebensvollzug.

Diese Philosophie steht der 'Willensphilosophie' wohl vor Augen, die nun versucht, alles anders zu denken, ohne dabei etwas zu verlieren, was die bisherige Philosophie gebracht hat, ja sogar jetzt noch mehr zu erringen, als je zuvor in der Philosophie dem Menschen gegeben wurde. Der Wille versucht sich jetzt nicht mehr nur im Streben und Suchen, nein, er will jetzt einerseits das Streben und Suchen durchhalten, es voll auch sein, wie er andererseits das Suchen doch in einen Fund münden lassen will.

„Vermittlung" (Hegel) wie „Gewißheit" (Descartes) verweisen bereits darauf, daß Liebe wie Wahrheit nicht ein offenes Suchen bleiben, sondern daß wir in der Suche nach Wahrheit bei der Gewißheit ankommen, im Suchen der Liebe uns gegenseitig diese vermitteln können. Das besagt doch „Vermittlung".

Suchen und im Suchen bleiben – Suchen und immer auch Finden,

---

[32] Vgl. Platon, Parmenides 132d.
[33] Vgl. Platon, Gorgias 477a-c; u. Aristoteles, Nikomachische Ethik I, 8; siehe auch unten III. B. 1. c.

wie geht dies zusammen? Ich sage, daß der Wille dies leistet, daß es gerade die sich neuzeitlich herausschälende und immer mehr sich steigernde Willensphilosophie ist, die längst nicht zu Ende ist, sondern an der wir nach wie vor und mehr denn je arbeiten. Der Wille richtet sich auf anderes und mehr. Er will nicht ankommen, sondern ständig unterwegs bleiben. Ein Gut ist kein Ziel und so letztlich kein Gut mehr. Er geht von einem Gut zum anderen. Dies im mehrfältigen Sinne. Denn einmal kann beispielsweise ein äußeres Gut jemand nicht ausreichen, ihn befriedigen. Er will mehr Güter. Zum anderen kann es aber auch heißen, daß ein Gut, so wie es ist, nicht genügt. Er will, daß es geändert und, wie er meint, verbessert werden muß. Kein Gut ist gut genug. Er strebt nicht nach Gut, er will über das Gut hinaus. Dies heißt Mehr-haben-wollen.

Der Wille ist ein perfektes Suchen wie Finden. Im Willen wird Suchen und Finden in eins aufgehoben. Gerade im Hinblick auf das Streben nach dem betreffenden Guten bzw. den Gütern können wir erfahren, wie hierbei der Wille unterschiedlich vorgehen kann.

So verhält es sich im Willen gegenüber allen äußeren Gütern, wie wir sie heute in den vielen und ganz verschiedenen Gütern haben, die wir uns in Technik und Wirtschaft produzieren. Der Wirtschaft geht es um Wachstum, in der Technik um die Verbesserung des Hergestellten. Hier zeigt sich der Wille, der dann nicht nur beim Benutzer oder Verbraucher, sondern in Wirtschaft und Technik sich manifestiert. Der Wille spielt aber bereits eine weitere Rolle, in der er noch mehr zeigt, was er ist betreffs der Güter des Leibes und der Seele, wie wir es klassisch zu sagen versuchen. Hinsichtlich der Gesundheit oder Schönheit, aber des Lebensgutes überhaupt, wollen wir immer mehr. Hierzu gehört, daß das Leben selbst verbessert wird im Willen zum Leben. Dies zeigt sich in der Biotechnik, in der Gentechnik. Wir wollen das Leben verändern, verbessern, steigern. Hier zeigt sich eine Domäne des Willens.

Aber eine noch vielleicht weitergehende Anstrengung haben wir in jenem Bereich, den die politischen Güter einmal einnahmen, und in denen wir so etwas wie die Freiheit besonders herausheben. Dazu gehören auch solche Güter wie Gleichheit, Gerechtigkeit, Solidarität. Ich erinnere hier an klassische Güter, teils mit moderner Namensnennung, wie die Solidarität für die *philia*. Diese spielen nach wie vor, ja eine neue Rolle, verändert und verwandelt vom Willen. Und hier sehen wir nun besonders, was der Wille leistet, wobei er über alles Verändern und Mehr-haben-wollen hinausgeht, wie es bei den äußeren Gütern oder beim Leben und Leib sich zeigt. Der Wille will noch mehr. Es zeigt sich, daß er zwischen den Gütern hin- und hergehen, ein Gut in ein anderes verändern kann.

Ich kann heute in einem Auto nicht nur ein äußeres Gut sehen, das ich notwendig brauche, um bestimmte Bedürfnisse der Bewegung zu erfüllen. Es ist nicht nur ein äußeres Gut im klassischen Sinne, das dann dem Gebrauch dient und der Lebenslust am Fahren volle Erfüllung bietet. Auf diese Lebensform des damals genannten *bios apolaustikos* (Aristoteles, NE I, 3), des Lustlebens kann es wohl ankommen, aber wir können im Auto anderes und mehr sehen, so beispielsweise eine Erfahrung von Freiheit. Wir können überhaupt die Freiheit im wesentlichen im Auto und im Autofahren sehen.

Im Auto kann man ein seelisches Gut sehen, das nämlich das Leben im Grunde bewegt. Mit dem Auto steht und fällt unser Leben, der Mensch. Was sich am Auto abzeichnet, können wir überhaupt an vielen äußeren Lebensgütern, wir können jetzt auch sagen Lebensmitteln, bemerken, die wir uns in Wirtschaft und Technik geschaffen haben. Dazu gehören alle Verkehrsmittel und d. h. auch die Informationsmittel, mit denen wir miteinander kommunizieren wollen. Es sind die vielfältigen Medien, die immer weiter ausgebaut werden. Hier zeigt sich, daß in allem Freiheit gesehen werden kann, das hohe, weil ursprünglich seelische und zugleich politische Gut der Freiheit. Wird der Verkehr, werden die Medien kritisiert, so wird die Freiheit kritisiert. Aus der Freiheit heraus geschieht freilich diese Kritik. Aber diese hat von vornherein ihre Grenzen. Denn sie kann sich nicht auf die Freiheit der Vernunft eventuell berufen, worin viel Freiheit in der ganzen Philosophie, auch in der modernen, gerade der Aufklärung gesehen wird. Wenn man heute Freiheit im Verkehr, in den Medien sieht, dann kommt hier jene Vernunftsfreiheit bereits in Schwierigkeiten.

Der Wille kann vom jeweiligen Gut mehr haben wollen, übersteigt das Gut, läßt das Gut als Ziel und damit auch als Gut zurück. Das Gut ist nicht mehr Gut, es ist vorläufiges Gut, das gefunden wurde, über das man aber jeweils hinausgehen kann. Der Wille findet und sucht doch zugleich. Der Wille will ein Gut und will es doch nicht. Darin liegt gar kein Widerspruch. Das eine wie das andere entspricht dem Willen. Der Wille hebt gerade diesen Widerspruch auf. Der Wille kann auch ein Gut in ein anderes verwandeln. Können wir von Vermittlung sprechen, beispielsweise der Vermittlung eines äußeren mit dem seelischen? Auto ist Freiheit und umgekehrt. Der Wille kann hin- und hergehen. Hier können wir auch das Spiel von Suchen und Finden in besonderer Weise sehen. Wir suchen ein äußeres Gut und finden es auch; wir finden aber zugleich noch etwas ganz anderes darin, nämlich Freiheit. Aber zu dieser gehört nun auch als Freiheit im wörtlichen Sinne, daß wir ins Offene gehen.

Freilich sieht man Freiheit modern als Autonomie, als Selbstbestimmung in umfassender Weise. Aber auch bei der Freiheit als Selbstbestimmung geht es um immer weitere Öffnung. Der Mensch will immer mehr ins Freie. Freiheit heißt immer mehr Freiheit. Und dies zeigt sich wiederum am Auto, mit dem wir ja beispielsweise immer schneller fahren wollen. Darin wird Freiheit gesehen. Wir fahren, wie wir wollen. Wir leben, wie wir wollen.[34]

Wir sind, wie wir wollen. Dies hört sich nun philosophisch an, in dem wir vom Sein sprechen – nämlich 'wir sind' –, so daß wir jetzt auf das philosophisch ursprünglichste Wort vom Sein zurückkommen könnten. Wenn wir aber so vom Sein sprechen, dann kommen wir nicht auf die klassische, sondern auf jene die Moderne und vielleicht gar bereits die Postmoderne grundlegende Philosophie von Schelling. Er spricht vom „Ursein" [35]. Und zwar so: Der Wille sei das

---

[34] Bei der Lektüre des neuen Buches von Peter Häberle, Wahrheitsprobleme und Verfassungsstaat, Baden-Baden 1995, finde ich ein Zitat, das einen Abschnitt eröffnet mit der Überschrift der 'autonome Wahrheitsdiskurs der Juristen': „Vielleicht hilft im Wahrheitsdiskurs der Vorschlag von *R. Safranski* weiter. Er unterscheidet zwischen zwei von einander getrennten 'Wahrheitsregionen': Die eine nennt er die 'kulturelle' – sie habe es mit 'Selbsterfindung, Selbstgestaltung' und damit verbunden mit Weltdeutungen und Weltentwürfen zu tun, kurz: mit dem höchst individuellen und existentiellen Akt der Sinngebung des Sinnlosen – Diese Wahrheitsregion ist phantastisch, erfindungsreich, metaphysisch, imaginär ... Wie auch immer. Sie ist nicht konsenspflichtig ... Alles geht". Häberle verweist dann noch auf die „andere Wahrheitsregion", welche nach Safranski die „politische" ist. Dort geht es darum „vernünftig, sachlich, prosaisch, pragmatisch, gemeinschaftsdienlich, lebensdienlich" zu sein (S. 96). Für mich liegt das entscheidende Wort in „Alles geht". Dies entspricht der postmodernen wie auch strukturontologischen Auffassung (so auch von Rombach). Sie ist sicher zeitgemäß, genauso wie die Systemtheorie (besonders Luhmann), zu dem ich im Laufe dieses Abschnitts noch eine entsprechende Anmerkung machen kann. Ob man die Wahrheit so einteilen kann, ist doch fragwürdig, auch wenn man hier gar nicht im klassischen Sinn der herkömmlichen und d. h. überhaupt der Philosophie denkt. Wenn der Mensch denkt, geht nicht alles, sondern erfährt er, ja widerfährt ihm gerade, daß nicht alles geht und auch nicht gehen kann.
[35] Vgl. F. W. J. Schelling, Über das Wesen der menschlichen Freiheit und die damit zusammenhängenden Gegenstände, Stuttgart 1977, S. 62 (bzw. die Ausgabe der Wissenschaftlichen Buchgesellschaft: F. W. J. Schelling, Ausgewählte Werke. Schriften von 1806–1813, Darmstadt 1990, S. 264).

Ursein. Dabei wird doch offensichtlich hinter das Sein zurückgegangen, das die klassische Philosophie noch als Grund denkt, nämlich als Seinsgrund. Wille als Ursein ist „Ur- bzw. Ungrund"[36]. Da wird dann doch sichtbar, daß es beim Willen um mehr als Sein geht. Sein, das Anwesenheit ist, kann hier auch die Abwesenheit umfassen. Und das wird wiederum mit dem Abgrund bzw. Ungrund angesprochen. Aber Ursein – und ich möchte auch so formulieren, Wille ist ein Übersein – hat die Macht über das Sein. Funde sind also zu melden, auch wenn Schwierigkeiten bleiben hinsichtlich der Grund-Frage. Aber hier verbindet sich der Fund mit der immer noch weitergehenden Suche, die der Wille besser voranbringt als jenes Suchen und Streben im Sinne der klassischen Philosophie und deren Seins- oder Wahrheitsfrage.

Mit Ur-sein wird auf ein dahinter liegendes verwiesen. Dies kann man Grund nennen. Im Ur spricht so etwas wie Ursprung. Also Anfang. Und der Wille ist nun in besonderer, ja höchster Weise Ursprung und Anfang, indem nämlich hier immer etwas anfangen soll. Der Anfang fängt immer wieder, immer neu an. Wir sind immer am Anfang und nie am Ende. Auch wenn wir an ein Ziel gelangen, wie dies bei einem Gut beispielsweise sich zeigt, dann können wir doch immer wieder ursprünglich, im Anfang sein. Nichts ist einfach das, was es ist. Es geht hier nicht um ein Sein, gerade nicht im Sinne von Anwesenheit. Hier ist alles offen.

Wir können hier auch mit den Kategorien Wirklichkeit und Möglichkeit das Problem anzusprechen versuchen. Etwas ist eine Wirklichkeit, aber sie involviert alle Möglichkeiten. So eben jene, welche wir Freiheit nennen. Im Hinblick auf den Zusammenhang von Willen und Gütern verstehen wir jetzt, was die Rede von Un- und Abgrund bedeutet. Hier geht es nicht darum, Schelling zu interpretieren. Aber wir haben von ihm immerhin diese neuen Worte für diese neue Philosophie, die wir Willensphilosophie nennen. Ursein und Un- bzw Abgrund. Philosophie geht auf Sein, Grund. Der Wille betrifft Ursein, Un- und Abgrund. Mit Ursein wird doch ausgesprochen, daß das Sein aus dem Willen kommt. Dies können wir wieder an den Gütern erfahren.

Es hängt ganz vom Willen ab, ob, wie und was ein äußeres Gut ist. So beispielsweise das Auto. Es kann anderes und mehr sein als ein äußeres Gut. So kann es Freiheit sein, gar ein politisches Gut, wenn nämlich beim Auto wir uns gegenseitig drohen, daß mit dem

---

[36] Ebd., S. 127 ff. (bzw. S. 406 ff.).

Auto nicht nur die Politik eines Landes, sondern die ganze Weltpolitik steht und fällt. Mit dem Auto wird Politik, Weltpolitik gemacht. Man kann hier freilich sagen, daß die Politik hier ans Auto gefesselt ist. Man spricht auch von Zwangslagen, von Notwendigkeit, mehr denn je. Man spricht von Sachzwängen.

Wir wollen immer mehr und schnelleren Verkehr. So bauen wir auch immer schnellere Verkehrsmittel. Dazu gehören auch die Informations- und Medienmittel, mit denen wir einen weltweiten Verkehr wollen, der Raum und Zeit schwinden läßt. So sehen wir, wie die Ferne in die Nähe kommt. Darin kann man Änderungen, Verkehrungen, aber letztlich wohl auch Fälschung sehen. Denn bei den Informationen aus der Ferne, die wir uns medial vermitteln, sind wir doch nicht unmittelbar dabei. Es wird uns etwas im weitesten Sinne vorgemacht. Ferne kommt näher und ist eigentlich doch nicht nah. Es ist eine falsche Nähe. Die Ferne wird als Ferne gefälscht in eine Nähe, die wiederum falsch ist.

Es ist ein allseitiges Fälschen im Gange. Nun sehen wir hierin den Willen. Der Wille macht mehr aus dem, was ist. Dabei kann das Sein freilich fallen, stürzen. Auch das wird mit Ursein ausgesprochen, aber noch mehr mit Un- und Abgrund. Der Wille fällt auch in den Abgrund. Dies zeigt sich darin, wenn wir im Verkehr einerseits Freiheit, aber andererseits offensichtlich das Gegenteil sehen, nämlich Sachzwänge, also Unfreiheit. Wir können vieles gar nicht mehr ändern, auch wenn wir es wollen. Freilich bleibt die Frage, ob wir dazu wirklich den Willen haben. Aber diesen müßten wir doch haben, wenn wir offensichtlich in einer Zeit des Willens leben, wir uns schon zumindest seit Beginn der Neuzeit in einer Geschichte des Willens befinden. Gehört es vielleicht zur Erfahrung des Willens, daß er einerseits alles wollen, aber dabei auch andererseits nichts wollen kann?

Alles und nichts, wir können auch sagen: Sein und Nichts. Das fällt beim Willen zusammen. Hierin liegt die totale Verkehrung. Sein ist Nichts und Nichts ist Sein. Hier geht alles total durcheinander. Aber das wird wohl gerade zum Willen gehören. Nämlich zum Willen, der nichts ist als Wille. Das besagt doch gerade Wille. Er will unaufhörlich wollen können. Der Wille will letztlich nicht über sich hinaus in ein Jenseits. Das wäre ja ein Streben. Hierzu gehört die Idee des Guten. Diese Aussicht will er nicht. Er will nicht über sich hinaus. Es ist nicht der Mensch, der auf Gott hin strebt. Idee des Guten, Gott, *epekeina* – all dies kommt nicht in Frage. Der Wille will bei sich bleiben, will bei sich alles schon haben und sein, was es überhaupt gibt. Es gibt nicht die Transzendenz Gottes, wie aber auch nicht die Reszendenz in jenes, was Grund genannt wird. Wenn es schon um Grund geht, dann will dies der Wille selbst sein. Der Wille ist die Anmaßung der Transzendenz des Grundes wie des Gottes. So ist Wille Ursein und Ab- und Ungrund.

Der Wille dreht, kreist allein um sich selbst. So will er auch nichts anderes als sich selbst und d. h. Wille bleiben. Darin rundet sich die Struktur von Suchen und Finden. Der Wille hat immer schon alles gefunden. Denn er will nichts als Wille. Imgleichen sucht er aber immer. Er demonstriert ein Suchen, das all jenes übertrifft, was in der Philosophie im Suchen gesehen wurde. Er ist ein Suchen, das immer findet, ja was das Entscheidende ist, immer schon alles gefunden hat. Und es ist ein Finden, das alle Funde übertrifft. Gott, das Gute, der Grund, das Sein – all dies ist ja längst gefunden. Der Wille übertrifft all jenes. Bei diesem Willen ist Gott nichts, oder anders gesprochen: Gott ist tot. Diesen Satz von Nietzsche kann man gegen jenen von Augustinus stellen: Gott ist die Liebe und die Wahrheit. Diese Aussage kann so umgedreht, verkehrt und verfälscht werden, daß in ihm nur Falsches gesagt wird. Dieser Satz ist eine Fälschung, eine Lüge. Und von Augustinus her wäre ja nun Nietzsches Satz eine Lüge. Wie dreht sich hier nun alles um?

Die Wurzel des Menschen wird im Menschen selbst gesehen. So hören wir den Satz von Marx (vgl. MEW 1, 385). Er entspricht der Willensphilosophie. Dies kritisiert Augustinus mit seinem Bild vom Teufel, der das Offene des Gottes, d. h. seine Liebe und Wahrheit, welche Offenheit, Freies bedeuten, in sich hinein und so auch zu sich herabzieht. Es ist die Selbst- und Habsucht des Willens. Wir können auch vom Selbst und Haben des Willens sprechen. Wir fassen zusammen:

1. Etwas ist ein äußeres Gut. Daneben gibt es andere Güter. Wir haben jeweils etwas, das im Sein voll und ganz ist. Deshalb sprechen wir auch vom Gut. Was da jeweilig ist, ist als solches ein Gut. Wir sehen hier den Zusammenhang von Sein und Gut, von dem auch in der Ontologie gesprochen wird: *ens et bonum convertuntur.* Dort wird freilich, wie der Name schon sagt, das Seiende als Seiendes *(on hä on, ens qua ens)* ausgelegt. Es ist dabei aber auch je ein bestimmtes etwas, so beispielsweise ein Auto. Es ist eines und nicht vieles; es ist Etwas und nicht nichts. Dies zeigt sich alles an dem, was wir das Sein nennen. Was wir mit Seiendes, dann Eines, Gutes und auch als Etwas genannt haben, sind die Transzendentalien der Ontologie. Diese ist Auslegung des Seienden. Hier sei nur soviel angemerkt, daß

dies ruhig Ontologie genannt werden kann, wobei aber beachtet werden muß, daß sich die Dinge zeigen, als das, was sie sind. Dann sind sie Seiendes. Hier kann der Wille einiges, ja vieles und Entscheidendes ändern.

2. Der Wille ist selbst alles und hat selbst alles. So kann er sich als Sein behaupten. Der Wille ist Sein. Wir haben aber gehört: Wille ist Ursein. Wille ist also mehr als Sein. Wille ist auch Nichtsein, also das Nichts. Das ist die Verdrehung und Verkehrung, die im Willen möglich, eine Verkehrung, die schließlich Verfälschung ist. Wir haben dies an den Gütern gesehen. Ein Gut ist auch ein anderes Gut; ein Gut ist kein Gut. Ein äußeres Gut wie das Auto, worüber wir ja oben einiges gesagt haben, kann zu einem anderen Gut werden. Hier wird also verändert, kann man dann noch von Gut sprechen? Wohl schwerlich, weil dazu gehört, daß etwas in sich steht und in einem ganz, also ein Seiendes und so ein Gut ist. Daran wird gerüttelt. Wir können sagen, daß die Identität zur Diskussion steht. Ja, wir müssen schließlich bezweifeln, daß etwas noch etwas, ein Seiendes noch ein Seiendes, ein Gut noch ein Gut ist. Es ist doch betreffs des Seins das Wichtigste, daß etwas es selbst ist. Und daß man dies von jedem sagen kann, um überhaupt von jemandem oder von etwas zu sagen, daß das und das ist, und dann weiter, was und wie es ist. Eine genaue, eine Sache treffende Aussage, hängt immer davon ab, ob wir uns darauf verlassen können, daß da eine Sache so und nicht anders ist.

Zum Anfang jedes Sprechens, vor jedem Satz steht der Satz der Identität. Dieser wird deshalb ein Grundsatz des Denkens, der Logik und gerade der Ontologie genannt. Zu diesem Satz gesellt sich jener vom Widerspruch. Der Grundsatz vom Widerspruch ist der zweite Grundsatz des Denkens. Ein Auto als äußeres wie auch als seelisches und politisches Gut widerspricht sich nun nicht mehr. Der Wille macht es möglich, daß hier etwas zugleich ein anderes ist. Freilich geht hier noch mehr vor. Das Auto ist nicht nur so und auch anders; es ist auch etwas und zugleich nichts. Nun gehe ich hier vielleicht etwas weit mit der Differenzierung von einem äußeren Gut, das nichts ist im Vergleich zu dem, was es als seelisches oder politisches Gut, also als Freiheit beispielsweise, ist. Man kann sagen, daß ein Auto durchaus und in jeder Situation ein äußeres Gut ist und bleibt, daß aber hier nur noch etwas hinzugefügt wird. Es ist jetzt nicht nur ein äußeres, sondern eben jetzt auch ein inneres, seelisches Gut, eben meine Freiheit, die ich im Auto erfahre. Es zeigt sich am Auto dies und anderes, aber es bleibt doch immer noch dasselbe. Es ändert doch nicht seine Identität. Aber das ist gerade die Frage. Um hier das Problem zu verstehen, möchte ich auf Leibniz' Unterscheidung von Vernunftwahrheit und Tatsachenwahrheit zurückgreifen.

2. Tatsachenwahrheit (Leibniz) und der Satz vom Grund

Für Leibniz gibt es zwei Wahrheiten: Vernunftwahrheiten und Tatsachenwahrheiten, *vérités de raison* und *vérités de fait*.[37] Er ordnet der Vernunftwahrheit bzw. der Tatsachenwahrheit je einen Grundsatz zu: den Satz vom Widerspruch bzw. den Satz vom Grund, wobei Leibniz von „zwei großen Prinzipien" spricht (vgl. Monadologie 31), aber letztlich doch den Satz vom Grund als den höchsten herausstellt. Dies betont auch Heidegger: *„Der Satz vom Grund ist der Grundsatz aller Grundsätze"*[38].

Der Satz vom Grund betrifft die Tatsachenwahrheit, während die Vernunftwahrheit mit dem Satz vom Widerspruch zusammenhängt. Der Aussage 'eins und eins gleich zwei' kann keine andere Aussage hinzugefügt werden. Die Aussage ist nur so und nicht anders möglich. Man würde in Widerspruch geraten, bzw. es würde jemand eine ganz andere Vernunft haben, wenn er zu einer anderen Rechnung käme.

Wir sehen, daß Vernunftwahrheit auch eine Identitätswahrheit genannt werden könnte. Wir verstehen Wahrheit im gewohnten, aber auch philosophisch üblichen Sinn, daß die Wahrheit das an der Sache

---

[37] Vgl. G. W. Leibniz, Monadologie, § 33; in der Ausgabe der Wissenschaftlichen Buchgesellschaft: ders., Philosophische Schriften, hrsg. u. übers. v. Hans Heinz Holz, Darmstadt 1965, Bd. 1, S. 452. Dort finden wir den Ausdruck *Verités, celles de Raisonnement e celles de Fait*. Vgl. hierzu die Ausgabe: Grundwahrheiten der Philosophie, Monadologie. Französisch-deutsche Parallelausgabe unter Benutzung älterer Übersetzungen und Kommentare aus dem Französischen neu übertragen, mit einer Vorrede und einer Einleitung versehen sowie erstmals fortlaufend kommentiert von Joachim Christian Horn, Frankfurt a. M. 1963, S. 73. Schließlich Martin Heidegger, Gesamtausgabe, Bd. 26: Metaphysische Anfangsgründe der Logik im Ausgang von Leibniz, Frankfurt a. M. 1978, S. 51 ff.

Hannah Arendt erinnert an Leibnizens Unterscheidung, überlegt aber nicht den Zusammenhang beider Wahrheiten mit den Grundsätzen der Identität bzw. des Grundes: „Im Unterschied zu Vernunftwahrheiten, deren Gegensätze Irrtum, Illusion oder bloße Meinung sind, die alle nichts mit der subjektiven Wahrhaftigkeit zu tun haben, ist der Gegensatz der Tatsachenwahrheit die bewußte Unwahrheit oder Lüge" (H. Arendt, Wahrheit und Lüge in der Politik, S. 72)

[38] Martin Heidegger, Der Satz vom Grund, Pfullingen 1957, S. 21.

zeigt, was sie als solche ist. Sein und Wahrheit gehören zusammen, so wie dies von alters her anvisiert und als Thema der Philosophie festgehalten wurde. Philosophie betrifft Wahrheit und Sein, wie Aristoteles sagt.

Vernunft geht auf Sein. Auch wenn Aristoteles von *theoria* spricht, handelt es sich dort um den *nous* (vgl. Aristoteles, Metaphysik XII, 1069a 18), den wir mit der Leibnizschen Vernunft vergleichen können. Beim Sein ist jedenfalls die Frage nach der Identität anzusetzen. Hier zeigt sich am meisten, was dann im Satz von der Identität bzw. im Satz vom Widerspruch gefaßt wird. Sein und Nichts – das ist der Widerspruch schlechthin. Dieser Widerspruch spiegelt sich in einer so einfachen Aussage wie 'eins und eins gleich zwei'. Dem kann nicht widersprochen werden; es sei denn, daß man dadurch in den Widerspruch zur Vernunft gerät. Man kann entweder diese vernünftige Aussage machen oder eine unvernünftige, der Vernunft widersprechende.

In Philosophie und Wissenschaften waltet die Vernunft. Sie sind Bereiche der Vernunft. Vernunft vernimmt die Wahrheit. Das wird im Wort von der Vernunftwahrheit gesagt. Es ist die Wahrheit, die aus der Vernunft kommt bzw. die wir mit Vernunft erreichen. Die Vernunftwahrheiten zeigen, bringen hervor, was die Vernunft vernehmen kann. Und dies ist viel. Vernunftwahrheit heißt letztlich, daß sich die Vernunft zeigt. Wir können Leibniz' Wahrheitsbegriff ganz wörtlich nehmen; so auch die Rede von der Tatsachenwahrheit. Dort ist die Wahrheit nämlich der Tatsache entsprechend.

Wir sprechen von Tatsachenwahrheit, müssen aber auch an das lateinische Wort erinnern: *veritates facti* (bzw. *veritates rationis*). Schon die Übersetzung von *factum* mit Tatsache kann bemängelt werden. Es ist das Gemachte. Das ist vielleicht mißverständlich, weil hier an das von Menschen Gemachte, gar an Artefakte, also an Technik und Wirtschaft und ihre Produktion gedacht wird. Das ist nun bei Leibniz überhaupt nicht der Fall. Faktum ist die Welt, die ganze Natur mit ihren Einzeltatsachen eines Baumes, eines Steines. Es ist die Geschichte. In diesem Sinne spricht auch die Leibnizsche Formulierung vom Kontingenten der Tatsachenwahrheiten gegenüber dem Notwendigen der Vernunftwahrheiten (vgl. Monadologie § 33).[39]

Eine Tatsache, oder sagen wir jetzt das Gemachte, Geschichtliche, ist weder notwendig noch ewig. Was und wie ist aber eine Tatsachen-

---

[39] „Les vérités de Raisonnement sont necessaires et leur opposé est impossible, et celles de fait sont contingentes et leur opposé est possible" (§ 33).

wahrheit? Mit Leibniz kann man sagen: sie ist nicht ohne Grund. Nichts ist ohne Grund (*nihil est sine ratione* – wir haben also hier den großen Grundsatz, *principium grande et magnum*). Was soll dieser besagen? Die Tatsachenwahrheit braucht den Satz vom Grund. Tatsachen verweisen auf einen Grund, den es zu sehen, zu erkennen gilt. Die Wahrheit der Tatsache besteht im Grund, liegt zugrunde. Man muß auf den Grund hin durchsehen, um zu wissen, was eine Tatsache ist.

Hier ist die Grund-Frage anzusetzen, die damit eine umfassende ist für die ganze Welt als Tatsache. Man könnte beinahe mit Wittgenstein sagen: Die Welt ist das, was der Fall ist, d. h. was die Tatsachen sind. Und die Welt hat ihre Wahrheit: die Tatsachenwahrheit. Diese liegt im Grund, und wir haben auf den Grund zu schauen, um auf die Wahrheit dieser Tatsache zu kommen. Wir müssen Vernunft und Tatsache in einem Unterschied sehen, der gewaltig ist: Vernunft hat mit Identität, Tatsache mit Grund zu tun. Vernunft beschäftigt sich mit Identitätsfragen, die dann beantwortet werden, wenn die Vernunftwahrheit herauskommt. Tatsachenwahrheiten haben einen Grund, und bei der Frage nach der Tatsachenwahrheit gilt es, diesen Grund zu sehen.

Wir sagten nun, daß man betreffs Tatsachen auch lügen kann. So gäbe es also nicht nur die Tatsachenwahrheit, sondern auch die Tatsachenlüge. Nehmen wir Lüge im bereits definierten und soweit erkannten Sinn, dann handelt es sich um eine bewußte Verdrehung, Verfälschung. Diese Verdrehung könnte damit beginnen, daß man von der Tatsache nicht zu ihrem Grund geht, d. h. nicht sagt, was dem Grund entspricht, ihn nicht ausspricht und nicht zeigt. Es ist vergleichbar der Vernunftwahrheit, wenn bei dieser nicht die Identität, sondern der Widerspruch zum Ausdruck kommt. Bei der Vernunftwahrheit kann aber doch auch widersprochen werden. Es sind falsche Sätze, falsche Rechnungen möglich. Nun kann man sagen und hat auch gesagt, daß man hier irren kann, daß man etwas nicht wissen kann und deshalb eine falsche Aussage macht.

Was sind aber nun wirklich Vernunftwahrheiten? Fraglos gehört dazu: eins und eins gleich zwei. Gehört aber auch dazu eine solche Aussage wie: Gott ist die Liebe? Wie weit reicht die Dimension der Vernunft, um uns Wahrheiten zu zeigen, d. h. auf Identitäten zu stoßen. Die Identität einer Rechnungseinheit ist vielleicht eine andere, jedenfalls scheint sie viel einfacher als jene von Gott, von dem wir aber doch auch etwas vernehmen und vernünftig reden wollen. Die Vernunft reicht sicher in eine weite Dimension des Vernehmens.

Eine weite Dimension haben wir dann aber besonders bei der Tatsachenwahrheit, welche ja die Tatsache der Welt überhaupt betrifft. Handelt es sich bei der Vernunftwahrheit eigentlich nur um Wahrheiten, die über die Welt hinausgehen, so daß wir von einer physischen Wahrheit (der Tatsachenwahrheit) und einer metaphysischen Ebene der Vernunftwahrheit sprechen können? Wir haben ewige, notwendige Sätze, gar Gesetze, wie behauptet wird. Die Identität läßt sich wohl nur auf einer sehr hohen Ebene, eben des sogenannten Metaphysischen durchhalten. Ansonsten geraten wir doch in Widerspruch, fallen herab aus den metaphysischen Vernunftwahrheiten in die Ebene der Tatsachenwahrheiten. Beginnt hier in diesem Fall nicht bereits das Fälschen in dem Sinne, daß wir einiges in die Ebene der Vernunftwahrheit stellen und erheben und das andere wiederum einfach in der Tatsachenebene ansiedeln?

Hier könnte der Wille eine Rolle spielen, und zwar gerade so, wie wir ihn bei Augustinus und seinen Bildern von Gott und dem Teufel kennenlernten. Es sind die ersten und wohl kaum zu überschätzenden Überlegungen, die wir zum Problem der Lüge haben. In Philosophie und wohl auch Wissenschaft beschäftigen wir uns mit Vernunftwahrheiten. Aber dies ist immer schon fragwürdig geworden, indem wir von Augustinus diesen Teufelsfall der Wahrheit haben, wie weiterhin gerade in den Wissenschaften wir längst nicht mehr zu ewigen notwendigen Wahrheiten kommen können, noch wollen.

Gott ist die Liebe – diesem Satz wird heftig widersprochen, indem an der Identität mehrfältig gerüttelt wird. Gott ist nicht mehr Gott, die Liebe ist nicht mehr Liebe, und Gott ist nicht mehr die Liebe. Man muß hier die ganze Struktur sehen, die im Satz ausgesprochen und nun zerstört wird. Diese Zerstörung können wir beschreiben als Aufhebung, Verdrehung, Verkehrung. Es ist eine Fälschung und damit eine Lüge. Wir behaupten hier aber viel, indem doch gegenüber Vernunftwahrheiten die Lüge unmöglich ist, von vornherein abprallen muß. Sie ist dabei ein absurdes Unternehmen. Lügen macht da doch keinen Sinn.

Auf der Ebene der Vernunftwahrheiten gibt es nur Irrtum, letztlich Unwissenheit, aus der eben dann falsche Aussagen gemacht werden. Eins und eins gleich zwei. Wer hier das Rechnen nicht kennt, kann eben diese Rechnung nicht verstehen, kommt nicht zu dieser Vernunftwahrheit. Vernunftwahrheiten haben offensichtlich mit Lernen und Wissen zu tun, nicht so die Tatsachenwahrheiten. Aber hier ist das Wahrheitsproblem noch viel schwieriger. Bei der Vernunftwahrheit scheinen immer mehr oder weniger Identität und Widerspruch durch. Man weiß, woran man ist. Man kann hier Unklarheiten beseitigen, auch wenn ich nicht zu den letzten Vernunftwahrheiten gelange und nicht alles so einfach ist wie das kleine Rechenbeispiel der Mathematik, die ja eine noch viel kompliziertere Wahrheit birgt, wenn wir die ganze Mathematik durchgehen würden. Aber hier kann jeweils klar der Fehler einer Rechnung entdeckt werden. Identität und Widerspruch funktionieren in diesem Wahrheitszusammenhang, auf welche die Vernunftwahrheit ausgerichtet ist.

Bei den Tatsachenwahrheiten sind Identität und Widerspruch nicht Maßstäbe, um an der Tatsache alles offenzulegen, was sie als Tatsache zeigt. Bei der Tatsachenwahrheit gilt es den Grund zu vernehmen. Letzteres ist ein schwierigeres Unterfangen. Das wird man sogleich erfahren, wenn man auch nur irgendeiner Tatsachenwahrheit nachgeht. Nehmen wir die Tatsache, daß ein Signal rot zeigt beim Verkehr, so daß der Verkehrsteilnehmer dann, wenn er weiß, daß bei Rot gehalten werden muß, er im Verkehr beispielsweise sein Auto anhält. Beim Stoppzeichen haben wir ein klares Zeichen, das zeigt, um was es hier geht. Hier kann es keine Diskussion geben, ob dies Zeichen etwas sagt oder nichts sagt. Das Zeichen heißt Rot. Nun kann der Autofahrer, der hier nicht angehalten hat, sagen, daß er das rote Signal nicht gesehen hat. Es kann nun sein, daß er es tatsächlich nicht gesehen hat. Hier steht also die neue Tatsache des Sehens einer anderen gegenüber. Wenn er eine solche Aussage aber gemacht hat, dann ist eher wahrscheinlich, daß derjenige, der sagt, daß er etwas nicht gesehen hat, lügt. Es handelt sich um einen einfachen Fall gemäß der klassischen Definition von Lüge. Der Mann weiß, was er gesehen hat, aber er sagt es nicht, er sagt etwas anderes. Das Rot ist und bleibt rot, aber die Aussage dazu ist verkehrt, falsch. Wird nun die Tatsache verkehrt? Nein, das Rot bleibt ja rot. Aber derjenige, der dazu etwas sagt, kann mit jenem, was Wille genannt wird, dagegen antreten. Er kann die Tatsache fälschen und, wie wir aus dem Wort heraus hören und sagen können, zu Fall bringen.

Es ist etwas, aber der Mensch kann nun sagen: es ist nicht so. Sein und Nichts treten hier gegeneinander. Und wir sehen, was hier der Wille vermag. Der Wille fälscht eine Tatsache. Wir können hier die Anmaßung und Selbstsucht des Willens sehen, der sich nicht nach einer Tatsache richtet, sondern ihr gegenüber sich selbst stellt. Der Wille vermag der Tatsache den Boden zu entziehen. Man sieht, wie eine Tatsache gar nicht als solche, also ernst genommen wird. Dabei liegt das Entscheidende des Leugnens der Tatsache darin, daß diese besteht, aber der Wille dagegen an- und aufkommt. Der Wille ist mehr als diese, und wir können jetzt weiter schließen: Der Wille wird offensichtlich mit jeder Tatsache fertig.

Schauen wir auf ein anderes Beispiel die Tatsachenwahrheit betreffend: Reiche werden reicher und Arme werden ärmer. Man kann nun freilich sofort entgegenhalten, daß das im Vergleich mit dem Rotsignal eine ganz andere Tatsache ist und es überhaupt die Frage ist, ob und wie wir hier von einer Tatsache sprechen können. Wenn die einen das sagen, die anderen es aber bestreiten oder überhaupt nicht sehen, dann besteht doch eine Verwirrung hinsichtlich der Tatsache überhaupt. Ich möchte lediglich darauf verweisen, daß man nur das Wirtschaftssystem ansehen muß, wie wir es bei uns und in vielen anderen Ländern haben, um allein im Hinblick auf die im Wirtschaftssystem angelegten Handlungsmöglichkeiten zu erkennen, wie hier der Weg zum Reichtum bzw. zur Armut geradezu vom System her vorgezeichnet ist. An dieser Tatsache läßt sich wohl nicht rütteln. Ich gebe gern zu, daß es sich hier um ein schwieriges weil vielschichtiges Beispiel von Tatsachenwahrheit handelt, dem nun auch das Problem der Lüge durchaus entspricht.

Nichts ist ohne Grund, oder anders formuliert: jede Tatsache hat ihren Grund. Ich muß jetzt ergänzen: Leibniz spricht vom zureichenden, ausreichenden Grund: *Raison suffisante* (Monadologie § 32).[40] Jede Tatsache hat also ihren zu- bzw. ausreichenden Grund. Damit wird gesagt, daß wir für jede Tatsache eine Begründung liefern können. Nichts ist unbegründbar. Grund wird hier nicht verstanden wie in der alten klassischen Philosophie, daß wir auf der Suche nach dem Grund sind und eben zum ersten Grund doch nie gelangen. Nein, wir kommen an, wir finden den Grund. Alles ist begründbar. Nichts ist ohne Grund.

Dies mag nun in die Verlegenheit führen, daß der große, erste Grund fehlt, der Gott genannt wird. Aber dieser kann ruhig fehlen. Wir bringen einen ausreichenden Grund. Dies macht besonders Thomas Hobbes deutlich, wenn er von den zweiten Ursachen spricht, um damit gerade das Problem zu markieren wie auch zu lösen (vgl. Leviathan, 12). Wir haben, wir finden wohl nie einen ersten Grund, können aber einen zweiten Grund erfinden, d. h. einen Grund, der zumindest Ursache ist. Und hier wird dann auch das Wort *causa* verwendet, welche das Problem einschränkt und nicht so weit geht

---

[40] Vgl. hierzu Martin Heidegger, der von der „strenge[n] Fassung des principium rationis als principium redendae rationis" spricht (Satz vom Grund, S. 47).

wie *principium*, das ja in den ursprünglichen Anfang, also beispielsweise uns in einen ersten Grund hinausweist.

Nichts ist ohne Grund, *nihil est sine ratione*. Und Leibniz weiß
wohl auch, daß er hier weder von *causa* noch von *principium* spricht.
Dieser Satz wird aber ein *principium* genannt, d. h. das, was das Wort
bei allen Bedeutungsvarianten immer entscheidend sagen soll: *principium, principium grande,* daraus wächst alles, darauf ruht alles. Es
ist der Grundsatz *(principium)* des gründenden Denkens. Und Gründen heißt hier in der Art der *ratio* vorgehen. *Ratio* hat die Doppel-
bedeutung von Vernunft und Grund. Vernunft gründet, und das heißt
hier: Wir können die Vernunft so einsetzen, daß Gründe geliefert
werden können. Grund, ausreichender Grund, die Vernunft reicht
aus, um Gründe zu liefern.

Ich möchte so weit gehen, diesen großen Grundsatz, *principium
grande* als den Grundsatz von der Machbarkeit des Grundes zu bezeichnen. Es ist nicht der Grund des Seins, auf den der *nous* gerichtet
ist, der aber von außen kommt und deshalb auch bei seinen Grün-
dungsversuchen im Suchen weilen muß. Nein, hier handelt es sich
um eine andere Vernunft, die zum Grund kommt. Um diese Vernunft
und diesen Grund geht es im großen Grundsatz vom Grund. Deshalb
ist es nun auch ein *principium grande*. Mit ihm läßt sich alles über-
flügeln, was bislang im Denken war. Man hat auch lange auf diesen
Grundsatz gewartet. Er wurde relativ spät in der Philosophie ausgesprochen.

Ich sehe im Satz vom Grund die wichtigste Aussage der Willensphilosophie, die damit nicht erst bei Nietzsche, sondern in der Neuzeit bei Leibniz ihren entscheidenden Satz gefunden hat. Der Satz
vom Grund ist ein Satz vom Willen. Was ich hier behaupte, dürfte
schon einigermaßen aufgrund des oben Gesagten einsichtig sein.
Denn die Rede vom ausreichenden Grund bei Leibniz oder vorher
schon die Rede von den zweiten Ursachen bei Hobbes verweisen
auf die *generatio, auctoritas,* um mit Hobbes zu sprechen, in denen,
wie wir oben zeigten[41], der Wille fungiert.

Mir geht es nicht darum, hier ein Grundwort zu haben, so wie Heidegger die Grundworte des Seins in der Philosophie aufzuspüren versucht. Ich wüßte aber kein besseres Wort als Wille, um das zu bezeichnen, worum es hier geht. Freilich ranken sich darum die Worte wie
Hochmut, Selbst- und Habsucht, ja letztlich das Selbst. Beim Willen
geht es um die Selbststrukturierung, wie wir sie überlegt haben.

---

[41] S. o. II. A. 5. Eitelkeit und Todesfurcht (Hobbes).

Gehen wir nun mit dieser Behauptung, daß es sich beim Satz vom Grund um einen Satz des Willens handelt, zurück zu den Tatsachenbeispielen des Rotsignals bzw. des Zusammenhangs von Armut und Reichtum. Bei der Lüge über das Signalrot haben wir eine einfache Verkehrung, Verfälschung. Jedoch müssen wir vorsichtig sein, die Lüge etwas ganz Einfaches zu nennen. Auch hier handelt es sich um den Kern der Lüge, wie wir sie in unseren Überlegungen immer wieder herauszuschälen versuchten. Es ist die um das Selbst sich drehende Haltung. Ich kann irgendetwas behaupten.

Dies scheint doch einigermaßen anders bei dieser weitreichenden, nämlich das Politische und d. h. die menschliche Lage im ganzen betreffende Aussage über die Reichen und die Armen. Wie kann ich diese Tatsachenaussage begründen? Wir haben eine Tatsache, bei der es schwierig ist, Begründungen zu liefern. Aber hier zeigt sich gerade der Willen zur Machbarkeit des Grundes. Wie gesagt, ich muß nur auf das Wirtschaftssystem selbst verweisen. Hier liegt alles auf der Hand. Also die Tatsachenwahrheit ist leicht zugänglich. Aber nun hört man vor allem von Politikern, die ja die politische Lage besonders beobachten müßten, daß sie in der Aussage über die Reichen, die immer reicher werden, bzw. die Armen, die immer ärmer werden, nun selbst eine Grundlüge der Zeit sehen, die gegen die Politik gerichtet ist. Damit verwirrt sich alles. Denn die Aussage von Reichen bzw. Armen wird gerade deshalb mehr und mehr gemacht, weil immer mehr Menschen diese Politik, Wirtschaft, Technik und Wissenschaft durchschauen. Diese Aussage ist Kritik und Vorwurf gegenüber einer Politik, welche diese Aussage nicht hören, sie verschweigen, ja gerade verdrehen will. Politiker wissen sicherlich um dieses Problem. Aber diese Politik will auf allen Ebenen und so vor allem in der anscheinend wichtigsten Ebene, nämlich in der Wirtschaft, eine Politik des Wachstums.

Politik ist ganz und gar auf Wachstum ausgerichtet, wie es dann in allen Bereichen der menschlichen Kultur, ob in Technik, Wissenschaft und gerade in der Wirtschaft, ausgeführt wird. Wir sehen hier den Willen zum Mehr-haben-wollen. Politik wäre damit nichts anderes als der oben beschriebene Wille. Und so würde dann zu einer derartigen Willenspolitik von vornherein gehören, daß sie solche Aussagen nicht ernst nimmt und am liebsten gar nicht erst aufkommen, vor allen Dingen nicht diskutieren läßt. Sie werden als infame Lügen zurückgewiesen, weil sie genau auf den Punkt zeigen, um den die Politik mehr oder weniger kreist. Es ist der Besitz. Aber hier müßte doch erkannt werden, daß der Reichtum einerseits für viele

wächst, aber andererseits auch für viele Menschen innerhalb dieser
Politik nicht nur stagniert, vielmehr die Armut in vielfältiger Weise
wächst. Es ist nicht nur die Armut, daß Leute weniger Geld verdienen, daß Steuern ungerecht sind und dergleichen mehr. Nein, dies
ist nur eine Seite des Problems der Armut und, aber das klingt pro-
vokativ, das kleinere Problem.

Nein, wir verarmen auf breiter Linie, welches sich mit der klassischen Güterlehre nachzeichnen läßt, wobei ich offen lasse, ob dies
bereits genügend den Blick für die ganze heutige Armut des Menschen schärft, der sich im Reichtum wie nie zuvor wähnt. Auch die
Armen haben viele äußere Güter, so ein Auto, einen Fernseher und
dergleichen mehr. Auch kann ihnen immer noch Geld gegeben werden. Dazu haben wir den Sozialstaat mit dem sozialen Netz, das
vieles auffangen kann. Aber Probleme, die weiter gehen, werden
nicht gelöst, ja was noch viel schlimmer ist, überhaupt nicht gesehen
und gestellt, eben jene betreff des Lebens, des Leibes und der Seele
(der leiblichen bzw. seelischen Güter im klassischen Sinn), auch
wenn schon von Lebensqualität einige Zeit gesprochen wird. Aber
noch wenig von der Lage der Freiheit, die doch so hoch gepriesen
wird. Die Freiheiten werden größer, die Nöte aber auch. Die Freiheit
ist unser eigentlicher Reichtum. Aber hier bricht vieles in der heutigen Freiheit selbst zusammen bzw. zeigen sich einerseits Freiheiten
neuer Art, aber demgegenüber auch neue Nöte. Denn es geht in
einem auf Technik, Wirtschaft und Wissenschaft bauenden Land und
darin figurierender Politik um viele Schichten von Armut, des Ver-
armens.

Gerade was uns an äußeren Gütern reich erscheint, macht uns an
Leib und Seele arm, um es wieder klassisch auszudrücken. Wir schaden unserem Leben, der Gesundheit, der Natur. Nur dies möchte ich
nennen, um hier auf die tiefergehenden Probleme der Armut hinzu-
weisen. Man kann dies immer noch trefflich mit Platon ausdrücken.
Reich ist gut und arm ist schlecht, gesund ist besser und krank
schlechter. Aber am besten Gerechtigkeit, Freiheit und weitere seelische wie politische Güter, am schlechtesten Ungerechtigkeit, Unfreiheit (vgl. Platon, Gorgias 477c).

Von hier aus läßt sich der Satz über die Reichen und die Armen
neu und weitergehend formulieren. Dabei kommen wir auf das politische Problem von heute. Wir können den Satz über die Reichen
und Armen wohl begründen und auch jenen weitergehenden über
die Freiheit und Not. Aber dem steht eine Politik und eine Rede
gegenüber, welche meinen, einen noch besseren Grund für die Ge-

genrede zu haben. Wer spricht nun wahr und lügt nicht? Wir hängen hier in einem vertrackten Problem, das der neuzeitlichen und besonders der heutigen Lebensauffassung entspricht. Man kann für alles einen Grund beibringen. Nichts ist ohne Grund, nichts ist ohne Wille. So können wir jetzt bezüglich des Grundes sagen: Der Mensch sucht nicht den Grund, er will ihn. So zwingt er ihn auch herbei; jedenfalls einen ausreichenden Grund. Um mehr geht es ja auch nicht. Und so kann jeder für sich seinen ausreichenden Grund finden, wie auch bei der Lüge bezüglich des Signals Rot. Jeder kann Grund genug für sich angeben, um hier sich selbst seinen Grund zu machen. Darauf läuft auch letztlich jenes hinaus, was wir die Selbstbegründung nennen.

Sein und Grund, der sogenannte Seinsgrund oder auch die Rede von Gott als Wahrheit und Liebe – dies sind doch alles hinausweisende Sprechweisen, in denen wir letztlich alles offen lassen müssen. Gerade dies geschieht nicht, wenn wir nun vom Grund in der Weise reden, wie dies seit der Neuzeit üblich ist. So handelt es sich bei Augustinus' Überlegungen letztlich, auch wenn dort nicht davon direkt gesprochen wird, um eine Kritik an der Selbstbegründung. Diese spielt sich ab in der Selbstsucht und Habsucht. Ich möchte dies Problem so formulieren: Ich suche nicht Grund, ich finde ihn. Ich finde ihn sogar in der Weise, daß ich den Grund für alle Fälle, für alle Tatsachen ausmachen kann. Der Wille verfügt über den Grund. Gemäß diesem Willen können wir fragen: Warum gibt es überhaupt Grund? Warum fragen wir überhaupt nach dem Grund? Die Warum- oder Grundfrage kann nun selbst begründet werden. Das schafft die Selbstbegründung.

3. Vom Seinsgrund zur Selbstbegründung

Der Grund gründet sich selbst. Nun, man nannte dies neuzeitlich und erstmals bei Spinoza *causa sui*.[42] Dies sollte der neuzeitlich-philosophisch gedachte Gott sein. Aber es ist der Wille, der hier gründet

---

[42] Vgl. Spinoza, Ethik, Teil 1/Von Gott, Definition: 1. „Unter *Ursache seiner selbst* (causam sui) verstehe ich das, dessen Wesen das Dasein in sich schließt, oder das, dessen Natur nicht anders als daseiend begriffen werden kann" (zit. nach der Ausgabe der Wissenschaftlichen Buchgesellschaft: B. de Spinoza, Opera (Werke), lateinisch und deutsch, Bd. 2, hrsg. v. Konrad Blumenstock, Darmstadt 1967, S. 87).

und zu dieser *causa sui* führt, die dann aus diesem Willen heraus
Gott genannt wird. So wird Gott kaum genannt, wenn von ihm als
Liebe und Wahrheit gesprochen wird. Es ist nun ein Gott, der den
Grund her- und abgeben muß. Er kann für alles dienen, nützlich
gemacht werden. Somit können wir alles begründen.

„Warum ist überhaupt Seiendes und nicht vielmehr Nichts?"[43] Darin wird die philosophisch und d. h. jetzt metaphysisch-ontologisch
weitestgehende Frage gesehen. Es ist die Frage der Willensphilosophie, eine Frage, die auch genau dem Grundsatz entspricht: nichts ist
ohne Grund. Aus dieser Frage können wir den Anspruch hören und
ermessen, den ich zunächst so formuliert habe: Warum gibt es Grund?
Hier verdreht sich der Grund in sich selbst. Der Grund wird damit
bodenlos, wird als Grund aufgerissen, als Grund verkehrt und verdreht, verfälscht, vernichtet. Es ist nicht der Seinsgrund, wie wir vorsichtig sagen können, sondern der Willensgrund; es ist nicht der göttliche Grund, sondern jetzt der menschliche Grund.

Aber besser sprechen wir vom Grund, der in sich selbst zentriert,
der zunächst und überhaupt im Nächsten wie im Fernsten, im Höchsten wie im Tiefsten, um die Dimensionen zu nennen, bei sich selbst
bleibt. Sich selbst begründen, alles aus sich selbst machen, bei sich
selbst haben. Das wird von Augustinus bereits ins Auge gefaßt. In
der Selbstbegründung steckt aber Verkehrung, Verfälschung. Es ist
ein falscher Grund. Und wir wissen schon, was wir tun, wenn wir den
Grund so herbeischaffen, ihn selbst schaffen. Die Anmaßung des
Grundes und das Ausmaß, das dieser Grund nun im Denken schaffen soll, ist uns bewußt. Wenn wir uns der Verkehrung bewußt sind,
dann liegt hier das vor, was man Lüge nennt. Es ist also ein verlo-
gener Grund. Und dieses verlogene Gründen spielt sich ab beim
Signal Rot, das ich leugne, wie auch in der Rede von den Reichen
und Armen.

Hier muß ich nun allerdings auch überlegen, inwieweit man sich
überhaupt diesen Verkehrungen und damit der Lüge entziehen kann.
Ist die Lüge hier dann nur bei der oben genannten Politik oder auch
bei jenen, die diese Politik, nämlich die Wirtschaft für Reiche, kritisieren? Kann ich einfach auf der einen Seite die Wahrheit und auf der
anderen die Lüge sehen? Nichts ist ohne Grund; dieser komplexe Satz
spielt eine Rolle hinter allen Tatsachenaussagen und auch Tatsachen-

---

[43] Ich zitiere die Frage in der Fassung von Heideggers Schlußsatz seiner
Vorlesung ›Was ist Metaphysik?‹, Gesamtausgabe, Bd. 9, Frankfurt a. M.
1976, S. 122. Die Frage wurde bereits von Leibniz bzw. Schelling gestellt.

lügen. Jeder Politiker kann genügend Gründe herbeischaffen, um seine Gegenrede zu begründen. Und wenn es nur der Grund ist, an der Macht zu bleiben. Aber das ist ja schon ein ausreichender Grund für ein Politikverständnis. An Gründen sind wir nie verlegen bei unserem Willen zum Grund. Dieser zeigt sich vor allem in der Wissenschaft, die unantastbar scheint. Aber dort werden wir gerade auf ein Gründungsproblem stoßen, das endlich gesehen werden muß.

Vernunftwahrheiten sind die Wahrheit Gottes, die Tatsachenwahrheiten jene der Welt und so auch des Menschen. Dieser Zusammenhang wie Unterschied wird weniger durch die Rede von der Vernunftwahrheit als jener von der Tatsachenwahrheit deutlich. Tatsache, *fait, factum* – hier ist die Schöpfung, der Schöpfungsakt und -fakt gemeint. So handelt es sich bei den Wahrheiten der Welt um jene der geschaffenen Welt und so auch des geschaffenen Menschen. Dieser kann aber wiederum selbst in das Schaffen eintreten. Dies ist die *generatio* bzw. *auctoritas* im Sinne von Hobbes.

Ich habe auf die mathematischen Wahrheiten verwiesen. Diese sind in dem Sinne göttliche Wahrheiten, indem sie unveränderlich, notwendig, ewig sind. Wir haben hier eine ganze Reihe von Attributen und Adjektiven, um dies zu beschreiben. Zu diesen Vernunftwahrheiten, also der Wahrheit in Gott, gehört die Identität. Die Vernunftwahrheit ist Identitätswahrheit. In ihr spricht immer nur eines, nämlich die Identität oder, wenn wir dies im Hinblick auf den Grundsatz des Denkens sehen wollen, der Satz der Identität. Dieser spricht von der Selbigkeit, wir können auch sagen: von allem in derselben Weise und ins selbe. Dafür steht Gott. Er ist die Identität, dasselbe.

Die Tatsachenwahrheiten sind die Wahrheiten der Schöpfung, des Geschaffenen. Hier geht es nicht um Identität, sondern um Grund. Hier müssen wir kurz auf das kommen, was sich bei Leibniz im weiteren Umkreis des Problems zeigt und warum er alle diese Fragen aufwirft und auch von diesen zwei Wahrheiten spricht. Es ist die Theodizee.[44] In ihr geht es um die Frage, ob und wie denn Gott und diese Welt miteinander zu tun haben, aufeinander Bezug nehmen können. Man spricht doch vom gütigen Gott und dem bösen, bos-

---

[44] In der Regel wird nur von der 'Theodizee' gesprochen. Der Titel lautet aber: *Essais de théodicée sur la bonté de dieux, la liberté de l'homme et l'origine du mal.* Siehe die Ausgabe der Wissenschaftlichen Buchgesellschaft: Leibniz, Philosophische Schriften, Bd. 2, 1. u. 2. Hälfte, hrsg. u. übers. v. Herbert Herring, Darmstadt 1985.

haften Menschen. Man hat ein Sein bei Gott und ein Nichts bei der Welt. Es ist die aufgerissene Spanne von Sein und Nichts, welche der Mensch allenthalben in seinem Erdenleben und angesichts der Welt, in der er lebt, mannigfaltig erfährt. Wie kann es überhaupt zum Bösen kommen, wie kann ein Gott Böses, aber auch schlimme Erfahrungen wie Krankheiten zulassen? Wie kann sich hier Gott noch als gütiger Gott dagegen halten, rechtfertigen. Es geht um die Legitimation Gottes, bei welcher nun die Frage nach dem Grund auftaucht. Was ist denn der Grund von allem, daß und wie es so ist.

Die Theodizeefrage ist die Frage nach dem Grund. Und hier kommt es gleich zur Antwort, welche der Philosoph wagt: Nichts ist ohne Grund. Das heißt nun auch, daß alles, was in der Welt und auch am und durch den Menschen geschieht, seinen Grund hat, ja, was nun das Entscheidende ist, begründbar ist. Man kann zu ausreichenden Gründen kommen und dabei eine Tatsache nicht nur entschuldigen, sondern rechtfertigen. Wir haben einen Rechtfertigungsgrund. Dies ist dann ein wirklicher, ausreichender und so wahrer Grund. Zur Tatsachenwahrheit gehört, ja das ist sie eigentlich, daß sich der Grund zeigt, daß Gründe aufweisbar sind. Das ist das Wahrheitsproblem bei einer Tatsache.

In der philosophischen Lehre von Leibniz haben wir eine ganz bestimmte Auslegung der Welt und ihres Seins. Leibniz spricht von der Monadologie.[45] In diesem Wort steckt *monas*, das eine und gar einzige. Es ist eine Monadologie als Ontologie. Auch dieses Wort kommt neuzeitlich auf. Sein wird ausgelegt, Sein wird als Monade ausgelegt. Das ist Monadologie. Die Welt ist Monade, die Welt als Ganzes wie die Welt in jedem einzelnen, also die Dinge, wie wir sagen können. Hier kann nicht vom Ganzen und vom Teil gesprochen werden im Sinne von groß und klein, nein, im Kleinsten ist das Monadische im Gange.

Wir können in der Monadologie eine Autologie sehen. Ich wage dieses Wort auf das hin, was bis in die heutige Philosophie aus dem Gedanken Leibniz' weiter entstanden ist. Ich sehe dies in der heutigen Philosophie von Rombach[46], der diesem Gedanken nahe steht,

---

[45] In der 'Theodizee' haben wir – neben seinen 'Neuen Abhandlungen über den menschlichen Verstand' – sein umfangreichstes Werk; es wird auch vom Hauptwerk gesprochen. In der Monadologie aber, einer seiner knappsten Schriften, kann die Kernschrift seiner Philosophie gesehen werden.
[46] Von Heinrich Rombach haben wir eine der wichtigen Leibniz-Interpretationen in seinem Werk: Substanz, System, Strukur. Die Ontologie des Funk-

wenn er von der Autogenese[47] spricht. Es ist ein weitergedachtes
Selbst und Eines, wie es schon in der Monadologie bereits bedacht
ist. Dort will Leibniz vor allem zeigen, daß in allem das Monadologische steckt, wobei dies das Einzige ist, was ist. Wir können auch
sagen: die einzige Größe. Sie ist die Welt im ganzen wie auch alles
in der Welt.

Alles ist in der Einheit des Monadischen, ja wie wir schon formulierten, des Monadologischen, was heißt, daß die Monade sich selbst
auslegt. Das heißt, überall ist dasselbe, und es geschieht im sogenannten Kleinsten immer dasselbe, was auch im sogenannten Größten
geschieht. So waltet hier Identität. Wenn die so geschaffene Welt und
so auch der Mensch monadologisch ist, eine Monadenwelt oder ein
Monadenmensch, dann ist hier die geschaffene Welt immer auch
eine göttliche Welt. Die Identität ist nicht zerrissen. Das ist schon
eine weitgehende Behauptung: Gott und Welt, Gott und seine
Schöpfung sind eine Einheit. Das besagt doch letztlich die Monade.
Und Monadologie ist die Auslegung aus der Einheit, aus dem Einen
und Einzigen selbst heraus. So ist die Monadologie auch eine Theologie und schließlich Theodizee.

Leibniz will nun diese Welt als die bestmögliche aller Welten nachweisen. Der Mensch mit seinen doch teilweise fürchterlichen Taten
lebt in einer Welt, wie sie nicht anders hätte geschaffen werden können. Nichts ist ohne Grund. Jede Tat, auch die augenscheinlich böse
Tat, hat ihren Grund. Aber Gott muß sich rechtfertigen, bzw. muß
gerechtfertigt werden, wenn wir eine derartige Welt haben, wie wir
sie erleben. Alles, was in der Welt, was durch Menschen geschieht,
und d. h. also die vielen Fakten, müssen als das von Gott Geschaffene
und also Faktische gesehen werden. Aber zu diesem Faktischen, zu
den Tatsachen in der Welt und des Menschen gehört doch auch und
gerade, daß sie von Gott abfallen können.

Wir sagten: Tatsachenwahrheiten sind Grundwahrheiten, d. h. die
Wahrheit einer Tatsache erblicken wir, wenn wir den Grund ausmachen können. Wir müssen bei einer Tatsache auf ihren Grund kommen. Dies heißt nun aber, daß bei schrecklichen Fakten gerade gefragt wird, warum denn nur? Wie ist dies möglich? Was geht hier
eigentlich in einem Menschen oder vielen Menschen vor? Das ist

tionalismus und der philosophische Hintergrund der modernen Wissenschaft,
Bd. 2, Freiburg–München 1966, S. 299–394.
[47] Siehe u. a. Heinrich Rombach, Phänomenologie des gegenwärtigen Bewußtseins, Freiburg–München 1980, S. 236 f.

die Frage in vielem, was in der Politik geschieht, nicht nur, wenn sie Kriegspolitik ist. Warum denn nur? Warum und Grund – die weitestgehende Frage und die weitestgehende Antwort. Dies spiegelt sich bei Leibniz: Warum ist überhaupt Seiendes und nicht vielmehr Nichts?

Vernunftwahrheit ist die Wahrheit der Identität und des Gottes; Tatsachenwahrheit ist die Wahrheit des Grundes und des Menschen. Es ist die Wahrheit der Welt als Schöpfung, wobei nun in ihr gerade aufscheinen muß, was denn Schöpfung ist. Es ist ja nicht Gott, sondern anderes. Vernunft und Tatsachen lassen je etwas ganz anderes hervorkommen. Die Wahrheit ist je anders. Sie hängen zusammen, so wie Gott und seine geschaffene Welt zusammenhängen. Aber hier kommt es gerade darauf an, im Zusammenhang den Unterschied zu sehen. Den Unterschied nennen wir in der denkbar größten Weise, indem wir vom Sein und Nichts sprechen. So können wir Gott das Sein und der Welt und dem Menschen das Nichts zuordnen. Aber hier kommt es dann zur lange gesehenen Schwierigkeit, daß Gott ja alles, die Identität ist. Hier müssen alle Differenzen aufgehoben werden. Das Sein Gottes muß jedes Nichts hinter sich lassen können. Wir müssen aber davon ausgehen, daß in der Welt und beim Menschen das Nichts in vielfältiger Weise figuriert. Der Mensch ist vom Nichts betroffen, ihm ausgesetzt, wie dies beispielsweise Heidegger an Grunderfahrungen des Menschen in der Angst, der Langeweile, ja überhaupt des In-der-Welt-Seins analysiert.[48] Der Mensch steht immer vor dem Nichts.

Dies kann nun im äußersten Fall so sein, daß er bettelarm dasteht. Ein Mensch hat alles verloren, was nicht nur wirtschaftlich, sondern in viel schlimmerer Weise in Verfolgung und Elend als Flüchtling, in Kriegen geschieht. Der Mensch steht vor dem Nichts. So wird nun gesprochen, und wir nehmen doch an, daß damit etwas Sinnvolles gesagt wird. Das Nichts gibt es, wird leibhaftig erfahren. Und so ist jede Rede eine fragwürdige Gedankenspielerei, wenn hier das Nichts als ein Philosophengeschwätz oder als etwas Metaphysisches verdächtigt wird. Das Nichts können wir hautnah erfahren.

Oder: wir leben in einer Planung, in Wünschen, und müssen dann erfahren, daß es wieder einmal nichts ist. Wir erfahren das Nichts in einer für das Leben noch leicht bis hin zu schwer ertragbarer Form. Wir erfahren, wir stoßen auf Nichts. Wie kann dies nun aber gesche-

---

[48] Siehe Heideggers Analysen im Hauptwerk ›Sein und Zeit‹ (Gesamtausgabe, Bd. 2, Frankfurt a. M. 1977).

hen, wenn der Wille jenes ist, was alles durchwaltet? Die Philosophie versucht doch mehr und mehr zu zeigen, daß alles Wirkliche eigentlich Wille ist. Dies zeigt sich in der Leibnizschen Monade und im Hinweis auf die *vis activa*.[49]

Wenn wir in unserem Tun auch und gerade das Nichts erfahren, mit nichts beschäftigt sind, dann muß hier der Wille gesehen werden. Dieser muß doch mit dem Nichts fertig werden bzw. sich dem Nichts stellen, daß es eben gleich gültig wie das Sein selbst ist. Und das meint nun auch der Mensch, der sich als Willensmensch bezeichnet. Man kann diesen Willen bei der *generatio* Hobbes' sehen, die davon ausgeht, daß nichts erkannt wird, wenn nicht das Wissen selber hergestellt wird. Vom Nichts wird dort ausdrücklich gesprochen. *Nulla philosophia intellegitur*, nichts wird in der Philosophie erkannt, wenn nicht die *generatio* alles in ihre Hand nimmt.[50] Wo kein Wille, dort ist auch kein Wissen, und wir können jetzt erweiternd sagen: wo kein Wille, dort ist kein Sein.

Auf diesen Satz können wir direkt von Hobbes her kommen, der nun zunächst eine viel weitergehende Behauptung enthält. Aber gemäß Hobbes sind wir dem Nichts preisgegeben. Er spricht von der Natur, in der alles untergeht bzw. der Mensch sich gegenseitig umbringt. Wo dieser Krieg aller gegen alle droht[51], kann und muß der Mensch einen Frieden konstruieren. Man sieht hier, was der Wille sich zumutet. Es ist eine völlige Umdrehung der menschlichen Lage. Es droht das Nichts, aber ich kann darin ein bestimmtes Sein erlangen. Es ist bei Hobbes der Aufenthalt im Staat des Leviathans.[52] Das Nichts macht das Sein. Wo nichts ist, kann der Wille doch zum Sein

---

[49] Siehe v. Verf., Einführung in die politische Philosophie der Neuzeit, Darmstadt 1983, 3., verb. Aufl. 1993, S. 35 f.

[50] Vgl. Thomas Hobbes, De corpore P. I Kap. 1, Sekt. 8: „Ubi ergo generatio nulla ... ibi nulla philosophia intelligitur".

[51] Siehe Thomas Hobbes, De cive, Vorwort an die Leser; siehe Ausgabe der Philosophischen Bibliothek: Thomas Hobbes, Vom Menschen. Vom Bürger, eingel. u. hrsg. v. Günther Gawlick, Hamburg 1959, S. 69, vgl. auch S. 83.

[52] Siehe das Hauptwerk von Thomas Hobbes, ›Leviathan‹, von dem er in seiner Einleitung sagt: „Denn durch Kunst wird jener große *Leviathan* geschaffen, genannt *Gemeinwesen* oder *Staat*, auf lateinisch *civitas*, der nichts anderes ist als ein künstlicher Mensch, wenn auch von größerer Gestalt und Stärke als der natürliche, zu dessen Schutz und Verteidigung er ersonnen wurde." (zit. nach: Thomas Hobbes, Leviathan oder Stoff, Form und Gewalt eines bürgerlichen und kirchlichen Staates, hrsg. u. eingel. v. Iring Fetscher, übers. v. Walter Euchner, Neuwied–Berlin 1966, S. 5).

gelangen. Wir sehen bei Hobbes, was der Wille vermag. Und wir sehen hier auch den Zusammenhang von Willen und Grund.

Das Nichts ist kein Abgrund; es zeigt sich vielmehr als ein Grund, auf dem man dann ganz gut stehen und aufbauen kann. Von diesem verwirrenden Verhältnis von Grund und Abgrund spricht dann Schelling, bei dem der Wille in den Urgrund oder auch Ungrund, wie er sagt, hineinragt. Gerade damit wird der Wille fertig. Der Wille gründet aus dem Nichts das Sein. Warum ist überhaupt Seiendes und nicht vielmehr Nichts? Können wir nun eine Antwort geben? Der Wille macht, daß Seiendes ist. Warum gibt es überhaupt Seiendes und nicht vielmehr Nichts? Weil der Wille ist. Er ist Grund, vermag, ja will gerade dann gründen, wenn ein Un- und Abgrund droht. Der Satz vom Grund steht nicht gegen, sondern für das Nichts ein. Er sagt, daß das Nichts letztlich und d. h. im Grunde uns nichts anhaben kann. Warum fallen wir nicht in den Krieg aller gegen alle, warum gehen wir in diesem Nichts nicht unter? Weil der Wille es anders wollen kann, weil der Wille gerade dem Nichts standhält. Das Nichts kann dem Willen nichts anhaben. Im Gegenteil. Er braucht gerade das Nichts als einen Stachel, damit der Wille überhaupt erst Wille ist, sich ins letzte seiner Kraft auslotet. Der Wille fällt nie in den Abgrund; nein, kein Abgrund ist ihm tief genug und wird je zum Ungrund; nein, er steigt auf und macht aus dem Nichts das Sein.

Er sucht das Nichts, um überhaupt erst sich selbst, seine Tätigkeit in der Machbarkeit zu finden. Ohne Nichts hätte der Wille gar nichts zu tun. Dies heißt aber auch, daß er uns im Leben immer die Schärfe des Nichts vor Augen führt. Bei allem Wollen werden wir vom Nichts begleitet. Das ist doch jenes, was wir letztlich als die Wahrheit des Willens sehen müssen, welche zugleich die Wahrheit des Nichts ist. Das Nichts zeigt sich immer noch als Nichts, gerade im höchsten Willen, die Auseinandersetzung mit dem Nichts aufzunehmen und uns in die Möglichkeit des Seins zu bringen, wie beispielsweise bei Hobbes im Staate des Leviathans. Der Wille kommt zum Sein, zieht aber immer das Nichts mit, mit dem er es immer zu tun hat. Er fängt mit ihm an und kommt damit aber nicht zu Ende. Hier gibt es nicht Anfang und Ende im Tun des Willens. Dies wäre auch gar kein Wille. Denn Wille heißt ja, daß es um das ständige Wollen geht. Und dies erfahren wir im Leben, in welchem es immer um das Wollen, das Mehr-haben-wollen geht.

Die Tatsachenwahrheit ist also eine Willenswahrheit. Die Tatsache beruht auf einem Grund, den nun aber der Wille schafft, nämlich den ausreichenden Grund. So ist die Tatsachenwahrheit auch Grundwahrheit. Dem entspricht die Zuordnung des Satzes vom Grund für die Tatsachenwahrheiten.

Bleiben wir bei der Frage nach dem Grund. Wir haben den Grund schlechthin. Der Grund ist voll zureichend. Es ist die *causa sui*. Das soll Gott sein. Lassen wir dies dahingestellt. Es ist jedenfalls der perfekte Gründungsvorgang, dem man jeweils nur nacheifern, den man imitieren kann. So kommt es dann zu einem Gründungsakt des Menschen selbst, der hier nach- und wetteifern will mit einer *causa sui*. Wir finden dies in all jenem, was später Autopoiesis (System-theorie) oder auch Autogenese (Strukturontologie) genannt wird. Es handelt sich jeweils um Selbstbegründungen. Wir müssen auch das Problem der sogenannten Letztbegründung in diesem Zusammen-hang sehen. Der Satz von Gott ist ein Satz der Selbstbegründung: *causa sui*. Da haben wir nun den perfekten Fund im Gründungsgang. Etwas hat den Grund so bei sich, in sich selbst, daß es Grund wie Gründung in einem ist.

Wenn wir bei der Lüge Verkehrung und darin Verfälschung sehen, dann hätten wir beim Menschen insofern die Lüge, als er sich in der Art der *causa sui* sieht, welche doch der Gott sein soll. 'Die Wurzel liegt im Menschen selbst': Solche Sätze würden zu dieser Lüge ge-hören. Und dieser Satz von Marx steht in einem Zusammenhang mit der *causa sui* von Spinoza. Das liegt im Zug der neuzeitlichen Phi-losophie. Man kann in der *causa sui* eine Art Revolution sehen. Darin kommt der Wille immer zu einem ausreichenden Grund, bei jedem Tun, Denken und Handeln. Er kann zu allem, was er sagt oder tut, dann Gründe vorweisen.[53]

---

[53] Ich möchte hierzu Jürgen Habermas zitieren, der das Argumentations-, Legitimations- und Begründungsproblem der Systemtheorie ins Visier nimmt. In der Systemtheorie treten Begründungen mit dem Anspruch der gleichen Gültigkeit auf. Habermas kritisiert Luhmanns gestörtes Verhältnis zu Gründen und Begründungen damit, daß dieser „Gründen eine rational motivierende Kraft nicht zutraut. Nach seiner [Luhmanns] Auffassung, gibt es eben keine guten Argumente dafür, daß schlechte Argumente schlechte Argumente sind" (Jürgen Habermas, Faktizität und Geltung. Beiträge zur Diskurstheorie des Rechts und des demokratischen Rechtsstaats, Frankfurt a. M. 1992, S. 575 f.). Dieser Satz spricht wohl für sich betreff eines Grün-dungsverhaltens bzw., philosophisch gesprochen, der Suche nach dem Grund. Es handelt sich hier um die perfekte Selbstbegründung. Dies kommt auch bei Habermas an einer anderen Stelle zum Ausdruck: „Für den sozialwissen-schaftlichen Beobachter stellt sich ja das, was für den Beteiligten normativ verbindlich *ist*, als etwas dar, das die Beteiligten lediglich für richtig *halten*"

Es handelt sich bei den Tatsachenwahrheiten um die Wahrheit des Gemachten. Und dies heißt nun des vom Menschen Gemachten. Was zeigt uns das Gemachte und sein Machen, das in ihm beruht? Es zeigt vor allem den Willen, wie er am Werke ist, wie er das Gemachte macht. Was sich hier zeigt, ist also der Wille. Wir könnten beinahe Wahrheit und Wille zusammen vermuten. Und wir können in der Tatsachenwahrheit das Problem sehen, daß jedes Gemachte seinen zureichenden Grund hat bzw. daß – und das wäre das Entscheidende im Machen selbst – dieser Grund herbeigeschafft werden kann. Die größte Art von Herbeischaffen zeigt sich darin, daß wir auf eine *causa sui* kommen. Halten wir zunächst fest: Tatsachenwahrheiten scheinen im Grund ihre Wahrheit zu haben, also letztlich eine Grundwahrheit zu bedeuten. Diese wiederum hängt mit dem Willen

(ebd., S. 572). Darin finde ich genau die Haltung formuliert, die in der obigen Anmerkung 34 das heutige Lebensmotto festhält: Alles geht.

Habermas verweist auf ein virulentes Problem unserer Zeit, das in der Systemtheorie besonders zum Ausdruck kommt, womit sie sich als die Theorie des Zeitgeistes zeigt. Freilich lebt man heute durchschnittlich so. Für alles gibt es gute Gründe. Das meinte ich auch oben (s. o. S. 121), als ich behauptete, daß es für jede Meinung, Behauptung, Rede einen ausreichenden Grund gibt, und dort vor allem auf den Politiker verwies.

Habermas ist und bleibt noch Philosoph, der auch zeitkritisch zu denken versucht, der fragt, was menschheitsgeschichtlich auf uns zukommt. Bei Luhmann und der Systemtheorie geht es überhaupt nicht mehr um das Denken, zu dem eben nach wie vor, ob wir dies klassisch oder postklassisch, posttraditional, postmetaphysisch und dergleichen mehr nennen, gehört, daß der Mensch *als* Mensch denkt und hier sich in jene Dimensionen bzw. Ordnungen hineinzufügen versucht, welche langher Natur, Geschichte, Sprache und auch letztlich Gott genannt wurden. In der Systemtheorie hat der Mensch aufgehört zu denken bzw. eben das Denken den sogenannten Systemen überlassen. Es läuft nun alles wie von selbst. Es geht, ja es geht alles – und zwar eben derart und so lange, wie es geht. Dabei ist freilich das Erstaunliche, was man auch wiederum philosophisch buchen kann, daß die Systemtheorie, und zwar gerade Luhmann, ein hohes Niveau des Sprechens, klassisch gesprochen des *logos*, erreicht hat, auch wenn er ja nur damit sagen will, daß sich die Systeme selbst artikulieren, selbst beschreiben. Philosophisch könnte man sagen: Nicht mehr der Mensch, vielmehr das System denkt. Das geht beinahe in die Richtung: Der Mensch denkt, und Gott lenkt – Der Mensch mag denken, was er will, das System bzw. die verschiedenen Systeme lenken immer schon alles. Vom Seinsgrund zur Selbstbegründung? Ich erlaube mir mit Habermas zu antworten: In der Systemtheorie „gibt es eben keine guten Argumente dafür, daß schlechte Argumente schlechte Argumente sind".

zusammen. Also wäre dann die Tatsachenwahrheit eine Willenswahrheit.

Jetzt wäre der Unterschied von Vernunftwahrheit und Willenswahrheit zu überlegen. Hierbei müßten wir zunächst auf jenen Zusammenhang kommen, der auch in der klassischen Philosophie zwischen Vernunft und Grund gesehen wird. Gerade dort wird erstmals von Grund, der *archä* gesprochen. Es geht um *archä* und nicht *ratio*. Hier wird schon durch den sprachlichen Ausdruck der Unterschied deutlich. Wir können im Vergleich zum neuzeitlichen Grundsatz von Leibniz so formulieren: Vernunft gibt Grund – nichts ist ohne Grund. Der Unterschied liegt darin, daß gemäß dem klassischen Vernunftsverständnis die Vernunft von außen kommt, *nous thyrathen*[54], wie es heißt. Von außen kommend heißt, daß sie sich uns gibt. Freilich können wir uns davon etwas nehmen. Aber es bleibt doch, wie man sagen kann, bei der Außenstruktur der Vernunft. Hier geht es dann um Streben, insofern um Strebens- und so Vernunftsphilosophie. Dem gegenüber steht die Willensphilosophie, welche eine andere Vernunft sich zutraut oder auch anmaßt, die sich den Grund nimmt. Der Wille nimmt Grund, Vernunft gibt Grund. Sicherlich, die Suche nach dem Grund, gar nach dem ersten Grund, war die Aufgabe der Philosophie. Die Vernunft geht zwar auf den Grund, aber sie gelangt nicht dahin. Die Suche bleibt offen, auch wenn der Grund als erster Grund markiert wird. Davon unterscheidet sich die Willensphilosophie, nach der es nun heißt: Vernunft gibt nicht, sondern ist jetzt Grund.

B. Wahrheit, Freiheit, Friede – Lüge, Herrschaft, Krieg

1. Politik

a) „Grundtugend Wahrheit" (Platon)

„Friede ist nur durch Freiheit, Freiheit nur durch Wahrheit möglich."[55] Karl Jaspers spricht diesen Satz 1958 in seiner Rede zur Verleihung des Friedenspreises des deutschen Buchhandels. Er verweist uns auf einen Zusammenhang, in dem die Wahrheit an erster Stelle steht. Und so heißt auch der Titel jener Rede: „Wahrheit, Freiheit

---

[54] Aristoteles, De anima 404a 17.
[55] Karl Jaspers, Wahrheit, Freiheit und Friede, München 1958, S. 25.

und Friede". Ich möchte nicht jene Rede referieren, die in einer Zeit des Kalten Krieges gehalten wurde, als im ost-westlichen Rüstungswettlauf in der Atombombe die größte Gefahr für den Frieden wie aber auch die größte Sicherheit, den Krieg zu vermeiden, nämlich vom Krieg abzuschrecken, gesehen wurde. Jaspers veröffentlichte 1958 sein Buch ›Die Atombombe und die Zukunft des Menschen‹, worin er umfassend wie kein anderer Autor damals bis heute die Lage des Menschen und dieser Zeit, dem Atomzeitalter, zu sondieren versuchte, was für den Philosophen heißt, die wahre Lage, die Lage im ganzen zu denken zu versuchen.

Im Blick auf den von Jaspers anvisierten Zusammenhang kommen wir zur Gegenformel Lüge, Herrschaft, Krieg, wobei ein gewisses Problem besteht, gegen Freiheit einfach Herrschaft zu setzen. Man kann überlegen, ob man hier nicht Macht sagt oder die Herrschaft als Knechtschaft, Unterdrückung präzisiert. Hier haben wir das Problem, daß Freiheit und ihr Gegenteil schwer zu definieren sind. Wir könnten es uns leicht machen, einfach von Unfreiheit zu sprechen, und dann die Formel aufstellen: Unfrieden, Unfreiheit, Unwahrheit.

Wenn wir nun aber meinen, daß Freiheit schwer zu definieren ist, so werden wir sehen, daß dies noch schwieriger bei der Wahrheit ist. Jaspers stellt in dem Zusammenhang die Überlegungen an, ob ein Leben unter dem Kommunismus oder, genauer gesagt, dem Totalitarismus lebenswürdig ist. Er greift gar zu den Schlagworten „lieber rot als tot" bzw. „lieber tot als rot". Aber aus diesen Schlagworten blitzt das Problem der Freiheit auf, das schon bei früheren, neuzeitlichen Überlegungen wie denen von Hobbes eine Rolle spielt, bei dem es zunächst um das „nackte" Überleben geht, das gesichert werden muß. Dann erst kann man über Freiheiten des Menschen sprechen, welche man in einem *commodious life* sieht, einem sich dann allmählich bürgerlich einrichtenden Leben, das zu den bürgerlichen Freiheiten und schließlich Rechten führt, die da heißen „Freiheit, Leben, Eigentum".

Frieden, Freiheit, Wahrheit – wir können diesen Zusammenhang auch so formulieren: überleben, leben, gut leben. Wenn ich das Problem so formuliere, dann greife ich auf die neuzeitliche bzw. klassische politische Philosophie zurück. Überleben, leben – in der klassischen Politik von Platon und Aristoteles wird vom guten Leben gesprochen.

Platon spricht vom Menschen als Liebhaber der Weisheit und der Wahrheit (Politeia 490b). Von den Freunden der Weisheit werden

jene unterschieden, die Freunde der Meinung sind und auch so genannt werden: *philodox*. Wir sprechen neuzeitlich bis heute von der
Freiheit der Meinung. Aber der Mensch erreicht eine noch größere
Freiheit, wenn er Freund der Weisheit und Wahrheit zu sein versucht.
Ich sehe hier die Spanne von Freiheiten, die sich auch im Unterschied von leben und gut leben spiegelt. Was für ein Leben haben
wir, wenn wir gerade noch überleben, also uns vorsagen, „lieber rot
als tot"? Aber welches Leben haben wir im sogenannten freien Westen, im Liberalismus mit den Freiheitsrechten: „Leben, Freiheit,
Eigentum"?

Platon und Aristoteles fragen, was das gute Leben ist. Sie fragen
nach der Wahrheit des Lebens, der Freiheit, des Eigentums, wobei
wir sehen, daß letztlich in der Philosophie alles um die Wahrheit
kreist. Der Mensch, der die Weisheit sucht, geht über alle Meinungen
hinaus, sieht sich in der Philodoxie, in der Freiheit zu Meinungen
nicht wirklich frei. Er sucht die weitere Freiheit der Wahrheit, welche
die „Grundtugend" des Menschen bei Platon genannt wird (Politeia
490b). Tugend *(aretä)* heißt ursprünglich guter Zustand einer Sache
und hier des Menschen. Der Mensch befindet sich also in einem
guten Zustand, d. h. lebt wirklich dann erst gut, wenn er in der Wahrheit ist, sich wenigstens mit der Wahrheit beschäftigt, wie ich es einmal ausdrücken möchte.

Jaspers weist auf einen Zusammenhang, ja Gründungszusammen-
hang angesichts des drohenden gegenteiligen Lebens. Er spricht in-
mitten von Kaltem Krieg, was kein geringer Krieg ist und der vielleicht, gerade indem er kalt genannt wird, verschönert, irreführend,
täuschend umschrieben wird. Und dabei wären wir bei der Frage der
Wahrheit bzw. der Lüge. Wir sprechen vom Kalten Krieg, sind aber
dabei bereits mitten im Krieg. Und so könnte es bei der Freiheit sein,
zu der immer auch mehr oder weniger und gar überhandnehmend
Unfreiheit gehört. Probleme der Macht, der Herrschaft, der Unterdrückung und der damit verbundenen Unfreiheit haben wir zuhauf,
auch in der sogenannten freien Welt. Was ist die Wahrheit des Frie-
dens und der Freiheit? Dies ist die Jasperssche Frage. Sie verweist
auf die Wahrheit, zu der gehört: Wenn wir vom Frieden sprechen,
müssen wir, zumindest in jener Zeit von Jaspers, den Frieden einen
Kalten Krieg nennen. Es ist kein Frieden. Und heute?

Wenn wir auf die Philosophie zurückblicken, dann können wir
sehen, daß im Anfang, in ihren ersten großen Entwürfen das Problem, das Jaspers in seiner Weise stellt, bereits grundlegend war. So
bei Platon in seiner ›Politeia‹, welches ein Dialog ist, ein Mitein-

anderreden über die Ordnung des Menschen, und zwar damals in jenem Rahmen, in dem er geschichtlich lebend, gut lebend sich zusammenfand, nämlich in der *polis*. *Politeia* ist nichts anderes als der Begriff für die Ordnung der *polis*. *Politeia* wird in der Regel übersetzt mit „Staat" und *polis* mit „Stadtstaat". Beides ist falsch und wäre zu überlegen, warum es zu diesen falschen, jedenfalls verfälschenden Übersetzungen kam. Aber wichtig ist, daß wir uns darüber im klaren sind, daß *politeia* das Wort für ein Ordnungsproblem ist, in das sich damals der Mensch und die für ihn sprechenden Philosophen gestellt sahen.

Ich sprach von der *politeia* als einem Begriff. Ja, es wird im Sinne des Begriffs, nämlich eindeutig etwas ausgesagt. Der Mensch wird hier als Mensch in der *polis* gesehen oder, wie es bei Aristoteles dann heißt, als politisches Lebewesen *(zoon politikon)*. Was die Aristotelische Formel ausdrückt, sagt Platon bereits mit *politeia*. Diese ist eine bestimmte Ordnung: die politische Ordnung des Menschen. Der Mensch ohne oder außerhalb der *politeia* wäre gar kein Mensch, wäre jedenfalls ein Mensch, der nicht gut leben, in guter Verfassung/Ordnung leben könnte. Es geht wesentlich um den Zusammenhang von menschlicher qua politischer Ordnung. Und wir können auch sagen, Selbstordnung. Denn in all jenen klassischen Werken der Philosophen wird jedermann aufgerufen, daß er an sich selbst diese Ordnung der *politeia* als eine Lebensordnung und Lebensform *(praxis, bios, bios politikos)* zu vollziehen habe. *Politeia* ist also Lebensform. Dies ist inzwischen freilich auch von der wissenschaftlichen Literatur erarbeitet worden, in der man eine ganze Vielfalt von Bedeutungen für *politeia* herausgestellt hat. Man kann zumindest auf drei Bedeutungen kommen, eben zunächst Staat bzw., korrekter, Verfassung, dann eine bestimmte politisch-rechtliche Ordnung und schließlich die spezifische Lebensform der damals in der *polis* lebenden Menschen.

Auch wenn hier all diese Bedeutungen abgelesen werden können und wenn der Blick dafür geschärft werden soll, daß *politeia* nicht einfach Verfassung oder gar Staat bedeutet, sondern Lebensform, dann darf kaum behauptet werden, daß damit in der Sicht auf die ganze Spanne der Bedeutungsfülle, die 'Wahrheit' der *politeia* aufgehe. Freilich sehen wir auch gerade hier das Wahrheitsproblem, wenn wir fragen, was ist denn eigentlich alles in dem, was *politeia* genannt wird. Wenn wir Platons Dialog, und wir können ruhig sagen, Hauptwerk auf den Titel hin befragen, dann müssen wir auf den Inhalt schauen, von dem das gemeinsame Reden dort handelt. Es ist die Wahrheit als das alles umfassende Problem. Es wird von vielerlei gesprochen, um was es aber philosophisch geht – dies ist Wahrheit, und das heißt im einzelnen, die wahre Tugend, das wahre Wissen, die wahre Erziehung, das wahre Menschsein letztlich. Das klingt anspruchsvoll, vermessen, was dann dazu führt, von einer Staatsutopie zu sprechen.

Gerade im Hinblick auf das genannte Kriterium der Wahrheit kann etwas zu diesem Vorwurf gesagt werden. Einen Hinweis gibt schon der Name Philosophie selbst. Philosophie stellt sich bei Platon gegen die Philodoxie, also die Liebe, und wir können sagen, Vorliebe zu Meinungen. Nun kann man sogleich einwenden, daß hier eine gewisse Eitelkeit aus der Philosophie spricht. Denn was gilt dann als Philosophie gegenüber der Meinung (Philodoxie), wenn diese gar neuzeitlich als eine große Sphäre der Freiheit behauptet wird? Philosophie ist immer Kritik und so auch Zeitkritik. So ist sie nicht erst seit Kant kritische Philosophie, bei dem das Kritische nur einen spezifischen Sinn gewinnt, nämlich in der Transzendentalphilosophie. Der Name 'Philosophie' sagt bereits aus, daß es um Kritik geht, die darin besteht, daß wir Meinungen von Wissen zu unterscheiden versuchen.

b) *Meinung* (philodoxia), *Vielgeschäftigkeit* (polypragmosyne) *und Mehr-haben-wollen* (pleonexia)

Platon unterscheidet den Philodoxen vom Philosophen im Anschluß an seine wohl berühmteste wie umstrittenste These, die vom Philosophenkönig. Dort heißt es, wenn wir genauer hinsehen, daß die Philosophen herrschen sollen bzw. diejenigen, welche jetzt herrschen, „wahrhaft und gründlich philosophieren" (Politeia 473d). Wann ist man aber ein Philosoph? Platon schildert den Menschen, der entsprechend seinen Sinnen sein Betätigungsfeld sucht. Er spricht vom „Hörbegierigen und Schaulustigen", auch vom „Kunstliebenden", der in die *technä* verliebt ist, und auch von jenem „auf das Handeln Gerichteten" (476a ff.). Was will er damit sagen? Es sind einzelne, je meinige Vorlieben. Es geht um Meinungen. Der Blick auf weiteres fehlt, wobei wir gar nicht vom Blick aufs Ganze sprechen müssen, das Platon in der Philosophie anspricht. Hörbegierige und Schaulustige u. a. als Beispiele mögen irritieren, aber es dürfte daraus doch klar werden, was kritisiert wird. Wir können hier wie an vielen anderen Stellen bei Platon festhalten, daß Kritik am

geläufigen Verhalten geübt wird, um auf ein anderes Verhalten hin-
zuweisen. Im Anschluß an diese Unterscheidung von Philosophen
und Philodoxen, mit dem das fünfte Buch der ›Politeia‹ endet, beginnt dann das sechste Buch, in dem die großen Ideengleichnisse
erzählt werden, mit einer vielschichtigen Gliederung der Eigenschaf-
ten des wahrheitssuchenden Menschen, des Philosophen.

Ich möchte noch ein anderes Beispiel geben, aus dem vielleicht
noch besser die Frage nach der Wahrheit zu ersehen und über alle
Zeiten hinweg anzugehen ist. Wir kennen von Platon die Kritik an
der Vielgeschäftigkeit des Menschen *(polypragmosyne)* (Politeia
434b). In der *politeia* käme es darauf an, daß jeder das seinige tut.
Das ist eine berühmt gewordene Definition der Gerechtigkeit, die
bei Platon bei dieser Gelegenheit so ausgelegt wird, daß jeder in der
politeia seinen Ort und Stand hat, an dem er sich bewähren muß. So
ist der Zimmermann ein Zimmermann und der Schuster ein Schuster und dergleichen mehr. Die Regierenden sollen also regieren und
die Arbeiter arbeiten. All dies wird so ungefähr von Platon gesagt.
Nun aber kommt er zur Frage, was geschieht, wenn einer dem anderen sozusagen ins Handwerk pfuschen will. Freilich sieht er keinen
besonderen Schaden, wenn ein Zimmermann die Arbeit eines Schu-
sters verrichten will oder umgekehrt. Ein Problem entsteht erst,
wenn einer aus seinem Stand heraus alles mögliche tun will.

„Wenn aber, denke ich, einer, der von Natur Handwerker ist, oder
sonst ein Geschäftsmann, übermütig gemacht durch Reichtum oder
Anhang oder Stärke oder etwas anderes derartiges, in den Krieger-
stand eintreten will oder einer der Krieger in den der Berater und
Wächter, ohne dessen würdig zu sein, und diese die Werkzeuge und
Ehren voneinander umtauschend, oder wenn derselbe alles dieses
gleichzeitig betreiben will, dann denke ich, glaubst auch du, daß solcher Tausch von diesen und solche Vielgeschäftigkeit *(polypragmo-
syne)* ein Verderben für die Gemeinde ist? – Allerdings.“ Und Platon
stellt dann fest: „Die Vielgeschäftigkeit der drei verschiedenen Stän-
de also und ihr Umtauschen untereinander wäre der größte Schaden
für den Staat und würde ganz mit Recht am ehesten als Verbrechen
gegen ihn bezeichnet? – Freilich, vollkommen. Das größte Verbrechen gegen einen Staat wirst du aber die Ungerechtigkeit nennen?
– Allerdings“ (434b bis 435a).

Nun kann man von heute aus sagen, daß sich hier ein Standesdenken kundtut, wobei jeder mehr oder weniger festgelegt ist. Man
kann gerade diese Ausführungen von Platon als typisch für ein
Standes- und gar Klassendenken ansehen, für eine konservative

Ordnung, die für damals schon eine bedenkliche Ordnung gewesen ist und von heute aus dem Bereich einer schlechten, überholten Utopie angehört. Ich meine aber, daß der Hinweis auf die Vielgeschäftigkeit ein ständiger Hinweis bleiben kann, der gerade für heute mehr denn je zeitkritisch aufgegriffen werden kann. Wenn es heute zur Freiheit des Menschen gehört, daß er die verschiedensten Geschäfte betreiben kann, dann würde ich hier eine Form von Vielgeschäftigkeit sehen, welche von großen politischen Konsequenzen ist. Ich sehe dies in der heutigen Geschäfts- und Wirtschaftsentwicklung überhaupt, in der wenige Personen bzw. wenige wirtschaftliche Gesellschaften mehr und mehr dabei sind, Geschäfte und Betriebe aufzukaufen. Hier geht es nicht nur um Monopole und Kartelle, von denen gesprochen wird. Es wird auch argumentiert, daß beispielsweise man ein zweites Bein bräuchte, auf dem man stehen könne. So braucht dann die Autoindustrie eventuell elektronische Industrie, besonders wiederum im Hinblick auf neuere Entwicklungen, die als High Tech bezeichnet werden. Es handelt sich dabei letztlich darum, daß die verschiedensten Geschäfte aneinander gehäuft, miteinander vermischt werden. Ich sehe hier eine Vielgeschäftigkeit, die durchaus mit jener von Platon kritisierten Vielgeschäftigkeit zu tun hat.

Platon sieht in der Vielgeschäftigkeit eine Unordnung. Wir müßten also hier von einer Unordnung in der Wirtschaft sprechen. Dagegen wird gern behauptet, daß dies auch in dem Sinne bereits Ordnungsmaßnahmen sind, daß stagnierende, zusammenbrechende oder bereits zusammengebrochene Betriebe, ganze Industriekomplexe saniert, wie es so schön heißt, in neuer Weise weitergeführt werden. Man kann darin eine Wirtschaftsordnung sehen, die aber letztlich zu einer Wirtschaftsunordnung führt. Diese besteht darin, daß die Wirtschaft und d. h. letztlich Besitz so verteilt und geordnet wird, daß immer weniger Menschen viel und immer mehr Menschen weniger an Besitz haben. Man sagt auch, daß diese Wirtschaftsordnung der Freiheit unserer Wirtschafts- wie politischen Ordnung überhaupt entspricht. Man müßte aber allmählich bemerken, daß diese Freiheit zu einer gesellschaftlichen Unordnung führt. Denn man könnte geradezu eine Gegenformel zu Platons Gerechtigkeitsformel aufstellen, aus der das Problem der drohenden Unordnung vielleicht aufleuchten mag: Nicht jedem das seine, sondern möglichst wenigen vieles, jedenfalls einigen mehr und vielen weniger. Wir stehen hier vor dem Problem des Besitzes, der heute mehr denn je forciert wird und den Platon zum kritischen Punkt schlechthin für alle *politeia* machte. Gegen die Unordnung des Mehr-haben-wollens *(pleonexia)* stellt Platon die Ordnung der *politeia.*

Das Thema von Platons ›Politeia‹ ist die Frage und Suche nach der Ordnung, in der der Mensch gut leben kann. Dies gute Leben besteht darin, daß der Mensch wirklich zu dem kommt, was für sein Leben taugt, trefflich, gut ist. Wir sehen hier den Zusammenhang zwischen gut und jenem, was in der Philosophie Tugend, *aretä* genannt wird. Dies ist der gute Zustand eines jeden, das ist. Und wir können hier auch den Zusammenhang mit einem weiteren philosophischen Grundwort sehen, nämlich dem Seienden *(on)*. Etwas ist, und wir können betonend sagen, ist wirklich, wenn es ganz in dem betreffenden Sinne ist. Das ist der gute Zustand einer Sache oder der gute Zustand des Menschen.

Platon beschreibt nun den Menschen in einer Lebensordnung, die er als eine *krisis*, als eine Spannung und Auseinandersetzung erfährt. Wir können hierin einen Widerspruch bis Widerstreit im Leben sehen, wobei das letztere besagen würde, daß ein unaufhebbarer Riß, eine Zerrissenheit im Menschen bleibt, welche im Leben gerade ausgetragen, ausgehalten wird. Es ist die von Platon beschriebene Spannung zwischen Unwissenheit und Wissen, Schein und Sein, Nicht-Seiendem und Seiendem, Lüge und Wahrheit, Begierde und Vernunft. Gerade von der letzteren Spannung sieht er den Menschen erfüllt und bewegt. Darin stellt sich für ihn die Seele dar, *psychä,* welche wir als Ordnung, Verfassung in uns selbst nennen können, was Platon ausspricht als *politeia en auto*[56], das heißt die Verfassung in mir selbst. Indem er hier von *politeia* spricht, bringt er den Menschen in seiner Seelenordnung sogleich in den Zusammenhang mit der politischen Ordnung, schließlich jenem, was wir heute Verfassungsordnung nennen.

Wenn wir von heute aus auf Platon zurückschauen, so können wir bemerken, daß wir eine Verfassung, wie wir sie heute verstehen, nicht einfach als eine politische Ordnung gegenüber einer menschlichen Befindlichkeit und Wirklichkeit aufstellen können. Man spricht heute von Verfassungsnorm und Verfassungswirklichkeit (vgl. v. Verf., Freiheit, Recht und Gemeinwohl, 154 ff.) und meint dabei, daß eine Kluft besteht, daß Sprünge sind zwischen dem wirklichen Handeln des einzelnen Menschen und dem in der politischen Verfassung normierten Menschenbild. Auch wenn wir die *politeia* für eine gänzlich überholte oder, anders gesagt, utopische Sache halten, können wir

---

[56] Vgl. Politeia 435c, 441a, 445c, 591e.

von Platon immer noch lernen, daß die Frage nach der politischen Ordnung bzw. nach einer Verfassung zusammengehen muß mit der Frage nach der Ordnung des Menschen, und wir können ruhig sagen, der Seelenordnung des Menschen.[57]

Seele ist für Platon ein Ordnungssymbol, das wir verstehen und übersetzen können als Lebensprinzip oder kurz Lebendigkeit. Wenn Platon die *psychä* als eine Spannungsstruktur beschreibt, dann können wir daraus die Lebendigkeit ersehen. So müssen wir auch Platons Auffassung verstehen, daß die Begierde *(epithymetikon)* das Meiste im Menschen ist (442a). Er sieht den Menschen als ein Lebewesen der Begierde. Wir können auch verschärft sagen: Leben ist Begierde, und diese heißt, daß Leben nach Leben begehrt, im Leben mehr vom Leben haben will, im Leben vielleicht auch immer mehr will, als das Leben selbst ist. So spricht dann auch Platon vom Mehr-haben-wollen *(pleonexia)* (359c), welches die Begierde ausmacht. Leben ist also Begierde und diese Mehr-haben-wollen. Die Begierde richtet sich auf Haben oder, anders gesagt, Besitz.

Wer mehr haben will, wer begierig auf Besitz ist, der wird keinen gleichen Umgang mit den Dingen wie mit den Menschen anstreben. Er wird nicht eine Ordnung in Gleichheit und Gerechtigkeit suchen,

---

[57] Dagegen protestiert und denkt heute die Systemtheorie, nach der es im Supersystem Gesellschaft ein Systemrecht gibt, wozu auch das Verfassungsrecht gehört, mit welchem aber nicht die Seelenordnung des einzelnen Menschen abzustimmen ist. Die Seele, wenn dies überhaupt einen heutigen Sinn haben soll, müßte dann als das den Menschen regelnde System am Menschen näher beschrieben werden können, wozu aber die Beschreibungsmöglichkeiten sich gar nicht ergeben. Systeme sind sich selbst beschreibende und so auch gerade sich selbst regelnde, steuernde Abläufe. Dies bedeutet Autopoiesis, von der in der Systemtheorie gesprochen wird. Hauptgesichtspunkt dabei ist, daß es je in sich ruhende Systeme gibt, die sich jeweils zu erhalten und zu steigern versuchen. Recht und Verfassung können ein System sein, um dem Leben des Menschen zu dienen, seinen Erwartungen und Wünschen zu helfen. Aber daß eines vom anderen abhängt, daß *politeia* nur einen Sinn hat, wenn sie *politeia en auto* ist, das kann in der Systemtheorie nicht gedacht werden. Das wäre dort widersinnig zum Systemgedanken überhaupt. Ich werde an anderer Stelle, nämlich in einer Politischen Philosophie, diesem Problem weiter nachzugehen versuchen, das die Systemtheorie zu lösen vorgibt, während ich der Auffassung bin, daß sie das wirkliche Problem überhaupt nicht mehr kennt, weil sie es als traditionell, metaphysisch und dergleichen evolutiv hinter sich gelassen hat. Aber das bleibt eine Frage gerade angesichts der heutigen Lage des Menschen, der Gesellschaft, der Politik im System.

vielmehr ungleiche Lebensverhältnisse, Ungleichheit wollen. Dies
führt aber zu Macht und Herrschaft. Die Menschen kommen hier
eher in ein Verhältnis des Gegeneinander als des Miteinander. Einer
wird dem anderen zum Gegner und schließlich zum Feind. Jedenfalls
kommt es zu einer ständigen Auseinandersetzung und gar zum
Krieg. Die Begierde, die mehr will, die nicht einteilen und teilen,
vielmehr den Vorteil will, führt, schon rein im Wirtschaftlichen, zu
menschlichen Lebens- bzw. Gesellschaftsverhältnissen von Armen
und Reichen.

Wir können eine dreifache Struktur walten sehen: 1. Begierde und
Besitz, 2. Herrschaft und Ungleichheit, 3. Gegnerschaft und Feindschaft, woraus letztlich Vernichtung werden kann, jedenfalls das
Nichts droht. So könnten wir gar einen vierten Punkt anschließen,
in dem sich die Begierde und das Begierdeleben verwickelt. Die
Begierde, die auf Haben, Mehrhaben gerichtet ist, gelangt schließlich
zu Vernichtung und Nichts. Wir können zusammengefaßt sagen: Begierde führt zu Herrschaft und diese ins Nichts.

Wir sprachen von der Unordnung des Besitzes. Diese Unordnung
manifestiert sich in den Lebensverhältnissen der Abhängigkeit, Ungleichheit, die immer größer werden wie beispielsweise in der Wirtschaftsunordnung von arm und reich, worin die Reichen immer reicher und die Armen immer ärmer werden. Diese Entgegensetzung
macht deutlich, was Unordnung ist. Für Platon ist die *psychä* eine
politeia en auto, d. h. eine politische Ordnung, die der Mensch in sich
selbst trägt, der dann auch die Verfassungsordnung im weiteren Sinne bei Platon, aber auch im heutigen Sinne, entsprechen kann. Überlassen wir alles der Begierde und ihrem Besitz- und Machtstreben,
dann haben wir auch eine dementsprechende politische Ordnung,
und dies heißt eigentlich eine Unordnung, welche aus der Unordnung der Seele selbst kommt.[58] Bei Platon können wir sehen, daß
Ordnung immer politische Ordnung ist, nicht irgendwie und irgend-
wann damit zusammenhängt, sondern daß Ordnung und *politeia* in-
einanderfließen. Und hier ist wieder einmal ein Anknüpfungspunkt
an Platon, der geschichtlich überhaupt nicht überholt oder überhol-
bar ist. Es gilt zu sehen, daß Ordnung wohl immer mit Politischem
zusammenhängt, daß die Suche nach Ordnung, in der sich der
Mensch offensichtlich befindet, ein gemeinsames Suchen ist, d. h. des
Menschen mit anderen Menschen, damals der Mensch in der *polis,*

---

[58] Dies kann von der Systemtheorie überhaupt nicht begriffen werden. Im
Gegenteil, sie forciert den Besitz. Daran arbeitet gerade die Autopoiesis.

d. h. der politischen Gemeinschaft *(koinonia politikä)*, und heute der Mensch in einem erst noch zu verstehenden Sinn von Politik.

Die Begierde, welche das Meiste ist, was wohl nicht nur Platon sagt, sondern wir doch inzwischen alle, auch wissenschaftlich ge- stützt, wissen, führt zu einer Lebensunordnung. Dies heißt letztlich, daß sich Leben vernichtet. Die Unordnung hängt mit dem Nichts zusammen, das in der Unordnung droht. Wir können kurz sagen, die Begierde führt ins Nichts. Dies ist aber erstaunlich, da wir doch schlechthin meinen, daß die Begierde zu Besitz führt. Dies manife- stiert sich vor allem im Gewinnstreben des Menschen, das sich al- lenthalben in der Geschichte und gerade heute darstellt.

Nun haben wir von Jaspers die These über den Zusammenhang von Wahrheit, Freiheit, Frieden, was uns zur Gegenthese führte über den Zusammenhang von Lüge, Herrschaft, Krieg. Nach den jetzigen Überlegungen könnten wir anstelle von Lüge von Besitz sprechen – die weiteren Gelenkstellen müßten nicht weiter präzisiert werden. Und von Platon her könnten wir leicht zeigen, wie Besitz und Lüge miteinander zusammenhängen. Wenn wir unser Leben auf den Be- sitz stellen, dann verfallen wir nach Platon einem Schein, verbleiben in Unwissenheit über das wahre Leben. Ja wir können sagen, daß es sich um ein durch und durch verlogenes, weil nämlich sich selbst belügendes Leben handelt. Wir geben uns dabei nie zu, daß wir die- sen Besitz nur auf Kosten von Dingen wie Menschen erringen kön- nen und daß wir bei allem Besitz eigentlich das Leben vernachläs- sigen, ihm Schaden zufügen. Wir sehen das heute bei den in Technik und Wirtschaft und überhaupt der ganzen Konsumkultur errunge- nen Gütern, welche Land, Wasser und Luft, also dem Ganzen der uns umfangenden Natur, aber auch unserem Leib selbst, mehr und mehr Schaden zufügen.

Platon wie Jaspers sprechen von der Aufgabe der Philosophie in vergleichbarer Weise. Es geht um Wahrheit. Zu dieser gehört, daß wir die Lage des Menschen erkennen, der im Besitz vermeintlich sein eigentliches Leben sieht. Freiheit zum Besitz – so können wir es seit der Neuzeit formulieren, in welcher es schließlich zu den Frei- heitsrechten kam, die da sind „Freiheit, Leben, Eigentum". Und Jas- pers spricht die Freiheit an, die für ihn zwischen Wahrheit und Frie- den steht, die Mitte von beiden bildet. Er verweist uns darauf, daß es nicht genügt, einfach freie Menschen sein zu wollen. Der Ruf nach Freiheit kann auch ganz falsch erklingen. Wir müssen stets danach fragen, was uns Freiheit fürs Leben bedeuten soll. Die Freiheit zu Besitz läßt uns einerseits leben, ja zumindest bequem, wenn nicht luxuriös leben; aber andererseits erfahren wir dabei, daß diese Freiheit uns gefährdet. Die Freiheit zu äußeren Gütern gefährdet die Freiheit des Lebens und die Freiheit der seelischen Güter, worin letztlich die wichtigste Freiheit des Menschen besteht.

c) Klassische Güterlehre

Erinnern wir uns an die klassische Güterlehre, durch die wir vielleicht besser an das zu stellende Problem herankommen. Lesen wir eine hervorragende Stelle in einem späten, dem achten Brief Platons, den er nach Sizilien richtet, wo er dreimal sein politisches Glück suchte, oder anders gesagt, die Verwirklichung seiner Philosophie in der Politik, und zwar in schwieriger Lage, nämlich angesichts einer Tyrannenherrschaft. Er kann in jenem Brief feststellen, daß die Tyrannenherrschaft in Sizilien inzwischen abgeschafft ist, und nun „wünscht Platon den Verwandten und Freunden des Dion Heil und Segen", wie der Brief überschrieben ist. Er fordert für eine neue Politik in Sizilien: „O Syrakuser! Schafft Euch vor allem erstlich Gesetze an, welch Gedanken Eures Geistes nicht auf Gelderwerb um Reichtum, nicht auf Befriedigung Eurer Begierden hinlenken, sondern – da es dreierlei Güter des Lebens gibt: die der Seele, die des Leibes und die des äußeren Glückes –, so müssen Eure Gesetze derart sein, daß sie die Vollkommenheit der Seele am höchsten stellen, daß sie der des Leibes den zweiten Rang einräumen, weil diese unter der der Seele steht, daß sie endlich den dritten und letzten Platz dem Geld- und Gutbesitz geben, so daß dieser als der Sklave von Leib und Seele erscheint" (Achter Brief 355b).

Die klassische Politik wie Theorie nennt dreierlei Güter des Lebens: die der Seele, des Leibes und des äußeren Glückes. Das äußere Glück wird hauptsächlich im Reichtum gesehen, der oft allein genannt wird. Zu den äußeren Gütern müßte freilich konkret viel gesagt werden. Alle Lebensmittel sind wohl äußere Güter. Aber bei Platon wird der Blick auf den Reichtum gelenkt, auf Gewinn und Geld, worin der Mensch hauptsächlich sein Glück zu finden sucht. Dieses Glück nennt Platon auch welthaft, ein weltliches Glück und stellt demgegenüber ein über die Welt hinausgehendes Glück, das er so stark abhebt, daß er vom göttlichen, vom heiligen Gebot spricht. Hören wir ihn nochmal, wie er die oben zitierte Stelle weiterführt: „Um das heilige Gottesgebot, welches solche segensvolle Wirkungen hat, das wäre denn einmal die Aufstellung eines eine vernünftige

Gleichheit verheißenden Staatsgesetzes von Euch, welches alle wahrhaft glücklich macht, die das selbe wollen; dagegen die Weltehre, welche nur das Glück des Reichtums predigt, ist selbst eine armselige, da sie nur das unvernünftige Weiber- und Kindergeschwätz ist, und sie macht auch die armselig, welche sich von ihr verführen lassen und diese im Leben befolgen" (355d).

Bei den vielen Gelegenheiten, in denen Platon in seinen Dialogen auf die Güterlehre zu sprechen kommt, hat er kaum einmal so scharf das Problem markiert. Er stellt die drei Güter so auseinander, daß die äußeren Güter, welche das äußere Glück verheißen, der Welt gehören und das andere dem Gotte, dem Gottesgebot entsprechen. Und er verschärft die Aussage nochmals, indem er jenes „Glück des Reichtums" nicht nur armselig, sondern ein dummes Geschwätz nennt, für das Weiber und Kinder herhalten müssen, was doppelt irritieren mag. Denn ein Kind redet doch wahr und unverdorben, und den Frauen heutzutage eine mindere Vernunft zuzusprechen, taugt auch nicht mehr. Wir können hier wie bei anderen wichtigen Punkten Platon immer kritisieren und sagen, daß er fehl-, zu weit geht oder überholt ist. Aber wenn wir auf den Kern schauen, dann wird doch letztlich bleibend eine Problemspanne aufgerissen, die zwischen Gott und Welt besteht, wobei nochmal augenfällig die Welt klein gemacht wird, zu einer Welt, die nichts zu sagen, sondern nur zu schwatzen hat. Platon will auf die Vernunft verweisen, wie dies die Philosophen und wir auch seither nennen. Er will, um jetzt konkret bei der Güterlehre zu bleiben, um die es geht, vom äußeren Glück das innere Glück abheben, das in Leib und Seele liegt, wie es hier ganz genau bezeichnet ist. Der Mensch rennt dem Glück nach und verrennt sich in Leib und Seele. Das wird hier behauptet und ist für heute und weiterhin zu überlegen. Und dies zeigt sich im neuzeitlichen wie heutigen Lauf des Menschen, der sich in Technik, Wirtschaft, Wissenschaft und dergleichen mehr, d. h. in einer ganz bestimmten Lebenskultur verrennt, in der er sich Lebensgüter zuordnet, die letztlich weniger fürs Leben gut sind als eher schaden. Wir räumen dem äußeren Glück, den äußeren Gütern, politisch wie rechtlich gesprochen, dem Eigentum, den ersten Platz ein. Und nicht den letzten, wie Platon fordert. „Geld- und Gutbesitz" sollen den letzten Platz in der Verfassung haben, in der *politeia*, in Gesetzen für die Vollkommenheit der Seele und die Gesundheit des Leibes.

Zur Vollkommenheit der Seele gehört die Freiheit. Dem würde Platon nicht widersprechen und wir, neuzeitlich auf Autonomie ausgerichtet, müßten diese vor allem im Blick als Lebensgrundlage und

-ziel haben. Wir können aber sehen, daß wir durch eine forcierte Kultur der äußeren Güter, also des Eigentums, d. h. des Reichtums und des Besitzes, dem Leben, dem Leib und seiner Gesundheit schaden. Dies scheint man heute allmählich zu begreifen und sich auch in der neuen Gesetzgebung, auch in der Verfassung gerade durchzusetzen, in denen der Umweltschutz allmählich, wenn auch noch sehr zögernd und als wirkliches Recht fragwürdig, nämlich nur als 'Staatsziel' verankert wird. Wie steht es aber um die Freiheit?

Ich möchte in der neuzeitlich bis heute genannten Freiheit, die auch in der Lockeschen wie Menschenrechtsformel an der ersten Stelle steht, durchaus all jenes versammelt sehen, was Platon die seelischen Tugenden nannte. Freiheit war sicher für ihn eine wichtige seelische Tugend, eine politische Grundtugend, die so wichtig im *polis*-Leben war, daß sie nicht ständig aufgezählt wurde. Es geht um die in Gleichheit Freien, um diese besondere und wichtigste Freiheit, welche überhaupt die politische Freiheit genannt werden kann, welche sich damals in der *polis* herausbildet und darstellt – auch wenn es die Freiheit weniger, eben der *polites*, war, welche in bezug auf die Zahl jener, die in der *polis* lebten, eine kleine Anzahl von Menschen waren. Der *polites* war der politisch freie Mann (wobei man durchaus von heute kritisieren muß, daß nicht die Frau dabei war). Die Freiheit des *polites* beruht in seiner Gleichheit. Das ist das entscheidend Politische. Und als Ordnungsproblem ausgesprochen, handelt es sich um eine Freiheit, welche die Menschen politisch gleichzuordnen versucht. Es ist die Freiheit zur politischen Gleichheit. Der Mensch ist nicht von Natur, eventuell vom Körper oder von Geistesgaben her, gleich, nein, es ist das politische Leben *(bios politikos)*, die politische Lebensform, welche zur politischen Gleichheit, zur *politeia* als einer Ordnung von politisch Gleichen führt.

Wie in der *politeia* eine politische Freiheit in Gleichheit möglich sein soll, so ist in ihr auch eine philosophische Freiheit vor Augen. Es ist die Freiheit in Wahrheit. Darauf versucht Platon zu lenken. Das ist seine eigentliche Lehre und hierin sieht er letztlich die Aufgabe der Philosophie. Der Mensch taugt politisch zur Gleichheit und philosophisch zur Wahrheit. Das ist der gute Zustand seines Lebens, darin beruht seine eigentliche Lebenskraft, seine *psychä*. Dafür stehen die Seelentugenden, welche für das Leben gut sind.

2. Wissenschaft

a) *Dinge, Sachen, Gegenstände*

Ist die Wissenschaft gegen die Lüge gefeit? Zunächst kann diese Frage abgeblockt werden, indem darauf verwiesen wird, daß es in der Wissenschaft gar nicht um Wahrheit geht, daß man hier schon längst Schwierigkeiten mit dem Wahrheitsbegriff hat bzw. damit, die wissenschaftliche Wahrheit zu definieren. Es handelt sich dort, wie man sagt, um Bewährungslinien wissenschaftlicher Aussagen und ganzer Theorien. In den Wissenschaften heißt Wahrheit Bewährung von wissenschaftlichen Aussagen und Theorien. Man kann hierin einen pragmatischen Wahrheitsbegriff[59] sehen, wie es auch teilweise genannt wird, oder eine Kohärenzwahrheit, nach der eine Aussage oder auch eine ganze Theorie in einem gewissen Zusammenhang stehen müssen, in den die Aussage hineinpaßt.

Nun haben wir aber und nicht nur am Rande der Wissenschaft, sondern mitten in ihr selbst, das Gutachterverfahren. Hierbei kann ein Gutachten gegen ein anderes sprechen. Das haben wir besonders bei Umwelt-Gutachten. Da wird beispielsweise zum Waldsterben einmal dies und dann wieder ganz anderes gesagt.[60] Dabei kann man jetzt auf das Wahrheitsproblem im angesprochenen Sinn verweisen, indem man sagt, daß hier alles aufgrund von ganz bestimmten Bedingungen oder Hypothesen ausgesagt wird. Dabei werden Modelle für Abläufe simuliert, und man kann immer sagen, daß ein Rest der Unsicherheit und d. h. des Unwissens bleibt, weil Modelle immer nur ganz bestimmte Funktionsabläufe darstellen, die nicht im ganzen den in der Natur stattfindenden Abläufen entsprechen müssen. Wir haben kaum die Möglichkeit, die Komplexität der Natur in

---

[59] Einen pragmatischen Wahrheitsbegriff finden wir bei Herbert Stachowiak. Dessen Pragmatik steht im Mittelpunkt der neueren Untersuchung von Jörg Wernecke, Denken im Modell. Theorie und Erfahrung im Paradigma eines pragmatischen Modellbegriffs, Berlin 1994, welche einen Überblick versucht.

[60] Hierbei ist festzustellen, daß zu jedem (wissenschaftlichen) Gutachten wiederum ein (wissenschaftliches) Gegengutachten möglich ist und auch gewollt und gewünscht wird. Jedes Gutachten ist damit eigentlich von vornherein ein 'Schlechtachten'. In meiner Rechtsphilosophie (Freiheit, Recht und Gemeinwohl. Grundfragen einer Rechtsphilosophie, bes. Kapitel IV) habe ich betreffs juristischer Identifizierungsfragen das Problem komplexer Sachverhalte aufgeworfen, dem sich die Wissenschaft stellen will.

Modellen bzw. Systemen zu erfassen. So kann man sich von vornherein herausreden, daß man mit einem Modell nicht eine umfassende und so also auch wirklich wahre, wirklich gute Aussage machen kann. Damit wird auch die Rede von Gut-achten fragwürdig.
So kann man hier sehen, daß Wissenschaft eigentlich immer mit Unwahrheit zu tun hat, was in der Regel unter dem Problem des Irrtums
gefaßt wird. Theorien sind solange wahr, bis das Gegenteil bewiesen
wird, bzw. Modelle stimmen, bis die Realität sich dann doch anders
erweist.

Wissenschaft sucht nur ein bestimmtes Wissen, ein Wissen unter
bestimmten Voraussetzungen, Hypothesen, wie schon die Griechen
formulierten. Hypothesen sind Unterstellungen, Annahmen, unter
denen gearbeitet wird. So sind auch Modelle eine Art von Hypothesen. Zum wissenschaftlichen Denken, das unter ganz bestimmten
Voraussetzungen stattfindet, gehört eine bestimmte Methode, mit
der ein bestimmtes Wissen erreicht werden soll. Dies wird im sogenannten Subjekt-Objekt-Verhältnis angesprochen. Es geht nicht um
irgendein Wissen, was dann eine Meinung wäre; und es geht auch
nicht um das Wissen im ganzen, das die Philosophie anstrebt. Wir
müssen Meinungswissen und philosophisches Wissen unterscheiden
gegenüber dem wissenschaftlichen Wissen. Dieses ist ein gegenständliches Wissen, in dem auf dem Weg zum Wissen (Methode) aus einem
Ding ein Gegenstand gemacht wird.

Wir können drei Formen von Wissen unterscheiden, was in der
Sprache längst geschieht: Ding, Sache und Gegenstand.[61] Wissenschaft hat mit Gegenstand zu tun, Meinung mit Sache, Philosophie
mit Ding. Wenn ich Meinung und Sache einander zuordne, dann
entspricht dem auch die Redeweise, daß man eine sachliche Meinung, eine sachbezogene Diskussion beispielsweise, und überhaupt
Sachlichkeit fordert. Bei der Wissenschaft suchen wir einen besonderen Zugang zu etwas, was man nun schon länger Gegenstand
nennt. Es geht weder um Dinge noch Sachen. Dies heißt, daß es in
der Wissenschaft ziemlich gleichgültig ist, ob da noch Menschen sind,
welche auf Dinge zugehen und philosophisch diese Seiendes nennen,
um deren eigenes Gewicht zu betonen; auch Meinungen interessie-
ren kaum.

So interessiert beispielsweise nicht, wenn einige oder viele mei-

---

[61] Bei Friedrich Georg Jünger habe ich hierzu die bemerkenswertesten
Überlegungen gefunden. Siehe F. G. Jünger, Sprache und Denken, Frankfurt
a. M. 1962, S. 43 ff. und auch S. 98.

nen, daß wir ein Waldsterben erleben. Schon die Redeweise vom Waldsterben ist völlig unwissenschaftlich. In der Wissenschaft geht es um ein bestimmtes Reden, wobei überhaupt die geläufige Sprache in Frage gestellt wird, auch wenn Wissenschaftler noch immer die Normalsprache benutzen. Es geht um eine normierte wissenschaftliche Sprache. Man kann hierhin eine künstliche Sprache sehen, eine Nomenklatur. Jedenfalls wird von Worten zu Termini übergegangen. Terminologie ist wichtig und entscheidend.

Beim wissenschaftlichen Wissen geht es um ein Wissen, das alle so haben können und eigentlich haben müssen, sofern sie sich wissenschaftlich bemühen. Hier werden dann durchaus die fünf Sinne einbezogen, aber mit Vorbehalt. Es sind nicht die je eigenen Sinne, die ganz eigen und je verschieden sein können. Es wird, wenn die Sinne ins Spiel gebracht werden, vermessen (wir können auch sagen terminiert). Hier ist der Übergang von der Sprache in eine Terminologie, was nun seinerseits bei den Sinnen geschieht, indem Meßskalen entworfen werden. Hierzu gehören auch jene Messungen, welche bestimmte Grenzwerte festlegen, nach denen eventuell Schädigungen auftreten. Das betrifft die Meßskalen für Lebensmittel, wie auch für die ganzen Meßverfahren, d. h. Meßwert- und Grenzwertaufstellungen, wie wir sie heute zum Beispiel betreffs der Luftverschmutzung haben. Überall handelt es sich um Terminologien im weiteren Sinne.

Was dies bedeutet, kann man ganz drastisch erfahren und ausdrücken. Wenn jemand, hinter einem Dieselauto fahrend, sagt, daß es raucht und stinkt, daß er also etwas sieht und riecht und dazu eine Meinung hat, daß dies schlecht sei, einfach weil er sich dabei schlecht fühlt und auch weiß, daß es ihm nicht gut tut, weil er Kopfweh und noch mehr Krankheiten davon bekommt, da kann dann der Wissenschaftler dagegen sagen, d. h. in Gutachten bzw. in dessen Maßstäben zeigen, daß es nicht schädlich ist, oder sagen, daß wir hier unsicher sind, ob es schädlich oder unschädlich ist.

Die wissenschaftlichen Gegenstandsverfahren führen zu Grenzverfahren. Die Methode grenzt aus der Sache den Gegenstand aus. Und dieses Gegenständliche zeigt sich im besonderen in den Meß- und Grenzziehungsverfahren. Messen und Grenzenziehen ist ein Akt, worin sich die Vergegenständlichung vollzieht, worin sich verdeutlicht, daß wissenschaftliches Denken gegenständliches Denken ist.[62]

---

[62] Wir können fragen, warum wir nicht einfach vom wissenschaftlichen als einem messenden Denken sprechen. Das ist durchaus üblich, beispielsweise

Wir sehen eine vielschichtige Vergegenständlichung. Sie beginnt damit, daß Menschen bzw. Lebewesen zum Gegenstand eines Versuchs oder einer Enquete werden. Das Gegenständliche liegt darin, daß der Mensch nicht als Mensch und somit als Seiendes, auch nicht in seiner spezifischen Befindlichkeit, nämlich als unterschiedlich Sinnliches und in verschiedenen Meinungen sich Zeigendes, genommen wird. Wissenschaftlich wird von einem Menschen ausgegangen bzw. eher auf ihn zugegangen, für den man durchschnittlich etwas mehr oder weniger Zutreffendes messen kann. Man mißt hier den Menschen, indem man auf etwas Bestimmtes hin mißt, berechnet. Er soll auf ein Zahlendatum festgelegt werden, worauf er reagiert oder auch nicht. Eine weitere große Vergegenständlichung liegt darin, daß von der beschränkten und jedenfalls kleinen Anzahl der Versuchsgegenstände, sprich Menschen und Lebewesen, übergegangen wird auf eine große Zahl, eventuell auf eine Million Menschen, von der dann berechnet wird, daß beispielsweise von einer Million Menschen eventuell 30 Schilddrüsenkrebs bekommen können bzw. nach einer statistischen Wahrscheinlichkeit auch bekommen müssen.

Hier liegt einer der entscheidenden Punkte, aus denen man die prekäre Lage des wissenschaftlichen Denkens und Wissens ersehen kann. Ich möchte hier, auch wenn dies unter Wissenschaftlern mehr und mehr unüblich wird, von Wahrheit, von wissenschaftlicher Wahrheit sprechen. Denn die Wissenschaftler als Wissenschaftler, aber auch die Menschen, die ganze Kultur und ihre Politik, welche mehr und mehr der Wissenschaft folgen wollen, meinen doch, daß es keine bessere Auskunft, kein besseres Wissen gäbe. Die Wissenschaft und die ganze Kultur, die heute ihr doch mehr oder weniger folgt, unterstellt sich damit einem Wahrheitsverständnis, das mehr und mehr fragwürdig wird.

Hierunter fällt die sogenannte statistische Wahrheit, in welcher eine bestimmte Form von wissenschaftlicher Wahrheit gesehen wer-

bei Heidegger, der vom wissenschaftlichen Denken als einem berechnenden Denken spricht. Für ihn „gibt es denn zwei Arten von Denken …: das rechnende Denken und das besinnliche Nachdenken" (Martin Heidegger, Gelassenheit, Pfullingen 1959, S. 15). Im Berechnen und Messen, in den Meß- und Grenzziehungsverfahren verdeutlicht sich, ja zeigt sich überhaupt, was es heißt, daß wir Gegenstände vor uns haben und daß wir uns in einem gegenständlichen Denken befinden. Wissenschaftliches Denken ist gegenständliches Denken und kommt zu diesem wissenschaftlichem Wissen als gegenständlichem Wissen. Und dieses ist das Wissen von Meßverfahren und ihren Meßdaten, beispielsweise eben als Grenzdaten, die wir als Maß setzen.

den kann. Die statistische Wahrheit besagt, daß Menschen oder andere Lebewesen, wenn sie einem bestimmten Stoff ausgesetzt werden, mit jener Wahrscheinlichkeit Schaden nehmen, der sich bei diesem Experiment teilweise zeigt und 'hochrechnen' läßt. Es gehört zum berechnenden wissenschaftlichen Denken, daß Meßdaten, Zahlen hochgerechnet werden. Die Wissenschaft als die statistisch vermessene Wahrheit sagt uns beispielsweise, daß unter einer Million Menschen 30 an Krebs erkranken werden. Die Zahl mag erschrecken, aber *als* Zahl doch eher beruhigen, weil die Zahl der Kranken sehr klein ist im Vergleich zur Zahl der gesunden Menschen. Aber hier zeigt sich die schiefe Lage der wissenschaftlichen Wahrheit.

Einmal können wir sagen – was allerdings völlig unwissenschaftlich klingt und auch kritisiert wird –, daß doch jeder und so auch ich der Betroffene sein kann. Die wissenschaftliche Wahrheit ist nicht meine Wahrheit, die ich jedoch in einer wahren Meinung haben kann. Dann kann ich die Meinung haben, daß ich unter diesen Lebensbedingungen nicht zu leben wünsche und fordere, daß alle Maßnahmen dagegen ergriffen werden. Die wissenschaftliche Wahrheit mag gegenständlich wahr sein. Als ein von dem Sachverhalt möglicherweise Betroffener kann ich aber mit dieser gegenständlichen Wahrheit nicht zufrieden sein. Ich muß dazu meine Meinung sagen können, die diesem Gegenstand gegenüber eine sachlich auch begründbare Meinung sein kann.

Angesichts der von den Wissenschaften gelieferten Gegenständlichkeit und der von den Meinungen vertretenen Sachlichkeit muß ich doch letztlich darauf kommen, daß wir mit der Wissenschaft eher Gegenstand und Sache oder, anders gesagt, Gegenständlichkeit und Meinungssachverhalte auseinandertreiben, letztlich in scharfe Gegenstellung bringen. Dies zeigt sich darin, wie die Meinung über das Waldsterben oder die Meinung über die Klimaveränderung, darunter das Ozonloch und dergleichen, behandelt wird. Hier können kaum die Meinungen abgestritten werden, die eine wahre Meinung darstellen. In dieser kommen wir zu Einsichten, zu welchen die Wissenschaft spät und vielleicht zu spät kommt. Von Gutachten zu Gutachten eilend, bietet sie keine Einsicht in die wirkliche Lage. Das zeigt sich in den Gutachterverfahren, in denen Meßwerte hin und her geschoben werden können. Das eine Gutachten hält einen bestimmten Stoff in der Luft bereits für schädigend, während ein anderes Gutachten immer noch sagt, daß kein Schaden auftritt.

Wir müssen dabei auch bedenken, daß Wissenschaft, Technik und Wirtschaft sich so entwickelt haben, daß diese Schäden in ihrem

Gefolge entstanden sind. Und nun tritt wiederum die Wissenschaft auf, um die Schäden überhaupt erst als Schäden zu vermessen. Und für sie ist vor allem die Frage, ob es ein Schaden ist. Hier ist die Meinung schon viel weitergegangen. Wir werden kaum sagen können, daß sie eine unwahre Meinung bzw. eine Lüge ist. Man vertritt heute allenthalben die Meinung, daß Klimaveränderungen dem Menschen wie der Natur im ganzen schaden. Hier versucht die Wissenschaft dann unter anderem zu argumentieren, daß wir ohnehin große Klimaverschiebungen haben. Von Eis- und anderen Erdzeiten wird geredet. Das stimmt ja alles wissenschaftlich, widerlegt aber nicht die Meinung. Und dies ist das Bedenkliche am wissenschaftlichen Wissen und seiner Wahrheit. Ja, wir können jetzt sogar wissenschaftliches Wissen und Wahrheit auseinanderdriften sehen. Das wissenschaftliche Wissen stimmt schon in seiner Weise, sagt aber nichts über das aus, was über ihre Gegenständlichkeit, ihre Möglichkeit der Vergegenständlichung hinausgeht. Dies ist die Grenze der Wissenschaft. Die Wissenschaft kann die Dinge nur gegenständlich berechnen, und wir können ruhig sagen, einteilen, aufstückeln. Aber das Ganze der Natur, d. h. der Dinge, wird eher in der Meinung des je einzelnen ausgesprochen. Dies ist nun eine kuriose Lage. Die Meinungen heute über Klima und Umwelt sagen vielleicht mehr zur Sache als die Wissenschaft über ihren Gegenstand.

b) Wirklichkeit

Das wissenschaftliche Wissen besteht im Wissen des Gemessenen. Die Wahrheit liegt im Messen, „Wirklich ist, was meßbar ist" (Max Planck), aber die Wirklichkeit zeigt sich eher in der Meinung. Deshalb können wir formulieren: Wirklich ist, was sinnlich wahrnehmbar, was in der Meinung offenbar wird. So kann die wahre Meinung das Wirkliche eher treffen als das wissenschaftliche Wissen. Wenn das, was heute wirklich mit uns und der Natur geschieht, allein vom Wissen der Wissenschaft und d. h. dem Gemessenen und so Vergegenständlichten abhängt, dann müßten wir wohl noch lange warten, bis uns aufgeht, was ist. Die Wahrheit des wirklichen Seienden, auf die wir bereits in der Meinung kommen, wird in der Wissenschaft noch länger und vielleicht überhaupt ausbleiben. Sie – ich möchte hier nicht eigens Technik und Wirtschaft nennen, weil die Wissenschaft ab der Neuzeit die eigentliche Stoßkraft des wissenwollenden Menschen darstellt –, also die Wissenschaft hat zu diesen Zuständen und d. h. auch Schäden geführt; sie will nun diese Schäden messen und will diese auch letztlich wieder beseitigen helfen. Aber es zeichnet sich noch wenig Erfolg ab, so daß wir gar der Meinung nach und aufs Ganze hinaussinnend, also auch philosophisch sagen können, daß die Wissenschaft so bleibt, wie sie ist, nämlich messend, vergegenständlichend und damit dem Ganzen, das hier vorgeht, nicht gewachsen ist, gerade auch, weil sie wesentlich zu dem geführt hat, was nun heute wirklich ist.

Wirklich ist, was meßbar ist. Wir können dies auch mit dem Gedanken des Gegenstandes bzw. der Vergegenständlichung ausdrücken. Wirklich ist, was ein Gegenstand ist bzw. dazu gemacht werden kann. Wir haben die Natur mehr und mehr zum Gegenstand gemacht, gegenständlich in sie eingegriffen. Das ist nun jenes, was in der Natur wirkt und in diesem Sinne die Wirklichkeit der Natur ist. Das Messen und Vergegenständlichen hat zu einer anderen Natur geführt.

Nun kann man dagegen einwenden, daß ich ständig die Wissenschaft kritisiere, wobei vielleicht bestimmte Unterformen der Wissenschaft gemeint sein können, also beispielsweise die Lebensmittelchemie, die bei der Agrardüngung beginnt, oder auch dann die Verkehrstechnik, daß aber jenes, was die Wissenschaft im Grunde ausmacht, nämlich die Grundlagenwissenschaft, hier überhaupt nicht angesprochen sein könnte. Wissenschaft als Wissenschaft habe mit all dieser Kritik nichts zu tun. Immer noch wird der Unterschied zwischen Wissenschaft und angewandter Wissenschaft gemacht, auch zwischen Wissenschaft und Technik.

Es fällt uns und besonders den Wissenschaftlern immer noch schwer, einzusehen, daß sie nicht nur die sogenannten Naturgesetze feststellen, sondern gerade aufgrund dieser Grundlagenwissenschaft all jenes ermöglicht haben, was wir inzwischen aus diesem Vermessenen und so Vergegenständlichten in der Welt produziert haben. Ob dies die Chemie ist, die Verkehrstechnik oder etwas anderes, alles führt heute zu der Lage, in der wir uns wirklich befinden. Der Mensch als Wissenschaftler und seine ganzen Wissenschaften haben ein falsches Bewußtsein, wenn dieser Zusammenhang nicht gesehen wird. Der Wissenschaftler ist zwar ein Wissender, der vom Gegenstand weiß, aber der so wissenschaftlich Wissende kann offensichtlich nicht sehen und zugeben, was wirklich ist und was er auch mit der Wissenschaft getan hat und im Grunde immer tut.

Wirklich ist, was meßbar ist. Dies heißt doch letztlich: wirklich ist, was wissenschaftlich ist. Die Wissenschaften haben zur heutigen Wirklichkeit geführt. Wenn wir jetzt wieder an Platon erinnern, dann

sagte uns die Philosophie ehedem: wirklich oder seiend ist, was denkbar ist. Wenn wir so formulieren, müssen wir allerdings etwas näher
charakterisieren, was 'denkbar' im Platonischen und d. h. philosophischen Sinne heißt: Die Seele betrifft das Wirkliche. In ihr ist solches,
was weniger wirklich, und anderes, was auf Wirkliches gerichtet ist.
Die Begierde vernichtet letztlich das Seiende. Wir können auch so
formulieren: wirklich ist, was philosophisch ist.

Wirklich ist, was meßbar ist; wirklich ist, was gegenständlich ist.
Darin liegt die Wahrheit der Wissenschaft. Aber daneben gibt es die
Meinungswahrheit und schließlich die philosophische Wahrheit. Hier
manifestiert sich immer noch Wirklichkeit, wie wir zugeben müssen.
Die Probleme drängen doch an und zeigen, daß wir wirklich etwas
erfahren, das die Wissenschaft vielleicht gar nicht erfahren kann.
Beim Auf- und Ausbau der Wissenschaften können wir nun bemerken, daß immer mehr gemessen wird, daß also wirklich alles mehr
und mehr von der Wissenschaft messend ergriffen wird. So können
wir letztlich vermuten, ja geradezu prognostizieren und wissenschaftlich ebenfalls objektivierend messend annehmen, daß alles, was ist,
vom wissenschaftlichen Wissen bestimmt werden kann. Was ist, ist
wissenschaftlich oder es ist nicht.

Wir können an den Grundsatz vom Menschen als dem Maß aller
Dinge erinnern, der durchaus auch im Blick der neuzeitlichen Denker war. Er spiegelt sich im *cogito* Descartes' wie in der *generatio*
Hobbes', denen bewußt war, daß nur das vom Menschen gewußt
wird, was im Denken zum Wissen gemacht werden kann. Aus Dingen
werden Gegenstände gemacht. Und so müssen wir auch den alten
Grundsatz revidieren. Der Mensch ist nicht das Maß der Dinge, vielmehr das Maß der Gegenstände. In diesem Sinne werden dann die
neuzeitlichen Grundsätze formuliert: *in mente concipio* (Galilei)
oder *ubi generatio nulla, ibi philosophia nulla intelligitur* (Hobbes).
Es sind die Grundsätze der Machbarkeit des Wissens, d. h. des wissenschaftlichen, des gegenständlichen, des messenden Wissens. Und
nicht zuletzt spiegelt sich dies im Grundsatz von Galilei: Messen, was
meßbar ist; und was noch nicht meßbar ist, meßbar machen.[63] Dies

---

[63] Zu den Grundsätzen der Machbarkeit, die von Galilei bis zur Kybernetik (Regeln, was regelbar ist, und was noch nicht regelbar ist, regelbar machen) reichen, siehe v. Verf., Die Zukunft der Freiheit, S. 354 ff.; u. ders., Europäische Philosophie der Machbarkeit, in: Georg Stenger u. Margarete Röhrig
(Hrsg.), Philosophie der Struktur – „Fahrzeug" der Zukunft? Für Heinrich
Rombach, Freiburg–München 1995, S. 233–249.

zeigt sich auch in den Kantschen Grundsätzen, die das wissenschaftliche Subjekt-Objekt-Verhältnis des Menschen zur Welt formulieren.
Die Dinge haben sich nach uns zu richten und nicht umgekehrt. So
werden die Dinge dann zu Gegenständen. Seine schönste Formulierung lautet: *„Der Welt erkennen will muß sie zuvor zimmern* und
zwar in ihm selbst" (Akademieausgabe XXI, 41).

3. Ideologie

a) *„Die wahre Lüge"* (Platon)

„Du weißt nicht, sprach ich, daß die wahre Lüge *(aläthos pseudos)*,
wenn es möglich ist, so zu reden, alle Götter und Menschen hassen?
Wie meinst Du das? sagte er.

So, sprach ich, daß das Vorzüglichste *(kyriotata)* in sich selbst und
über das Vorzüglichste niemand mit Willen täuschen will, sondern
am allermeisten fürchtet, dort die Unwahrheit zu haben.

Auch so, sprach er, verstehe ich es noch nicht.

Du denkst eben, sagte ich, daß ich etwas sehr Hohes sage; ich
meine aber nur, daß in der Seele über das, was ist, *(ta onta)* sich zu
täuschen und getäuscht zu haben und töricht zu sein und dort die
Unwahrheit zu haben und zu besitzen alle am wenigsten wünschen,
sondern sie vielmehr dort vorzüglich hassen.

Bei weitem, sagt er.

Aber mit vollkommenem Recht kann man doch das eben Beschriebene die wahre Unwahrheit *(aläthos pseudos)* nennen, ich meine die Unwissenheit *(agnoia)* in der Seele des Getäuschten. Denn
die in dem Reden ist nur eine Nachahmung jenes Ereignisses in der
Seele und ein später entstandenes Abbild, nicht mehr die unver-
mischte Unwahrheit. Oder ist es nicht so?

Freilich.

Die eigentliche Unwahrheit *(dä to onti pseudos)* wird also nicht
nur von Göttern, sondern auch von Menschen gehaßt." (Platon, Politeia 382a-c).

Ich zitiere die Übersetzung von Schleiermacher nach der zwei-
sprachigen Ausgabe der Wissenschaftlichen Buchgesellschaft[64]. Es

---

[64] Platon, Der Staat = Werke in acht Bänden, griechisch und deutsch, Bd. 4,
hrsg. v. Gunther Eigler, bearbeitet v. Dietrich Kurz, Darmstadt 1971, S. 173.

fällt dabei auf, daß *aläthos pseudos* einmal mit 'wahre Lüge', dann wiederum, und zwar an der entscheidenden Stelle, mit 'wahre Unwahrheit' übersetzt wird. Schließlich wird von 'eigentlicher Unwahrheit' gesprochen. Diese wie auch die andere Stelle betreffs *aläthos pseudos* wird in einer neueren Übersetzung, nämlich von Apelt[65], jeweils mit 'wahre Lüge' übersetzt und an der entscheidenden Stelle, nämlich der über die Unwissenheit, wird 'wahre Lüge' in Anführungsstriche gesetzt. Wir finden auch die Übersetzung von *aläthos pseudos* mit 'wahrhafte Lüge'[66]. Alle Übersetzungen ringen mit dem Problem, *pseudos* mit Lüge gleichzusetzen, da auch darinsteckt Falschheit, Täuschung, Irrtum. Über die Verlegenheit der Übersetzung reflektiert ein anderer Interpret in einer Anmerkung:

„*Die wahre Lüge:* Die folgenden Ausführungen sind schwer zu übersetzen, weil *pseudos* nicht unserem Wort Lüge gleichbedeutend ist. Platon bezeichnet damit den Irrtum, in dem sich der Mensch befindet, eine Unwissenheit also, die daher Gott als dem wesentlich Wahren fremd sein muß. Es bedeutet aber auch das bewußte Abweichen von der Wahrheit zu bestimmten Zwecken und kann hier sogar nützlich sein (gleich im folgenden 382 c/d). Die echte 'Lüge' ist also Irrtum aus Unwissenheit, der Gott und Menschen verhaßt ist. 'Lüge' in unserem scharfen Sinn bedeutet *pseudos* erst bei den Epikureern."[67]

In der Übersetzung von Vretska heißt es dann folgerichtig „wahrer Irrtum" *(aläthos pseudos)* (ebd., 152), also nicht 'wahre Lüge' wie bei Schleiermacher bzw. Apelt. Aber er übersetzt dann die entscheidenden Stelle auch mit „eine echte, eine wahre Lüge, eine in der Seele wohnende Unwissenheit dessen, der sich im Irrtum befindet" (ebd., 151). Schließlich in der Artemis-Ausgabe[68], die von Rufener übersetzt ist, heißt es zwar, daß der Mensch sich am wenigsten wünscht, „sich in seiner Seele über die Wahrheit zu täuschen und in

---

[65] Platon, Der Staat. Über das Gerechte, übers. und erläutert v. Otto Apelt, durchgesehen v. Karl Bormann, Einleitung v. Paul Wilpert, Hamburg 1961, S. 84.

[66] Vgl. Platon, Der Staat (Politeia), übers. v. Wilhelm S. Teuffel (Buch I–V) u. Wilhelm Wiegand (Buch VI–X), in: Platon, Sämtliche Werke in drei Bänden, hrsg. v. Erich Loewenthal, 8. durchgesehene Auflage der Berliner Ausgabe von 1940, Heidelberg 1982, Bd. II, S. 79.

[67] Platon, Der Staat (Politeia), eingel., übers. und erklärt v. Karl Vretska, Stuttgart 1958, S. 487.

[68] Platon, Der Staat. Über das Gerechte, eingeführt v. Gerhard Krüger, übertragen v. Rudolf Rufener, Zürich 1950.

dieser Täuschung zu leben und unwissend zu sein" (S. 155). Aber wiederum an der maßgeblichen Stelle: „die 'wahre Lüge' ... die Unwissenheit, die sich in der Seele des Getäuschten findet" (ebd.). Schwierigkeiten bestehen auch darin, jenes zu übersetzen, was Platon mit *kyriotata* kennzeichnet, das einmal übersetzt wird mit 'Vorzüglichstes' (Schleiermacher), dann wiederum mit 'Wesentlichstes' (Teuffel), dann mit 'eigentlichstes Wesen' (Rufener) oder 'eigentliches Selbst' (Apelt). Ich fasse das Problem zusammen:

Die wahre, wahrhafte und d. h. die große Lüge, wie sie Voegelin[69] in seiner Interpretation wie auch andere englische Übersetzungen kennzeichnen, liegt im Wesentlichsten des Menschen und im Bezug auf das Wesentliche, das dann weiterhin das Wirkliche *(ta onta)* genannt wird. Dies ist bei Platon die Idee, letztlich die Idee des Guten. Die Seele nimmt im Wesentlichsten, im Wirklichen an den Ideen, schließlich an der Idee des Guten teil. Dies beschreibt Platon mit einem seiner Grundworte: *methexis*[70]. Die Lüge betrifft dieses Wesentlichste, Wirkliche. Im Bezug zum Wirklichen zu lügen, darin liegt das Ärgste, Schlimmste, was dem Menschen geschehen kann und was er deshalb fürchtet, haßt. Platon kennzeichnet die entscheidende Seelenlage des Menschen dreifach: das Wesentlichste *(kyriotata)*, das Wirkliche *(ta onta)* und eben schließlich mit: „Unwissenheit in der Seele *(hä en tä psychä agnoia)*".

Von dieser Stelle aus, nämlich der Unwissenheit, kommt es zur Verlegenheit der Übersetzungen, ob hier von Lüge, von Täuschung oder gar nur Irrtum gesprochen wird. Apelt sagt in einer Anmerkung: „Nach Platon ist Unwissenheit die eigentliche Lüge, die Gott, der nicht irren kann, fremd sein muß. Das Lügen in Worten dagegen ist bisweilen nützlich."[71] Freilich irritiert bei Platon wie bei den Griechen überhaupt, daß die Lüge im Widerstreit von einerseits zu Hassendem wie andererseits doch zu Schätzendem, weil für den Menschen Nützlichem, dargestellt wird. Nur Götter sind vor der Lüge gefeit, stehen außer- oder oberhalb von ihr. Der Mensch bleibt immer im Bezug zur Lüge, gerade im Bezug auf das Wesentlichste, das

---

[69] Vgl. Eric Voegelin, Order and History, Bd. III, Plato and Aristotle, Baton Rouge 1957, S. 105; u. ders., The collected works, Bd. 28, S. 202. In ›Die neue Wissenschaft der Politik‹ (München 1959, S. 104) spricht er gar von Erzlüge bzw. der „Grundlüge »der Ignoranz, der *agnoia*, im Bereich der Seele«".

[70] Platon, Parmenides 132d.

[71] Platon, Der Staat, Stuttgart 1958, S. 429, Anm. 33.

er wohl anstrebt, aber nicht erreichen kann. Es ist das Göttliche, die Idee des Guten, wie immer wir das ausdrücken wollen.

In den ›Nomoi‹ hören wir den berühmten Satz vom Gott als dem Maß aller Dinge (Nomoi 716c), ein Symbolsatz, dem jener vom Menschen als Maß aller Dinge gegenübersteht (Theaitetos 152a). Beide Symbolsätze verweisen auf das Problem, auf das wir bei der Lüge stoßen. Das Vorzügliche, Hervorragende, im Grunde Herrschende, das eigentlich Wirkliche, die Seele in ihrem Kern steht in der Spannung zum Göttlichen, zur Idee des Guten, in welcher Platon dies wohl in bester Weise symbolisiert. Es ist die Idee, die letztlich hinausweist, die *epekeina* genannt wird (Politeia 509b), *trans*, wie wir lateinisch übersetzen, oder auf deutsch: jenseits. Es ist der Verweis auf die jenseitige Struktur des Menschen, die er in der Seele als das Wesentliche und Wirkliche der Seele selbst erfährt. Da nun nicht teilnehmen zu können, hier verschlossen zu sein, dies wird mit *agnoia*, der Unwissenheit, ausgedrückt.

Bei aller Schwierigkeit in der Interpretation, ob es sich um Irrtum oder Täuschung oder Lüge handelt, müssen wir Platons Aussage im Zusammenhang mit jenem sehen, was er in seinem Werk, gerade im Hauptwerk ›Politeia‹ herausarbeiten will. Es ist der Mensch in der Ordnung, Verfassung *(politeia)*, die zugleich *politeia en auto*[72] ist, also Seele *(psychä)*, in welcher der Mensch in der Spanne von Begierde *(epithymetikon)* und Vernunft *(logistikon)* gesehen wird. Die Begierde ist das Meiste (Politeia 442a). Bei allem Streben, angezogen von der Idee des Guten, bleibt der Mensch im Zustand, in der Verfassung der Begierde. Dies kommt in dieser schwerwiegenden Rede von der großen Lüge zum Ausdruck.

Nicht die Idee des Guten zieht uns an, wir wollen die Herrschaft der Begierde: das Mehr-haben-wollen *(pleonexia)* (Politeia 359c). Der Mensch strebt nicht nach der Idee des Guten, vielmehr stellt er sich bewußt gegen sie. Nur wenn es sich um eine bewußte Verfälschung, einen Willen gegen das Wesentlichste und Wirklichste handelt, dann ist es eine Lüge, können wir von Lüge sprechen. Die Lüge verstellt und verdreht das Wesentlichste und Wirkliche und d. h. hier, Platonisch gesprochen, die Idee des Guten, das Maß Gottes in das Maß des Menschen, in den Maßstab der Begierde.

---

[72] Siehe o. Anm. 56.

b) „Die Ideen, die herrschen ...“

Wir können das hier behandelte Problem mit einem anderen Grundsatz weiter darstellen, der das Platonische Symbolwort Idee im Visier hat und dabei gerade die Idee verstellt, verkehrt. Es ist der Grundsatz der Ideologiekritik, der in der Aufklärung vermutlich erstmals von Helvetius ausgesprochen und von Marx[73] wiederholt wurde und seitdem als Symbolsatz aller Ideologiekritik in den Ohren klingt: Die Ideen, die herrschen, sind die Ideen der Herrschenden. Diese Herrschenden sind die Kapitalisten, die Besitzenden. Wir können auf das Platonische Vokabular zurückgreifen, um diese Herrschenden aber ganz allgemein und auch für heute zu beschreiben. Es sind die Menschen, welche der Begierde des Mehr-haben-wollens sich bewußt verschrieben haben und hieraus die ganze Kultur und all ihre Bereiche, angefangen von der Wirtschaft, gestalten.

Die Idee, die herrscht, ist die Idee des Mehr-haben-wollens. Wenn hier von Idee gesprochen wird, dann handelt es sich bereits um eine Verdrehung im Wort selbst. Mehr-haben-wollen ist überhaupt keine Idee, ja gerade der Widerspruch zur Idee des Guten. Es ist nicht das Streben nach Gut, vielmehr der Wille, der ständig über alles Gute hinausgeht und letztlich ein Wille zum Nichts ist. Das haben wir mehrfach im Gang unserer Darstellung gezeigt. Wenn hier von Idee gesprochen wird, dann ist es eine gefälschte, verlogene Idee. Und dies wird auch letztlich unter Ideologie verstanden. Es ist, wie Marx noch meinte, ein „falsches Bewußtsein“ (MEW 3, 26 f. u. 39, 97), wobei es sich aber letztlich um eine bewußte Verfälschung handelt. Es ist die Lüge, welche gegen das Wesentlichste, Wirkliche, das Sein der Idee des Guten immer wieder die Begierde, das Mehr-haben-wollen stellt und diese selbst Idee nennt, als Idee propagiert.

Wenn man dies Ideologie nennt, dann muß man zu einem ganz anderen Wortverständnis und Begriff von Ideologie kommen, als es bislang üblich ist.[74] Wie das Wort 'Ideologie' sagt, geht es um den

---

[73] „Wenn die Meinung die Welt beherrscht, dann ist es auf die Dauer der Mächtige, welcher die Meinung beherrscht“ (Helvetius, siehe Originalzitat bei H. Barth, Wahrheit und Ideologie, S. 56). – „Die herrschenden Gedanken sind weiter Nichts als der ideelle Ausdruck der herrschenden materiellen Verhältnisse, die als Gedanken gefaßten herrschenden materiellen Verhältnisse; also der Verhältnisse, die eben die eine Klasse zur herrschenden machen, also die Gedanken ihrer Herrschaft“ (MEW 3, 46).

[74] Vgl. v. Verf., Die Zukunft der Freiheit, S. 268 ff. (Ideologie und Herrschaft);

logos der Idee, oder deutsch gesprochen, die Auslegung und den Begriff aus der Idee. Der Grundsatz der Ideologiekritik verweist uns darauf, daß wir uns aus der Begierde, dem Besitz, dem Mehr-haben-wollen her auslegen und so bestimmen lassen. Marx meinte zwar, daß wir ein falsches Bewußtsein hätten, daß wir uns von falschen Ideen beherrschen lassen. Dabei stand er vor dem Problem, daß es die Ideen der Herrschenden sind, er aber an die ganze bisherige Philosophie von Platon bis Hegel dachte, in denen die Idee herrscht. So ist dieser Ideologiebegriff letztlich zwiespältig, ein Vexierbild, worin man einerseits die Idee im philosophischen Sinn sehen kann, wie wir sie zuerst bei Platon haben, andererseits die Idee im verdrehten Sinn, die Scheinidee, ja letztlich die verlogene Idee des Besitzes, des Mehr-haben-wollens, des Nichts, gegen welche die Philosophie ja immer schon anzugehen versuchte.

Es war die Platonische philosophische Annahme, daß Ideen herrschen. Ideen sind Grund *(archä)*, wobei im griechischen Ausdruck schon auf die Herrschaft verwiesen wird. Die Ordnungsstruktur der Idee des Guten kann als eine Ziel- wie Grundstruktur näher beschrieben werden. Grund *(archä)* und Ziel *(telos)* sind als klassische philosophische Beschreibung herangezogen worden. Daß Ideen Grund und Herrschaft sind, kommt aber vor allem durch Platons berühmten wie berüchtigten Satz vom Philosophenkönig zum Ausdruck. Philosophen sollen herrschen (vgl. Politeia 484a–485a). Dieser Satz hat nur den einen philosophischen Sinn, daß jene Menschen in der *politeia* regieren sollen, die sich um Ideen bemühen. Der Philosophenkönigssatz, der irritiert und provoziert, weil er auf die Herrschaft bestimmter Menschen, vielleicht einer Klasse, wie man später sagen kann, hinweist, gründet sich aber ganz auf die Annahme, daß Ideen jenes sind, das der Grund in allem ist.

Wie Ideen Grund sind, erfahren wir auch in der Unterscheidung von Symptom und Idee, welche in der Medizin wichtige Worte waren. Wer nur ein Symptom sieht, sieht nicht einem Sachverhalt, hier der Krankheit, auf den Grund. Es gilt, weiter zu schauen, eben Ein- und Durchsicht auf ein Krankheitsbild zu haben. Dies steckt in der Idee, die in diesem Sinne Grund ist. Ideen gründen, durchherrschen – das ist im griechischen, nicht nur im philosophischen, sondern auch im medizinischen Verständnis ein klarer Sachverhalt. Wer Ideen hat,

u. ders., Artikel ›Ideologie‹ im Staatslexikon, Bd. 3, 7. Aufl., Freiburg–Basel–Wien 1987, Sp. 28–32.

in der *technä* der Medizin oder in der Politik und eben letztlich in der Philosophie, der sollte etwas zu sagen haben und gegebenenfalls herrschen.

Damit ist die ganze Spanne der Problematik eröffnet, welche zur Diskussion führte, wer denn in der *polis* herrschen soll, wie sie beispielsweise von Platon in der ›Apologie‹ und im ›Kriton‹ skizziert wurde. Dort wird von Sokrates gefragt, ob die Fachleute, die eine bestimmte Einsicht haben, im Politischen herrschen sollen. Platon gibt durch Sokrates zunächst eine negative Anwort, um später dann doch den Satz vom Philosophenkönig zu wagen. Aber er führt uns spätestens in den ›Nomoi‹ wieder zur ursprünglichen Sokratischen Anwort zurück. Es ist der Gang von den Ideen der ›Politeia‹ zu den Gesetzen *(nomoi)*. Dort endet er mit seiner Kritik am Philosophen, die er schon in der ›Politeia‹ begonnen hat, wo er letztlich nicht den Weg zur Idee des Guten offen sieht, was er mit dem letzten Wort zur Idee markiert, daß sie jenseits *(epekeina)* ist.

Wenn er zunächst argumentiert: Ideen sind Grund, Philosophen haben Zugang zu Ideen, und deshalb, weil sie auf den Grund kommen, sollen sie herrschen, korrigiert er in den ›Nomoi‹: Nur wenige Menschen haben Einsicht. Dies sind die Philosophen. Jedoch auch Philosophen haben wenig Einsicht in wichtigen Dingen. Aber selbst wenn volle Einsicht bestehen sollte, ist das Tun gemäß der Einsicht fraglich (Nomoi 874e–875d).

Der Ideenweg wäre schön und gut, es bleibt aber nur der Gesetzesweg. Das ist in der ›Politeia‹ auch im Zusammenhang mit der Idee des Guten ausgesprochen, wird aber endgültig klar in den ›Nomoi‹. Es bleibt nicht der Grund und die Herrschaft der Ideen, sondern der Grund und die Herrschaft der Gesetze: *nomoi.*

Von der Ideenherrschaft kämen wir zur Gesetzesherrschaft (Nomokratie). Dazu könnte man sagen, daß die Gesetze, die herrschen, immer mehr oder weniger die Gesetze der Herrschenden sind. Das trifft sicherlich auch zu. Es wären also dann Gesetze, die auch wiederum letztlich der Begierde, dem Mehr-haben-wollen folgen würden. Es wäre dann ein Gesetz aus der Macht, wie es dem Machtstaat entspricht. Wenn uns Platon auf die Gesetze verweist, dann meint er einerseits, daß wir letztlich nicht fähig bzw. frei sind zur Idee, sondern, wie es ausdrücklich heißt, vor der „Notwendigkeit von Gesetzen" stehen[75]. Dies sagt er angesichts von Verbrechen, dem Tötungs-

---

[75] Vgl. Platon, Nomoi 874e (als Überschrift in der Ausgabe der Wissenschaftlichen Buchgesellschaft, Platon, Werke in acht Bänden, Bd. 8, 2, S. 241).

delikt, dem nur mit Gesetz und nicht mit Idee, d. h. Einsicht des Menschen, Einhalt geboten werden kann.

Andererseits steckt im Gesetz jenes, was er mit dem Satz vom Gott als Maß aller Dinge aussprechen möchte. Es ist die über alles hinausgehende Struktur des Gesetzes, das damit dem Jenseits der Idee des Guten vergleichbar wird. So weicht hier Platon nicht von der Idee des Guten ab, sondern bleibt in derselben Ordnungs-erfahrung. *Politeia* nicht nur durch Idee, sondern jetzt auch durch *nomoi.*

Das Wesentliche, Wirkliche liegt in der Idee, der Idee des Guten bzw. in den *nomoi.* Die Seele geht hier auf Sein. Es wird von *onta* gesprochen. Demgegenüber können wir in der Begierde, ihrem Mehr-haben-wollen den Hang zum Nichts sehen, wie wir ihn oben mehrfältig schon in anderen Kapitel charakterisiert haben. Es ist der Umgang mit Gütern, in denen das einzelne Gut gar nicht als Gut anerkannt und so vernichtet wird. Die hier in der Seele auftretende und im Leben auszuhaltende Spannung von Sein und Nichts stellt Platon besonders heraus, wenn er den Unterschied zwischen Philo-sophen und Sophisten charakterisieren will. Der Philosoph geht auf das Sein, der Sophist auf das Nicht-Seiende, das Nichts.

Platon kritisiert die Vielgeschäftigkeit *(polypragmosyne)* des Menschen. Und den Allesmacher *(panta poiei* bzw. *panta ergazetei* [596c]), der alles und eigentlich nichts richtig tut, sich auf alles, nur nicht auf das Sein selbst einläßt und den Platon hier „einen ganz wunderbaren Sophisten" nennt (596d), kritisiert er am Ende der ›Po-liteia‹.

Am Schluß des Dialoges ›Sophistes‹ finden wir ein Wort, das in seiner Weise das Mehr-haben-wollen, die Vielgeschäftigkeit, das Allesmachen zu charakterisieren versucht. Es wird vom „tausend künstlerischen Hervorbringen" gesprochen. Sicher kann man alle die-se Stellen, auch hier im ›Sophistes‹, als eine Künstlerkritik interpre-tieren. Ich meine aber, wie ich es oben hinsichtlich der *polypragmo-syne* schon zu zeigen versuchte[76], daß dies für damals wie gerade für heute in einem weiteren Sinn verstanden werden muß. Im ›Sophistes‹ wird nach dem Unterschied von Philosophen und Sophisten gefragt. Die letzte Anwort, der Schlußsatz des ›Sophistes‹ läßt den Sophisten abstammen nicht aus dem Göttlichen, nein, aus der menschlichen, tausendkünstlerischen Seite der Hervorbringung in Reden:

---

[76] Siehe o. III. B. 1. b) Meinung *(philodoxia)*, Vielgeschäftigkeit *(polyprag-mosyne)* und Mehr-haben-wollen *(pleonexia).*

„Also die Nachahmerei in der zum Widerspruch bringenden Kunst des verstellerischen Teiles des Dünkels, welche in der trügerischen Art von der bildnerischen Kunst her nicht als die göttliche, sondern als die menschliche, tausendkünstlerische Seite der Hervorbringung in Reden abgesondert ist; wer von diesem Geschlecht und Blute den wahrhaften Sophisten abstammen läßt, der wird, wie es scheint, das Richtigste sagen."[77]

Ein schwieriger Satz, der einerseits die Kenntnis des ganzen Dialogs voraussetzt, der aber doch andererseits wohl verstanden werden kann. Es ist der Mensch, der sich nicht mit dem Wirklichen, dem Wesentlichen, vielmehr mit allem und nichts beschäftigt. Die Ideen, welche diesen Menschen beschäftigen, sind die Ideen des Nichtigen. Ich spreche hier bewußt von Idee, weil dies genau der Sachlage entspricht, in der es dann zur Verkehrung, Verfälschung, Lüge der Idee kommt. Darin besteht die große Lüge. Dies heißt beispielsweise für heute, daß wir uns auf Ideen einlassen, uns Ideen vormachen, die im Grunde gar keine sind. Es sind täuschende, ja verlogene Ideen, die sich als Ideen ausgeben, aufspielen. Von der Philosophie her müssen wir die Einsicht und d. h. Idee haben, daß diese Ideen keine sind. Aber dies ist und bleibt eine schwierige Einsicht. Auch hier könnte man wieder auf Platon und die Gesetze verweisen, welche uns letztlich dem Maß des Göttlichen unterstellen.

Der Weg zur Idee wie aber auch der Weg zum Gesetz, den der Mensch zu gehen versucht, bleiben bei Platon schwierig. Wir wollen dies im nächsten Kapitel weiter behandeln, worin wir Platons anfängliche Überlegung mit einer heutigen, nämlich von Heidegger vergleichen wollen. Wir können zusammenfassend soviel sagen:

Platon sieht den Menschen, wie er sich auf das Wesentliche, Wirkliche, die Idee des Guten konzentrieren will, aber dabei vor das Problem der großen Täuschung bis Lüge gestellt wird. Im Wichtigsten kann er versagen, nichts wissen, letztlich nichts sein. Dies kann als Dummheit, aber auch als Bosheit erfahren werden. Er ist nicht einfach von Nichtwissen gezeichnet, sondern kann sich mit Nichtwissen brüsten, das zu suchende Wissen verweigern, sich ihm bewußt entgegenstellen. Hier ist der Übergang von Irrtum und Täuschung in Lüge. Der Schein wird nicht als Schein erkannt, sondern selbst als Sein behauptet. Oder anders gesagt: Begierde wird zum Wesent-

---

[77] Platon, Sophistes 268d; zit. nach der Ausgabe der Wissenschaftlichen Buchgesellschaft (Bd. 6, S. 401).

lichen, Wirklichen, Sein selbst. Der Mensch beschäftigt sich mit allem, nur nicht mit dem Wesentlichen. Das wird in der Vielgeschäftigkeit, im Allesmachen, im tausendkünstlerischen Tun offenbar.

IV. DIMENSIONEN DER WAHRHEIT

A. Von der Wahrheit der Idee (Platon) zur Irre der Wahrheit (Heidegger)

1. Unverborgenheit und Lichtung

Wir können bei Heidegger zwei Schritte einer Wahrheitstheorie sehen. Zuerst lenkte er die Aufmerksamkeit auf das griechische Wahrheitsverständnis, auf die *alätheia*, was er mit Unverborgenheit übersetzte. Dann hat er sich gegen bzw. über das griechische, jedenfalls Platonische Wahrheitsverständnis gestellt, indem er auf die Lichtung verwies, in die erst Licht einfallen kann.

Wir haben eine umfassende erste Darstellung in seinem Hauptwerk ›Sein und Zeit‹, eine Auslegung, die dann in der Schrift ›Vom Wesen der Wahrheit‹ zu einem gewissen Ende kam. Ich möchte nicht chronologisch nach den Werken vorgehen, sondern Heidegger in vier Worten markieren und von ihnen ausgehen. In der Schrift ›Vom Wesen der Wahrheit‹ verwendet Heidegger zunächst drei Worte, welche jeweils die Wahrheit betreffen: *Stimmigkeit, Richtigkeit, Unverborgenheit* (9, 178 ff.). Dem können wir als viertes *Lichtung* hinzufügen. Wir haben dann die ganze Dimension von Heideggers 'Wahrheitstheorie'. Dabei können wir zunächst beim gewöhnlichen und gebrauchten Wort Wahrheit bleiben, nämlich Wahrheit als Stimmigkeit, als Richtigkeit.

Ein Satz stimmt, wenn in ihm Subjekt und Prädikat stimmen. Eine Aussage oder ein Urteil ist richtig, wenn in ihm die Aussage sich richtig auf den auszusagenden Gegenstand bezieht. Wir haben einmal die Subjekt-Prädikat-Beziehung (S-P), zum anderen die Satzbeziehung (S-P), welche sich auf eine Subjekt-Objekt-Beziehung (S-O) bezieht. Stimmigkeit eines Satzes, Richtigkeit eines Satzes mit der im Satz gemeinten Sache. Satzstimmigkeit und Sachrichtigkeit scheinen die Wahrheit auszumachen. Die Richtigkeit, *rectitudo*, *orthotes*, ist der Zusammenhang, worin man die Wahrheit zumindest seit Aristoteles[78]

---

[78] Vgl. Aristoteles, De interpretatione I, 16a 6. Siehe hierzu IV. B. 1. Wahrheitsbereich Logik?

bis zur klassischen Formulierung von Thomas v. Aquin, ja bis heute gesehen hat. Man spricht von der Korrespondenztheorie der Wahrheit, wobei dieses Wort auf das Wort *correspondentia* zurückgeführt werden kann, das wir im Mittelalter neben *convenientia* vorfinden. Vor allem begegnet uns dort das Wort *adaequatio*, das in der klassischen Formulierung für Wahrheit enthalten ist: *veritas est adaequatio rei et intellectus.*[79] Wir finden dann auch noch die Formulierung *adaequatio intellectus ad rem*, worin jenes Problem festgehalten wird, das bei Aristoteles schon überlegt wurde, daß nämlich die Wahrheit vom Intellekt ausgeht.

Auf das griechische Wahrheitsverständnis, das dort ins Wort *alätheia* gefaßt ist, verweist Heidegger in jenem Vortrag, aber ausführlicher im Hauptwerk ›Sein und Zeit‹, und übersetzt *alätheia*: Unverborgenheit. Diese Übersetzung hat ihm viel Kritik eingebracht, obwohl jeder Philosoph, wie aber gerade auch Sprachwissenschaftler anerkennen müßten, daß diese Übersetzung sinnvoll ist.[80] Das läßt sich beispielsweise bei Platon beweisen, gegen welchen Heidegger in seinen Überlegungen zur Wahrheit antrat, besonders festgehalten in „Platons Lehre von der Wahrheit", worin er das Höhlengleichnis interpretiert (3, 203 ff.).

Im Höhlengleichnis wird das Wort *aläthäs* bzw. *alätheia* auffällig verwendet, und es entspricht genau der Übersetzung mit unverborgen bzw. Unverborgenheit. Platon spricht vom Unverborgenen und steigert dies ins Unverborgenere, ja bis ins Unverborgenste. Die Idee, schließlich die Idee des Guten ist das Unverborgenste; demgegenüber ist weniger unverborgen das Schatten- und Scheindasein in der Höhle. Dort ist von der Wahrheit im Sinne von Unverborgenem die Rede, als jener von den Fesseln gelöst in der Höhle sich Umwendende bemerkt, daß das, was er vorher an der Wand für Seiendes hielt, ihm jetzt als Schatten von Dingen erscheint. Es wird ihm etwas nun offenbarer, unverborgener. Auch sieht er hinter sich eine Lichtquelle oder jedenfalls Dinge im Licht, die einen Schatten auf die Wand werfen, vor der er zuerst gebannt und gefesselt stand, Schatten und Schein nicht als solche sah, sondern als etwas, das ist, das also

---

[79] Vgl. hierzu v.a. Thomas v. Aquin, Questiones disputatae de veritate, Art. 1., wo wir im Respondeo die Worte *correspondentia*, *adaequatio* und besonders oft *convenientia* finden.

[80] Zustimmung nach der Analyse von W. Luther, Sprachphilosophie als Grundwissenschaft. Ihre Bedeutung für die wissenschaftliche Grundlagenbildung und die sozialpolitische Erziehung, Heidelberg 1970, S. 182 ff.

Sein und Wahrheit ausstrahlt, aber jetzt nach der Umwendung nicht unwahr, nicht falsch, keine Lüge wird, sondern weniger wahr, weniger offen, weniger unverborgen, weil nun sich mehr zeigt, als sich vorher zeigen konnte. In dieser Weise wird der Fortgang von Erfahrung gemacht. Und es ist Erfahrung, weil in der Höhle Raum und Zeit durchfahren werden, indem sich nun Wissen bildet, letztlich der Unterschied von Wissen und weniger Wissen, gar Wissen und Nichtwissen sich zeigen. So eröffnet sich in diesem Gang der Erfahrung und des Wissens, wie Sein und Wahrheit hierbei eine Rolle spielen.

Bei Platon wird Wahrheit als *alätheia* verstanden, und wenn er auch weniger als Aristoteles das Wort 'wahrheiten' verwendet, wird doch klar, daß Zeit und Tätigkeit eine entscheidende Rolle spielen. Bei der Wahrheit handelt es sich um ein Geschehen. Dies wird im Höhlengleichnis gezeigt, welches den Weg, das Durchfahren und so die Erfahrung des Menschen in der Höhle und hinaus ins Freie darstellt.

Es wird auf das Licht hingewiesen, zu dem Platon das andere Gleichnis gibt, das schon vor dem Höhlengleichnis von ihm erzählt wird: das Sonnengleichnis. Die Sonne strahlt auf die Dinge, erhellt sie, zeigt sie; und wir, die Menschen mit den Augen, die sonnenähnlich, lichthaft genannt werden, können in der Helle, im Licht, in der Sonne sehen. Wir haben hier ein dreifach strukturiertes Geschehen von Sonne, Ding und Auge. Die Sonne ist das Gleichnis für die Idee des Guten.

Nun wird seit langem schon von Lichtphilosophie, gar Lichtmetaphysik gesprochen. Anlaß dazu ist, daß Platon und dann die Philosophie überhaupt immer wieder das Denken mit dem Sehen vergleichen, zwischen beiden jenen Zusammenhang konstruieren, den Platon schon *kosmos noetos* und *kosmos aisthetos* nennt. Wir haben das sinnliche Sehen und dann das übersinnliche bzw. metaphysische Sehen. Der *physis* des Sehens entspricht die *metaphysis* des Denkens. Und wir können hier durchaus *physis* im griechischen Wortsinn nehmen, worauf auch Heidegger aufmerksam gemacht hat. Nämlich *physis* heißt Aufgehen. Aufgang des Menschen im Sehen und Denken. Und sehen können wir nur, wenn Licht ist. So liegt der Vergleich nahe, daß die Idee wie das Licht der Sonne ist und wohl das Licht schlechthin, das metaphysische Licht.

Idee heißt Sehen und Einsicht. Nun wissen wir auch, wie Platon das Verhältnis zu den Ideen meint. Wir nehmen an Ideen teil. Es ist die *methexis, participatio.* Also der Mensch kann nur sehen bzw. denken, weil es Ideen gibt. Diese werden nicht im Menschen gemacht,

sondern von der *physis*, wozu Platon ein weiteres Gleichnis versucht.
Er spricht vom *phythourgos* (Politeia 597d). Aber dies ist auch wiederum nur ein Gleichnis, das vor allem zeigen will, daß die Idee nicht
in uns, im Menschen entsteht, sondern wir in einem weiteren Aufgang, genannt *physis*, stehen, worin sich etwas bewirkt, was im Wort
-urgos, Werk, zum Ausdruck gebracht wird.

Man spricht von den Ideengleichnissen. Das Sonnengleichnis wie
das Höhlengleichnis (hier könnte man das Liniengleichnis noch hinzufügen) erzählen von der Idee, aber auch zugleich von der Wahrheit, vom Sein, vom Wissen. All dies steht in einem Zusammenhang.
Dies wird dann immer so interpretiert, daß die Idee des Guten, nämlich die Sonne (Lichtquelle, Ursprung, Grund), Bedingung der Möglichkeit von Sehen ist und weitergehend von Wahrheit. Hier setzt
dann Heidegger ein, um Platon festzulegen und zu kritisieren. Platon
habe die Idee mit der Wahrheit gleichgesetzt bzw. verwechselt. Idee
sei bzw. mache Wahrheit. Die Idee des Guten lasse die Wahrheit von
der Idee abhängen. Heidegger kritisiert, daß bei diesen Ideengleichnissen und vor allem beim Höhlengleichnis die Wahrheit gewissermaßen zu kurz kommt.

Für Heidegger steht über bzw. hinter der Idee, wobei für ihn freilich auch diese Sprechweise fragwürdig wäre, die Wahrheit. Von
Ideen, auch von der Idee des Guten zu reden, ist nach Heidegger
nur möglich in einem bestimmten Feld der Wahrheit und zwar der
Wahrheit als Unverborgenheit. Platon stellt für ihn die für die ganze
weitere Philosophie entscheidende These auf, daß Ideen als Sehen
und Einsicht eben voll zur Wahrheit gelangen, daß sie über die Wahrheit verfügen, daß auch die Idee des Guten nichts anderes als die
Wahrheit, das Wahrheitsgeschehen bestimmen will durchaus in dem
schubweise, stufenweise Vorgehen vom Verborgenen zu weniger Verborgenem und gar Offenbarem.[81]

Das ist für Heidegger überhaupt nicht der Fall. Für ihn hat die
Philosophie einen sozusagen falschen, zumindest verfälschenden
Gang angetreten, weil mit dieser Redeweise von der Wahrheit auf

[81] Philosophie ist wohl Licht-Philosophie und gar Lichtmetaphysik. Das ist
ihr Gang geworden, den dann auch Hegel in seiner Weise betont, wenn er
immer wieder sagt, daß es darauf ankommt, Ideen zu haben, die ja dann
besonders im Deutschen Idealismus und bei ihm selbst angesiedelt sind. Man
muß mit der Idee an die Geschichte herangehen, um überhaupt Geschichtsphilosophie betreiben zu können. Das ist Hegels Idee und in dem Sinne auch
Wahrheitsanspruch. Die Macht der Wahrheit und die Macht über die Wahrheit der Dinge liegen offen zutage.

ein Geschehen hingewiesen wird, das in einer Dialektik von Verborgenem und Entborgenem, von Wahrem (im klassischen und bis heute bleibendem Sinn) und sich nicht Zeigendem, Verborgenem sich abspielt. Ja wir können gar sagen: Es zeigt sich ein Geschehen, woraus vielleicht gar die Geschichte geworden ist, das eine Auseinandersetzung von Verbergen und Entbergen darstellt.

Die Geschichte der Wahrheit ist eine Geschichte von Hellem und Dunklem, und dieses sieht nun Heidegger eingebettet in jenem, was er „Lichtung" nennt.[82] Er weiß wohl, wenn er das Wort Lichtung verwendet, daß er dem Lichtdenken der Philosophie und auch der Metaphysik verbunden bleibt. Das will er einerseits, wie andererseits auch nicht; er will sich davon abwenden, die Metaphysik auf ihren Grund zurückwenden, wie er in seiner Weise sich ausdrückt.

Das Wort Lichtung wird auch so verstanden wie die Lichtung im Wald, in die ein Sonnenstrahl einfallen kann. Was ist aber wichtig dabei? Lichtung deutet auf ein Offenes, einen Freiraum, auf Freies hin. In dieses kann Licht, Helle und, wenn wir so wollen, die Sonne einfallen. Das erfahren wir ja in einer Waldlichtung. Auf was verweist uns damit Heidegger?

Bevor Sätze sich nach Sachverhalten richten können, bevor Sachverhalte sich als solche zeigen, muß etwas gegeben sein, das wir einen sich eröffnenden Raum, eine Dimension nennen können. In die Lichtung kann Licht einfallen. Unverborgenheit, d. h. das Geschehen der Wahrheit, das Wahrheiten, setzt voraus, daß dies geschehen kann innerhalb eines Rahmens. Wir können hier ruhig an einen gesteckten und so geordneten Rahmen denken, auch wenn diese Ordnung gerade durch das Wahrheiten selbst hervortritt, wo sich ja etwas zeigt und nicht zeigt.

Freilich kann man fragen, warum man einen letzten Rahmen braucht, aus dem so etwas herausschaut wie der Grund, der Ursprung. Wir können hier bemerken, daß zur Dimension der Zeit die Dimension des Raumes gefügt wird. Denn Lichtung verweist auf Raum, in dem nun das Lichten, das Erhellen und Sehen geschehen kann, was ein zeitlicher Prozeß ist. Platon verweist ebenfalls auf den Raum, indem er von der Idee des Guten spricht und diese *epekeina*, jenseits, nennt, also als ein immer weiter Gehen, immer weiter Hinaussehen. Heidegger geht es darum, das Geschehen oder, wie er nun auch sagt, das Wesen des Wahrheitens zu beschreiben.

---

[82] Zur Verwendung des Wortes siehe Heideggers späte Darlegung in: Zur Sache des Denkens, Tübingen 1969, S. 71 ff.

2. Die Freiheit der Wahrheit

Heidegger schreibt den verwirrenden Satz: „Das Wesen der Wahrheit ist die Wahrheit des Wesens" (9, 201). Wesen im klassischen Sinne heißt, daß die Wahrheit festzustellen, festzuhalten, letztlich auf den Begriff zu bringen ist. Wesen der Wahrheit heißt dann das, worin sie im Grunde und letztlich beruht. Mit jenem Satz sprengt Heidegger dieses Festhalten. Die Wahrheit des Wesens spricht ‘wesen’ verbal an, wie er sagt – das heißt als Zeit- und Tätigkeitswort, was nun auf Zeit und Tätigkeit in der Wahrheit verweist. Das drückt sich aus im griechischen *alätheuein*, im Wahrheiten. Und es ist eine Praxis wie ein Zeitliches, nämlich Zeitigendes, das sich als Zeigen wie Zurückhalten darstellt. Dies wird in dem dialektischen Vorgang von Entbergen und Verbergen angesprochen.

Im Wahrheitsgeschehen laufen wir hin und her. In der Unverborgenheit, in der *alätheia* schwingt die Verborgenheit mit. Dieser Wahrheitsbegriff ruht auf dem Verborgenen oder, genauer gesagt, auf der Verbergung. Aus dieser gilt es sich loszureißen. Hier wird auf die Aktivität verwiesen, die offensichtlich beim Menschen liegen soll. Das Offene, Freie, ist eine Dimension der Verborgenheit, aus dem nun, ständig tätig, die Entbergung ins Unverborgene zu erbringen ist.

Wenn wir im Sinne Platons reden, können wir Heideggers Satz umformulieren: Die Idee der Wahrheit liegt im Wahrheiten der Idee. Dies stellt Platon immer wieder dar – in allen Gleichnissen, aber auch überhaupt bei jeder Rede von der Idee, welche uns in der Spanne des Sehens von Schein und Sein hält. Dort ist das verbale ‘wesen’, das Wahrheiten, die Tätigkeit des Sehens der Einsicht, d. h. der Idee ausgesprochen. Aber Heidegger geht einen Schritt weiter und d. h. eigentlich zurück, angesichts der Ideenproblematik der ganzen Philosophie seit Platon. Idee, nämlich Idee des Guten, sagt ihm letztlich nichts anderes als Licht, das aber die Lichtung braucht.

Man könnte die Rolle des Menschen betonen, der der Wahrheit zur Wahrheit verhilft, nämlich in dem Sinne, daß alles erst ans Licht gebracht werden muß. Dies würde dann bedeuten, daß der Mensch sich zur Wahrheit befreit. Aber der Mensch kann nur sehen, weil die Sonne ist, und er kann nur denken, weil die Idee des Guten ist, wie Platon es formuliert. Und von Heidegger her müßte man sagen, daß der Mensch nur sein, denken oder jetzt ins Geschehen des Wahrheitens hineinkommen kann, indem zuvor Lichtung, offener Raum, Dimension oder, wieder ganz alt wie Heideggerisch gesprochen, Sein gegeben ist.

Das Raumhafte, das Freie und Offene, wird von Platon im Sonnengleichnis zur Sprache gebracht. Freiheit des Sehens, der Idee geht ins unermeßlich Offene und so Freie. Dies drückt sich in der Idee des Guten aus. Sie besagt, daß die Freiheit der Idee über alles hinausgehen kann und muß. Diese steht in jenem Freien und in jenes Freie hinaus, das letztlich die Idee des Guten genannt wird. Es ist das radikal Freie.[83]

Heidegger führt uns von der Stimmigkeit über die Richtigkeit zur These, daß Wahrheit Unverborgenheit ist. Deren Wesen liegt nun, wie es knapp bei ihm heißt, in der Freiheit: „Das Wesen der Wahrheit ist die Freiheit" (9, 186; vgl. 192 f.). Freiheit denkt er hier im oben beschriebenen Sinne von Freiem und Offenem, also auch einem Freiraum, einem freien Rahmen, einer freien Dimension, worin Wahrheit geschieht. Wir gehen hin und her. Hier trifft dann Heideggers Wort vom Irren und der Irre.

Ich habe in der Kapitelüberschrift von Heideggers Irre der Wahrheit gesprochen. Sein Vortrag ›Vom Wesen der Wahrheit‹ mündet für mich in diese These, indem am Schluß steht, daß das Wesen der Wahrheit die Wahrheit des Wesens ist. Im verbalen 'wesen', im Zeitigen und Tätigen der Wahrheit, besteht die Irre der Wahrheit.

Zum Heideggerschen Satz, daß das Wesen der Wahrheit in der Wahrheit des Wesens beruht, möchte ich hinzufügen: Das Wesen der Wahrheit beruht in der Wahrheit der Irre. Damit nehme ich 'wesen' als das Tätige wie Zeitigende, das sich auch im *alätheuein* ausspricht. So gleichen sich wesen und wahrheiten. Es gibt sich etwas und wird genommen, es zeigt sich etwas und hält sich etwas zurück. Das ist die Wesens- und Wahrheitsordnung – wie wir nun Wesen durchaus wieder groß schreiben können. Ich spreche nun von der Wahrheit der Irre, habe aber diesen Abschnitt mit „Heideggers Irre der Wahrheit" überschrieben. Wie geht dies zusammen? Die Irre gehört insofern zur Wahrheit, als diese *alätheuein* im Sinne des Verbergens und

---

[83] Dies wird nicht beachtet, ja die Idee des Guten geradezu verdreht und damit geleugnet – und hierin kann man gerade die große Lüge sehen, von der Platon spricht –, wenn das Gute beispielsweise in der Gleichheit gesehen wird, wie dies im Sozialismus der Fall ist, oder in der Freiheit, wie sie der Liberalismus vor Augen hat. Die Idee des Guten kann nicht mit einer bestimmten Vorstellung belegt werden. Dies ist allerdings dann der Fall, wenn die Idee als Wert vorgestellt wird, die Idee des Guten als höchster Wert. Demgegenüber fallen dann andere Ideen zurück. Es kommt zur Auseinandersetzung, zum Kampf, zur Tyrannei der Werte.

Entbergens ist. Bei Heidegger müssen wir nun allerdings den Zusammenhang von Irre und Freiheit betonen.

   Denken, das auf Wahrheit geht, kann, muß irren können. Heidegger
hat dies für sich selbst beansprucht, worin man seine große Ausrede
sieht, die man auch letztlich eine Lüge, seine philosophische Lebenslüge nennen kann. Wer groß denkt, muß auch groß irren können. Man
wird aber diesen Ausspruch nicht einfach als Denk- und Lebensma-
xime von Heidegger, sondern als eine schwierige und schmerzliche Angelegenheit der Philosophie überhaupt nehmen müssen. Darauf verweist Platon, wenn er den Menschen in der Spannung von Sein und
Schein sieht und gerade hierin die Idee, Sehen und Einsicht beruht.
Freilich darf dies nicht zur Entschuldigung oder gar zur Legitimation
von Fehlverhalten angeführt werden. Wer lügt, muß immer noch ein
Lügner genannt werden können.[84] Aber das Irre an der Wahrheit ist
und bleibt, daß sie zeigt und nicht zeigt, daß sie gerade im Zeigen
vielleicht mehr nicht zeigt, als sie zeigt. Darauf müßten wir kommen.

---

[84] Ich verweise auf die obigen Ausführungen zu Platons „wahrhafter
Lüge", die darin besteht, daß wir nicht nach der Idee des Guten streben,
sondern die Herrschaft der Begierde wollen. Es ist willentliche und bewußte
Verfälschung im Wesentlichen und Wirklichen des Menschen (vgl. Kap. III.
B. 3.). Karl Jaspers hat sich immer wieder gefragt, inwieweit Heidegger We-
sentliches und Wirkliches der Philosophie „verdreht". In einem Brief an
Hannah Arendt vom 1. 9. 1949 schreibt er zu Heidegger. „Er ist ganz in der
Seinsspekulation … Hoffentlich verdreht er nicht noch einmal. Aber ich
zweifle. Kann man als unreine Seele – d. h. als Seele, die ihre Unreinheit nicht
spürt und nicht ständig daraus hinausdrängt, sondern gedankenlos im
Schmutz fortlebt, – kann man in Unaufrichtigkeit das Reinste sehen? Oder
wird er noch eine Revolution erleben? – Ich bin mehr als zweifelhaft, aber
weiß es nicht. Sonderbar ist es, daß er um etwas weiß, was heute kaum Menschen bemerken, und mit dem Ahnungsvollen Eindruck macht. Die Form ist
allerdings Selbstinterpretation von 'Sein und Zeit', als ob er immer ein und
dasselbe gewollt und getan habe" (Hannah Arendt – Karl Jaspers. Briefwechsel 1926–1969, hrsg. v. Lotte Köhler und Hans Saner, München 1985, S. 177).
Hannah Arendt greift in ihrer Antwort diese Bemerkung auf und schreibt
unter anderem: „Das Verdrehen ist unerträglich …" (ebd., S. 178). Ich möchte aber Hannah Arendt hier nicht zu Wort kommen lassen, obwohl ihre
Antwort inzwischen oft in der Heideggerliteratur zitiert wurde. Das Maßgebliche steht bei Jaspers; Hannah Arendt spricht schärfer, aber dann hier wie
auch in späteren Briefen doch mehr und mehr abschwächend. Die Irre der
Wahrheit in der Spannung von Sein und Schein, aber auch die Verdrehung
von Sein und Wahrheit in Lüge, haben Karl Jaspers in seinen ›Notizen zu
Martin Heidegger‹ irritiert wie auch fasziniert.

Die Wahrheit wird auf den Grund der Freiheit gestellt, was ein schwankender, offener Grund ist. Wenn wir oben die Gründungskette aufgestellt haben von Stimmigkeit, Richtigkeit, Unverborgenheit und Lichtung, so wird die Frage nach dem Grund immer offener. Heidegger hat in diese Dimension gedacht, wie sie schon durch die *alätheia* als Unverborgenheit aufgerissen war, ja ging noch einen Schritt weiter bzw. einen Schritt zurück, der nun aus einem Grund einen Abgrund macht. Das Abgründige zeigt sich in diesem irren Verhältnis des Verbergens und Enthüllens im *alätheuein*. Freiheit ist schwerlich ein Grund, obwohl Freiheit neuzeitlich und heute als Autonomie verstanden wird, was bei Heidegger wie Platon nicht der Fall ist. Freiheit ist hier das Freie, das Offene, das aber in der Dimension der Lichtung eine Fassung und Ordnung erfährt.

3. *Politeia*: Höhle und Lichtung

In Heideggers Wahrheitsvortrag heißt es: „Das Wesen der Wahrheit ist die Freiheit", welche ich spezifisch in der Irre sehe. So würde ich den Satz wagen: Das Wesen der Wahrheit liegt in der Irre. Deshalb spreche ich von der Irre der Wahrheit. Sie ist im griechischen *alätheia* angesprochen, verdeutlicht. Dies ist die Irre im Zwischen, im *metaxy*[85], wie man wieder platonisch sagen könnte, von Verbergen *und* Entbergen als dem eigentlichen Wahrheitsgang. Dieser spielt sich in der Höhle und über die Höhle hinaus in das weitere Freie ab.

Platons Höhlengleichnis ist ein Gleichnis der Wahrheit als Irre. Die Höhle, aber dann auch außerhalb der Höhle, ist ein Aufenthalt in der Irre. Und wenn ich hier von Aufenthalt spreche, dann denke ich dies im griechischen Sinne von *ethos* und *äthos*, des Gewöhnens, des Lebens in einem Aufenthalt. Und dieser ist schließlich politisch, und zwar von Anfang bis zum Ende, wie dies auch Platon gerade im Höhlengleichnis zeigen will.

Dort muß der Philosoph schließlich zurück in die Höhle, in den wesentlich politischen Aufenthalt der Irre, um dort zu bestehen und vielleicht unterzugehen. Er muß von der Idee des Guten, vom Unterschied der Güter, der politischen Güterordnung sprechen können.[86]

---

[85] Platon, Symposion 202a 9, Philebos 16e.
[86] Siehe hierzu die obigen Ausführungen in III. B. 1. c) Klassische Güterlehre und III. B. 3. Ideologie.

Diese Auseinandersetzung, diese Dialektik der Idee stellt Platon im Höhlengleichnis dar. So ist das Höhlengleichnis ein politisches Gleichnis, d. h. ein Gleichnis für *politeia* und gerade auch *politeia en auto*[87]. Dies spielt sich in jedem Menschen im Inneren ab, wobei das Innere immer in das Außen, ja, besser gesagt, in den Hinausgang, in die Idee des Guten gespannt ist. Das ist dann jenes, was schließlich Transzendenzerfahrung des Menschen genannt wird. Und diese ist nicht esoterisch oder eine Sache der reinen Theorie, nein, es ist die Praxis, wie es griechisch ursprünglich heißt. Es ist Lebenspraxis als politische Praxis. Diese ist eine Praxis mit anderen Menschen, aber auch im Menschen immer selbst, als eine ureigene politische Praxis. Er muß immer zunächst und überhaupt versuchen, in sich so zu leben, daß er auch mit den anderen leben kann. Es ist die Ein-übung *(ethos)* in den ursprünglichen politischen Aufenthalt *(äthos)* der *polis*. Dies ist *politeia*.

Der eigentliche politische Zusammenhang wird im Höhlengleich-nis dargestellt, wobei die Höhle den Aufenthalt des Menschen, den Aufstieg in der Höhle und schließlich den Ausgang ins Freie symbo-lisiert. Dabei beginnt das Freie bereits in der Höhle. Der Wahrheits-gang ist dort ein Gang der Freiheit. Wenn Heidegger sagt, daß das Wesen der Wahrheit in der Wahrheit des 'wesens' liegt, dann können wir dies bereits bei Platon sehen – wenn wir es sehen. Mit dem Wahrheiten geht das Befreien einher, Hand in Hand.

Das Wesen der Wahrheit in der Freiheit – das Wesen der Wahrheit in der Lichtung. Heidegger denkt Freiheit im Sinne des Offenen und Freien, denkt hier auch an den Freiraum. Das Raumhafte des Wahr-heitsgeschehens wird betont, wie es dann besonders hervorleuchtet im Wort von der Lichtung. Bei der Freiheit in bezug auf die Irre wird eher die Zeit betont. Es ist ein Raum-Zeit-Geschehen, das im Wahr-heiten, im Irren des *alätheuein* sich abspielt.

Das Freie ist der Freiraum, in dem wir hin und her gehen können, in dem die Irre stattfindet. Es ist der Aufenthalt im Freien, der sich als ein Aufenthalt in der Irre als dem Freiesten zeigt. Es ist der Auf-enthalt in der Lichtung zugleich, in der Licht einfallen wie auch nicht einfallen kann. Es ist der Hinweis auf das zuerst und immer Gege-bene, den Boden, den Grund, der bei Platon mit seinem Höhlen-gleichnis verdeutlicht, versinnlicht wird: die Lichtung außerhalb der Höhle, aber noch wichtiger und gern übersehen, die Lichtung in der Höhle selbst. Es ist das Umfangende, der Raum, der Boden der Lich-

---

[87] Siehe o. Anm. 56.

tung, der in der Höhle noch mehr der Lichtung entspricht, wie es beispielsweise eine Waldlichtung ist.[88] Der Boden bleibt aber immer schwankend. Dies faßt Heidegger mit der Irre und Platon mit dem Hin- und Hergang aus der Höhle und wieder zurück in die Höhle. Die Höhle ist nach oben offen, so wie die Lichtung des Waldes. So sind dies ganz ähnliche Bilder.

Und die Sonne, die Idee des Guten, schwebt nicht einfach über allem. Diese ist ja immer mittendrin, das immer Eingreifende, sich Vermittelnde, das, was zwischen allem ist, was ist. Es ist das eigentliche Interesse, auch gerade des Menschen. Es ist das, was dabei und dazwischen ist und das Platon mit dem Wort *metaxy* ausspricht.

Epekeina und *metaxy* sind die Platonischen Grundworte für jenes, was *politeia* und auch gerade *politeia en auto* ist. Idee des Guten heißt nicht, daß die Idee schließlich über alles hinausgeht. Nein, dieser Hinausgang beginnt in der Höhle, indem die Idee, das Licht in die Lichtung einbricht. *Epekeina* ist der Zustand des Menschen, wenn er noch auf die Wand der Höhle starrt, gefesselt und eben mit gebanntem, starrem Blick. Die Umwendung kann nur beginnen, indem bereits die Ordnung des Jenseits und des Dazwischens immer schon angefangen hat. Die Sonne, die Idee des Guten, das Licht fallen in die Höhle, in die Lichtung. Wir können gar die These wagen, nur weil Höhle, nur weil Lichtung ist, gibt es Wahrheit, gerade in dem genannten Sinn von *alätheia*.

Wir können Heideggers Rede von der Lichtung genauso sinnenhaft lesen wie Platons Höhlen- und Sonnengleichnis für die Idee des Guten. Ja, Heidegger ist hier sogar sinnlich direkter, näher, auch wenn dies vielleicht gar nicht so zunächst gesehen wird. Platon spricht von den Gleichnissen in der Weise, daß wir nur den Schattenriß, den Schein vom Sein der Idee haben. Nicht so Heidegger. Hier fügen sich, Platonisch gesprochen, *kosmos noetos* und *aisthetos*

---

[88] Freilich haben wir auch, worauf ich schon hingewiesen habe, in der Lichtung den Bezug zum Licht, was Platon in seiner Weise mit der Idee des Guten versinnbildlichen will. Für die Idee des Guten steht als Gleichnis die Sonne als unser irdisches Licht. Es ist das den Aufenthalt auf Erden bestrahlende, erhellende Licht, das sich im Erdenlauf, d. h. Sonnenauf- und -untergang, gibt und nimmt. Hier erfahren wir, was *alätheuein* ganz sinnlich wahrnehmbar für den Menschen bedeutet. Wir können die Erde überhaupt als Lichtung nehmen im zweifachen Sinn, daß hier ein Raum gegeben ist, in den Licht einfallen kann, wobei der Raum Erde seinen Lauf, seine Zeit in der Erdumdrehung hat. Diese eröffnet in ihrer Weise, ist Raum und Lichtung. Die Erd-Raum-Lichtung steht in der Zeit-Raum-Lichtung.

eher zusammen. Lichtung spricht sinnenhaft, direkt, ganz nah, spricht aber auch über jede konkrete, direkt uns einnehmende Lichtung hinaus.

Wenn Heidegger von Freiheit und Lichtung spricht, dann will er uns auf das Unmittelbarste überhaupt hinweisen, das am Menschen sich zeigt. Es ist wirklich eine phänomenologische Methode und Sprechweise, die wir hier bei ihm vorfinden. Die Sache an sich selbst zeigen – dies ereignet sich in diesem Versuch, etwas philosophisch zu nennen, was dann abstrakt Sein genannt wurde.

Platons Höhle und Heideggers Lichtung setze ich gleich. Nun hat aber Heidegger Platon gerade deshalb kritisiert und korrigiert, weil dieser die Idee, letztlich die Idee des Guten, mit dem Sein gleichsetzt. Er spricht von der Idee als einem ersten Grundwort für Sein. Imgleichen handelt es sich um eine Gleichsetzung von Idee und Wahrheit, Idee und Wissen. Letzteres scheint wohl besonders durch das Liniengleichnis festgehalten, welches ein Wissensgleichnis ist. [89]

Wir können sagen, daß das Höhlengleichnis die Idee als Wahrheit darstellt, das Liniengleichnis die Idee als Wissen und das Sonnengleichnis nur die Idee und das Sehen und die Einsicht des Denkens mit dem Sehen und der Einsicht des (sinnlichen) Sehens vergleicht. In allen Gleichnissen wird aber das Sein dargestellt.

Im Sonnengleichnis haben wir das Seinsgleichnis schlechthin. Es ist auch das treffendste Gleichnis für Idee als Sehen. Licht, lichthaftes Auge und im Licht stehendes Ding – dies Verhältnis wird beschrieben. Hierzu hätte Heidegger den Einfall haben können, im Auge selbst eine Stätte der Lichtung zu sehen. Wohl hat er darauf aufmerksam gemacht, daß alles mit dem Wort *idea*, sprich Sehen oder Einsicht bzw. Sicht, in eines fällt, das in dreifaltiger Struktur auseinandergelegt wird. Was sich hier ereignet, ist immer nur das Sehen, die Einsicht selbst. Das Auge heißt sehen, das Ding ist Gesehenes und das Licht bzw. die Idee heißt jenes, was das Sehen ermöglicht, Auge und Ding zusammenbringt. Es ist das Band, *zygon*, des Sehens.

Ich würde hier noch weitergehen und im Sonnengleichnis eine *politeia*, eine politische Ordnung sehen. Es wird dort am meisten die zusammenhaltende Ordnungsstruktur dargestellt, auf sie aufmerksam gemacht, noch mehr als im Linien- oder auch im Höhlengleichnis. Die Struktur des Zwischen *(metaxy)* und des Jenseits *(epekeina)* ist das gemeinschaftsbildende Movimento. Dies ist im Höhlengleich-

[89] Vgl. Platon, Politeia VI.

nis ausgesagt. Aber dies wird, meines Erachtens, noch mehr ausgesagt im Sonnengleichnis, worin die Sonne, das Sonnenhafte des Au-
ges, das ganz und gar nur im Sonnenlicht sich zeigende Ding, als
solches miteinander alles in ein Gefüge, eine Struktur, ja sagen wir
Ordnung, gebracht wird, wobei dies nun mit Platon eine Ordnung
bestimmter Art ist, nämlich *politeia* bzw. *politeia en auto*.

B. Alätheuein *(Aristoteles)*

1. Wahrheitsbereich Logik?

Im Werk von Aristoteles können wir drei Stellen finden, die auf
je andere Weise von der Wahrheit handeln. Die erste Stelle haben
wir in der Logik, die zweite in der Ethik und die dritte in der Politik.
Jene in der Logik gilt als der locus classicus für den Wahrheitsbegriff
überhaupt, jedenfalls für das traditionelle Wahrheitsverständnis, das
zur ältesten bis heute reflektierten Wahrheitstheorie geführt hat,
welches die sogenannte Korrespondenztheorie ist. Wahrheit ist Kor-
respondenz von Aussagen mit Dingen. Hier hat Wahrheit mit Urteil
zu tun, mit Aussagen, die urteilen. Und dies geschieht in Aussage-
Sätzen oder kurz: in Sätzen. Es ist der Zusammenhang von Satz und
Wahrheit, den Aristoteles in seiner „Lehre vom Satz" herausstellt.
Mit „Lehre vom Satz" wird Aristoteles' Schrift ›Peri hermeneias‹,
lateinisch ›De interpretatione‹, übersetzt. Sie ist der zweite Teil seiner Logik (damals genannt ›Organon‹), der auf die Lehre vom Begriff, den Grundbegriffen, d. h. griechisch Kategorien folgt.
    Den locus classicus *pathämata täs psychäs to on pragmaton ho-
moiomata* (De interpretatione I, 16a 6) kann man, griechisch zitiert,
beinahe ohne Übersetzung in allen Kultursprachen ganz gut verstehen, außer in einem wichtigen Wort. Problematisch ist meines Erachtens die Übersetzung von *pathämata*, worin *pathos*, Leiden,
steckt. Es sind die *noämata* in der Seele, was gern mit ‘Vorstellungen’
übersetzt wird. Aber mit dieser Übersetzung wird das Problem, das
mit *pathämata* angesprochen ist, sogleich verkehrt. Vorstellung verweist auf einen aktiven Vorgang, wie wenn ich sage, daß ich mir
etwas vorstelle, *pathämata* demgegenüber eher auf einen passiven,
eben erleidenden, widerfahrenden Vorgang. Die Eindrücke der Dinge *(pragmata)* bilden sich in der Seele zu Vorstellungen, die wir dann
in Sätzen aussprechen können. Ding und Vorstellung (im Sinne von
pathämata) entsprechen sich, stimmen überein, gleichen sich.

Homoiosis ist hier das Wort von Aristoteles, das Geschichte gemacht hat, nämlich über die mittelalterliche Wahrheitsdefinition *veritas est adaequatio intellectus et rei*. Und wir haben dann in und ab dem Mittelalter die weithin gebrauchten Worte *adaequatio* (Angleichung), *correspondentia* (Entsprechung) und *convenientia* (Übereinkunft). Darauf bezieht sich auch die heutige sogenannte Korrespondenztheorie, welche eine Form von Wahrheit zu reflektieren und zu begreifen versucht.

Von der Wahrheit als Angleichung spricht Aristoteles in seiner „Lehre vom Satz". Diese ist eine Lehre von der Satz-Wahrheit, von der Wahrheit im und durch den Satz. Damit hat die Geschichte eines Wahrheitsbegriffs und eines Wahrheitsverständnisses begonnen, das die Wahrheit in Sätzen sieht, in denen eine Vorstellung im Menschen mit dem Ding, das vorgestellt wird, zusammengefügt wird. Zweierlei kündigt sich hier offensichtlich an: einmal, daß Wahrheit soviel wie Übereinstimmung, Gleichung, *homoiosis* ist, zum anderen, daß diese *homoiosis* in Sätzen stattfindet. Der Mensch spricht Sätze und kann darin zu Wahrheit finden.

Ich möchte noch auf jenes verweisen, was Aristoteles in den weiteren Kapiteln seiner „Lehre vom Satz" ausführt, wodurch deutlicher wird, um welchen *logos* es sich hier handelt. Es ist der *logos apophantikos*. Dies wird gern übersetzt mit Aussagenrede, heißt dort aber wörtlich und sinngemäß die zeigende, weisende Rede bzw. der *logos*, der als *logos* etwas erscheinen läßt. Vom *logos* werden wir auf das *phainomenon* verwiesen, das Erscheinende bzw. sich Zeigende, das im *logos* dann ausgesprochen wird, oder kurz: Der *logos* ist die Entsprechung des sich Zeigenden, des *pragmaton*. Und davon wird eigentlich bei der *homoiosis* gesprochen, welche sich ereignet zwischen den *pragmata* und den *pathämata* der Seele. Sätze können nur das sagen, was die Seele erfährt. In dieser geschieht jenes, was Wahrheit genannt wird, und es heißt an dieser Stelle von Aristoteles, daß Dinge und Seele sich gleichen können. Nun entwickelt aber Aristoteles auch und gerade im Gefolge dieses Ansatzes jenes, was er immer wieder knapp so faßt: In einer Aussage können wir bejahen und verneinen. Eine Aussage spricht etwas zu und ist so eine Bejahung und eine Aussage spricht etwas ab und ist so eine Verneinung. Mit dem Zu- und Absprechen beginnt er dann das Kapitel 4 und alle weiteren, teils direkt immer wieder anfangend mit dem Problem von bejahender und verneinender Aussage *(logos)*. Darin steckt offensichtlich das Problem der Wahrheit.

In der Politik (I, 2, 1253a 9 ff.) werden wir nun meines Erachtens

in besonderer Weise auf dieses Wahrheitsproblem verwiesen, das mit
dem Zu- und Absprechen, mit dem Bejahen und Verneinen zu tun
hat. Dieser kurze Abschnitt gilt allgemein nicht als eine wichtige
Stelle betreffs der Wahrheit, ja Aristoteleskenner wie Wahrheitstheo-
retiker werden irritiert sein, wenn ich sie heranziehe. An dieser Stelle
der Politik fallen jene berühmt gewordenen Formeln vom Menschen
als dem logischen und politischen Lebewesen. An den Zusammenhang des Logischen und Politischen kann nicht genug erinnert werden, da ja in der Regel beide Formeln aus ihrem Zusammenhang
gerissen und in je verschiedener Weise fruchtbar gemacht werden
sollen. Man spricht später vom *animal rationale* bzw. *animal sociale*.
Hier bei Aristoteles heißt es, „der Mensch ist aber das einzige Lebewesen, das Sprache *(logos)* besitzt". Und es wird sogleich der Unterschied zwischen Stimme *(phonä)* und Sprache gemacht. Stimmen
haben viele Lebewesen, mit denen sie Angenehmes und Unangeneh-
mes verlauten lassen können. Aber der Mensch hat die Sprache, mit
der er „dazu bestimmt ist, das Nützliche und Schädliche deutlich
kundzutun und also auch das Gerechte *(dikaion)* und Ungerechte
(adikon). Denn das ist eben dem Menschen eigentümlich im Gegensatz zu den Tieren, daß er allein fähig ist, sich vom Guten *(agathon)*
und Schlechten *(kakon)*, von Recht und Unrecht Ideen zu machen".
 Mit diesen knappen Bemerkungen skizziert Aristoteles den ganzen Zusammenhang vom Menschen als einem logischen und politischen Lebewesen *(zoon logon/politikon)*. Und der Kern dieses Zusammenhangs besteht in jenem, was wir die Frage nach der Wahrheit
nennen können. Diese betrifft das Logische wie Politische insofern,
als im *logos* wir etwas zu- und absprechen, bejahen oder verneinen
können, was in seiner Weise für das Politische zutrifft. Dort wird es
das Gute und Schlechte bzw. Gerechte und Ungerechte genannt. Wir
können wahr und falsch in Aussagen unterscheiden, wir können gerecht und ungerecht in der Politik unterscheiden und dort auch entsprechende Aussagen über das Gerechte bzw. Ungerechte machen.
Wir können das, was offensichtlich falsch ist, für wahr ausgeben, und
wir können das, was ungerecht ist, für gerecht behaupten.
 Bei der Lüge handelt es sich aber darum, daß wir bewußt gegen
das Wahre bzw. das Gerechte verstoßen und aussagen. Aristoteles
spricht an dieser Stelle der Politik wie auch zuvor im locus classicus
der Logik nicht von der Lüge. Aber er handelt vom Zusprechen und
Absprechen, vom Unterscheiden, und er verweist den logischen, d. h.
sprechenden Menschen auf den politischen Zusammenhang, auf die
Wirklichkeit des Logischen im Politischen.

Das Logische endet nicht in der Logik, findet vielmehr im Politischen statt. Und wenn wir schon lang die Behauptung hören, daß der Ort der Wahrheit in Urteilen, also letztlich in Sätzen beruht, so werden wir bereits von Aristoteles selbst eines Besseren belehrt. Der Ort der Wahrheit ist also zumindest in politischen Sätzen, ja doch, wenn wir genau hinhören, im politischen Handeln. Die Frage der Wahrheit ist also eine Frage der Logik wie der Politik. Wenn Sprache mit Wahrheit und Politik mit Gerechtigkeit zu tun haben, dann haben wir hier bei Aristoteles einen Hinweis auf ein Problem, das wir nicht ernst genug nehmen können. Ich erinnere an das, was ich oben zu *politeia* bzw. *politeia en auto* ausgeführt habe. Für den Menschen als logisch-politisches Lebewesen geht es um die logisch-politische Lebensordnung, die in einer entsprechenden Güterordnung besteht.[90]

Wir wenden uns jener Stelle zu in der Ethik, die nun einerseits direkt von der Wahrheit handelt, die aber andererseits bis heute in keiner Wahrheitstheorie eine Rolle spielt. Das ist um so mehr verwunderlich, als hier in einer Weise von der Wahrheit gesprochen wird, die das Problem nicht komplexer aufwerfen könnte und so doch gerade für sekundärphilosophische Bemühungen immer schon hätte Anlaß sein müssen, hier der Wahrheitsfrage nachzugehen.

Ich zitiere die geläufigen deutschen Übersetzungen, so von Dirlmeier und dann von Gigon. „Es gelte die Annahme, daß die Grundformen, durch welche die Seele, bejahend oder verneinend, die Erkenntnis des Richtigen vollzieht, fünf an der Zahl sind, nämlich: praktisches Können, wissenschaftliche Erkenntnis, sittliche Einsicht, philosophische Weisheit und intuitiver Verstand. Bloße Vermutung, d. h. bloße Meinung, gehört nicht hierher, weil sie uns täuschen kann" (Akademieausgabe, Übersetzung von Dirlmeier).

„Die Mittel, mit denen die Seele bejahend oder verneinend die Wahrheit trifft, seien fünf an der Zahl: Kunst, Wissenschaft, Klugheit, Weisheit, Geist. Vermutung und Meinung können auch Falsches aussagen" (Gigon).

Das wichtige Wort in diesem Satz heißt *alätheuein*. Damit wird von Wahrheit in einer Weise gesprochen, die aufhorchen lassen müßte. Das Wort wird verbal gebraucht, *alätheuein*, was wir mühsam mit wahrheiten übersetzen können. Genau heißt es, daß die Seele in fünffacher Weise wahrheitet *(alätheuei hä psychä)*. Und dieses fünffache Wahrheiten geschieht in der *technä, epistämä, phronäsis, sophia* und *nous*. Das sind die griechischen Worte, die außer *phronäsis* und

---

vielleicht auch *nous* nicht übersetzt werden müssen. Denn *epistämä* ist uns zumindest geläufig im Wort Epistemologie für Wissenschaftstheorie, aber auch noetisch ist ein mögliches Fachwort. Ich sage dies nur, weil man hier besser die griechischen Worte sprechen läßt als eventuell umständliche, weil umschreibende Übersetzungen, die bereits das, um was es sich bei der Wahrheit handelt, interpretieren wollen. Aber zunächst kommt es auf diese Worte für die Bereiche der Wahrheit weniger an, als vielmehr auf das Wort für Wahrheit: *alätheuein.* Freilich ist dies keine Seltenheit im griechischen Sprechen, gerade nicht für die Philosophen. Aber für das Wahrheitsproblem, wie es an dieser Stelle auftaucht, könnte *alätheuein* richtungsweisend sein. Nicht nur für das, was hier Aristoteles dann im einzelnen für diese verschiedenen Weisen des Wahrheitens gemeint hat, vielmehr für die Frage nach der Wahrheit, wie sie auch heute ohne oder mit Aristoteles gestellt werden kann.

Auch wenn hier wie in der Logik und seither gewohnt Bejahung und Verneinung bzw. Zu- und Absprechen genannt werden, so können wir nun doch nicht mehr davon ausgehen, daß Wahrheit nur mit Sätzen, mit bestimmten Sätzen, nämlich Urteilssätzen zu tun hat. Freilich könnte darauf hingewiesen werden, daß Aristoteles an einer weiteren Stelle, nämlich in der Logik, genauer in der Analytik der wissenschaftlichen Schlußverfahren (Zweite Analytiken, I, 33), wo er diese fünf Weisen der Wahrheit einfach aufzählt, noch eine weitere nennt und mit dieser gar die Reihe der Wahrheiten beginnt. Es ist der Verstand *(dianoia).* Hier ist die Reihenfolge bemerkenswert.

Zuerst wird der Verstand, d. h. die analytische Vernunft, genannt und dann die Vernunft, um daran Wissenschaft, Kunst *(technä),* Klugheit *(phronäsis)* und Weisheit *(sophia)* anzufügen. Er spricht hierbei von den „übrigen Erkenntnisweisen", die zu behandeln „mehr Aufgabe teils der Physik, teils der Ethik" ist (vgl. ebd.). Der Verstand, die analytische Vernunft *(dianoia)* ist in der Logik besonders zu nennen, ja ist der Wahrheitsbereich der Logik. Weniger alles andere, was weiterhin genannt wird. So bleibt es auch in der Logik bei dieser Aufzählung. Nicht so in der Ethik, wo über alle weiteren fünf „Erkenntnisweisen", freilich nicht über den Verstand gesprochen wird, obwohl dann die *phronäsis* die spezifische Verstandestugend des Menschen genannt wird. Dies wird uns noch beschäftigen müssen.

Der Verstand, die analytische Vernunft, ist und bleibt der maßgebliche Bereich für die erste Wahrheitstheorie, die Korrespondenztheorie, aber auch für alle weiteren heutigen Wahrheitstheorien wie die Kohärenz- und Konsenstheorie. Wahrheit ist die Übereinstimmung von Verstand und Dingen *(pragmata)*, wie dies von Aristoteles in der Logik erstmals knapp definiert wurde. Dazu könnte man sagen, was auch Tradition wurde, daß die Wahrheit gemäß Aristoteles im Verstande sich abspielt. Also Wahrheit im Verstand bzw. vom Verstand her bestimmt, was dann in der lateinischen Formel *adaequatio intellectus ad rem* zum Ausdruck kommt. Von hier aus ist es dann nicht weit, die Wahrheitsfrage so zu beantworten, daß der Mensch sich die Dinge vorstellt und er die Dinge in den Vorstellungen, also als das Vorgestellte der Vorstellungen hat und so sich das Problem der Wahrheit stellt. Wenn man dann noch im Vorstellen jenes sieht, wie wir die Dinge an uns eben durch den Verstand heranstellen, heranbringen, dann erfahren wir jene Kraft des Denkens, das uns die Welt und die Dinge in der Welt öffnet. Und von hier aus wäre dann schnell ein Rückschluß auf das griechische Wort *alätheuein* möglich, was wir dann gut und gern als öffnen und zeigen übersetzen können. In diesem Sinne heißt es wohl auch bei Aristoteles, daß die Seele, näherhin darin der Verstand, bejahend oder verneinend öffnet oder unverborgen macht, wie wir *alätheuein* übersetzen wollen.

Nun wird gern behauptet, daß wir diese Übersetzung von *alätheia* als Unverborgenheit seit Heidegger haben. Indessen haben doch auch schon einige Sprachphilosophen bemerkt, daß man unabhängig von Heidegger so das Wort übersetzen muß, um es überhaupt zumindest im griechisch-philosophischen Sinne verstehen zu können. Daher ist Heideggers Übersetzung alles andere als gekünstelt. Fragwürdig ist nicht seine Übersetzung, vielmehr daß wir heute mit dieser Übersetzung immer noch Schwierigkeiten haben bzw. wir nicht zugeben können, daß Heidegger wirklich auf etwas gestoßen ist, was ein völlig neues Licht auf die Philosophie wirft, auf ihre Grundfrage, nämlich nach der Wahrheit.

Nun hätte man insofern früher schon auf diese Übersetzung kommen können, als Aristoteles von *alätheia* öfter im Zusammenhang mit der Philosophie als der Wissenschaft vom Seienden spricht *(epistämä tis täs alätheias)* (Metaphysik 993b 20) bzw. als Wissenschaft, welche das Seiende als Seiendes betrachtet *(epistämä, hä theorei to on hä on)* (Metaphysik 1003a 21). An anderer prominenter Stelle (womit er ein Buch der Metaphysik einleitet) spricht er von der Theorie, welche die *ousia* betrifft *(theoria peri täs ousias)*. *Ousia* wird übersetzt mit Wesen und Anwesenheit. Auch hier bedurfte es Heideggers Insistieren auf die Übersetzung bzw. Gleichsetzung von Sein und Anwesen. Indessen dürfte aus der ganzen (klassischen) Philosophie klar sein, daß Sein soviel wie Anwesenheit bedeutet. Hier geht dann der Zusammenhang mit der Wahrheit im Sinne der Unverborgenheit auf. Sein, Anwesendsein, Da-, Offen- bzw. Unverborgensein. Dies meldet sich doch hier an.

Alätheuei hä psychä – also die Seele öffnet, erschließt? Aber wie und wo geschieht dies? In der Technik, Wissenschaft, *phronäsis*, Weisheit und schließlich in der Vernunft. Nach Gigon sind dies „Mittel", nach Dirlmeier „Grundformen", mit denen die Seele 'wahrheitet', oder jetzt mit der wortwörtlichen wie wohl einzig sinnvollen Übersetzung, offenbart, zeigt, unverborgen sein läßt. Ich gebe gern zu, daß 'unverborgen' bzw. 'Unverborgenheit' immer noch ungewöhnlich in den Ohren klingt für das gewohnte Wort Wahrheit, aber *läthe* heißt nun einmal das Verborgene und die Vorsilbe *a-* entspricht unserem *un-*.

Heutige Anstrengungen[91] zu 'Wahrheitstheorien' haben besonders drei Theorien herausgestellt: die Korrespondenztheorie, die Kohärenztheorie und die Konsenstheorie. Ich reihe diese hintereinander, ohne hier eine historische Abfolge oder auch eine Systematik im Auge zu haben. Freilich kann man sagen, daß die Korrespondenztheorie die älteste Wahrheitsauffassung widerspiegelt und heute zu einer abgeschlossenen Theorie gefaßt wurde. Aber darum geht es hier nicht. Ich möchte an diesen drei Theorien folgendes markieren:

Die Korrespondenztheorie richtet ihr Augenmerk auf das Verhältnis von Mensch und Welt. Es ist jene von Aristoteles genannte Angleichung *(homoiosis* bzw. *adaequatio)* von Verstand und Ding. Jedenfalls geht es hier um Wahrheit, welche im Bezug von Mensch und Dingen liegen soll.

Bei der Kohärenztheorie können wir indessen sagen, daß man den Menschen, pointiert gesprochen, völlig ausklammern kann. Es geht um einen Zusammenhang von Sätzen, die in sich und im ganzen stimmig sein sollen. Wenn wir bei der Korrespondenztheorie von der Übereinstimmung von Mensch und Ding sprechen können, so handelt es sich bei der Kohärenztheorie um die Zusammenstimmung von Sätzen – eventuell zu einer Theorie. Sie ist deshalb auch die, wie man heute meint, wissenschaftlichste Wahrheitstheorie bzw. jene, welche der Wissenschaft am besten entspricht. Aus ihr läßt sich behaupten, daß Wahrheit und Wissenschaft zusammengehen und daß es eigentlich nur wissenschaftliche Wahrheit gibt.

Bei der Konsenstheorie schließlich geht es um Zustimmung zu Meinungen, Sätzen, ja gar ganzen Theorien. Hier wird der Mensch

---

[91] Siehe o. Anm. 7 zur Literatur über Wahrheitstheorien.

wiederum in den Vordergrund gerückt. Zusammenfassend können wir sagen: Die Korrespondenztheorie weist auf einen Zusammenhang zwischen Mensch und Dingen. Die Kohärenztheorie beschäftigt sich allein mit dem kohärenten Zusammenhang von Aussagen, wobei die Komponente Mensch (mit eventueller Meinung und dergleichen) keine Rolle mehr spielen soll. Bei der Konsenstheorie wird der Mensch wiederum voll eingeschaltet. Und man kann dafür wohl einen Hinweis darin sehen, daß heute Kohärenz- wie Konsenstheorie bevorzugt werden. Die eine Theorie ergänzt in gewisser Weise die andere.

Bei allen diesen Theorien hängt die Wahrheit mit Aussagen, Sätzen und, klassisch gesprochen, mit dem *logos* zusammen. Und hier könnte man ohne weiteres diese moderne Theorie auf die klassische Philosophie zurückbinden, in der nun auch Aristoteles begonnen hat, Wahrheit als ein logisches Problem zu stellen und sie sachgemäß in der Logik abzuhandeln. Nun haben wir aber von ihm den nicht weniger bedeutenden, ja letztlich philosophisch viel interessanteren, weil komplexen Hinweis auf die Wahrheit, nämlich innerhalb der Ethik. Diese will uns nicht auf ein Verhältnis der Rede *(logos)* hinweisen, in dem der Mensch zu sich, zu Dingen und überhaupt zur Welt steht, vielmehr auf ein ganz besonderes Verhältnis, für das Aristoteles zwei Worte wählt: nämlich *ethos* und *äthos*. Wir können beides übersetzen mit Sitte und Sitz, Haltung und Aufenthalt, Gewöhnung und Gewohnheit und dabei auch an Hegels Wort denken, daß Sitte von Sitz kommt bzw. es bei dieser Ethik um Gewöhnung und Übung in einem Aufenthalt geht. Das ethische Verhalten ist jedenfalls primär kein logisches Verhalten, nämlich nicht in dem Sinne, daß man über das Verhalten reden kann und soll, um dieses Verhalten darzustellen, auszulegen. Wenn wir schon in der Weise des *logos* und d. h. deutsch der Auslegung sprechen, dann geht es darum, daß wir das ethische Verhalten des Menschen nicht durch Worte auslegen, sondern durch das Verhalten selbst. Und wir können nun hier ganz vage und doch aussagekräftig das Wort Wahrheit bemühen und von der Wahrheit des Verhaltens *(ethos/äthos)* sprechen, die im Verhalten selbst liegt. Wenn wir dann noch Wahrheit mit Unverborgenheit oder Offenheit und Zeigen übersetzen, dann können wir sagen, daß sich im Verhalten, im Ethischen all jenes zeigt oder auch nicht zeigt, was zur Ethik gehört.

2. Ethische Wahrheit

Aristoteles unterscheidet ethische und dianoetische Tugenden (NE I u. II). Man übersetzt: Tugenden der Gewöhnung und Tugenden des Verstandes. Bei letzteren spielt Wissen und so auch der *logos* eine spezifische Rolle. Tapfer ist bzw. wird man nur, indem man tapfer handelt. So meint es auch Aristoteles von der Gerechtigkeit oder der Besonnenheit bzw. dem Maß für das menschliche Leben im Gebrauchen und Tun, besonders der alltäglichen Dinge. Hier sieht man schon längst die entscheidende Kritik an Platon, für den Tugend und Wissen in der Weise zusammenhängen, daß derjenige, der um die Tugend weiß, diese immer bereits auch lebt. Wer nicht tugendhaft handelt, der weiß auch nicht um Tugend Bescheid. Er handelt gegen die Tugend, weil er unwissend ist, weil er sich nicht um das Wissen der Tugend bemüht.

Aristoteles hat uns darauf verwiesen, daß Wissen über das, was Tapferkeit ist oder auch Gerechtigkeit, Besonnenheit usw., nicht hinreicht, um aus dem Wissen selbst zum tapferen, besonnenen, gerechten Tun zu gelangen. Hier liegt jenes Problem, das Kant in schärfster wie bildhafter Weise so geschildert hat, daß wir wohl wissen können, was für den Menschen vernünftig wäre zu tun, aber es dem Stein der Weisen[92] gleichkommt, daß der Mensch auch zum entsprechenden Handeln finden kann. Können wir also sagen, daß das Wissen, die Wahrheit des Wissens über das Handeln nicht genügt, um zum Handeln und d. h. zur Wahrheit des Handelns zu kommen? Ich verstehe hier Wahrheit im Sinne von Offenheit und Zugang. Wenn der Schritt vom Wissen zum Tun offensichtlich schwerfällt oder gar unmöglich ist, dann muß ich auch bezweifeln, daß wir in der Wahrheit des Wissens über das Handeln überhaupt von der Wahrheit des Handelns etwas erfahren. Ja man kann vermuten, daß wir uns bei diesem Wissen im Leben, im Handeln etwas vormachen, weil wir ja gar nicht die Wahrheit des Handelns erreichen. Und wir können sogar soweit gehen, daß wir jetzt von der Lüge sprechen können, zumindest von einer Täuschung, nämlich Selbsttäuschung, der wir verfallen. Wir sehen und wissen so, daß das Wissen nicht das bringt, was wir von ihm erwarten. Das Wissen, das hier für das Handeln sein soll, führt nicht zum Handeln. Täusche ich mich also hier über die Möglichkeiten des Wissens bezüglich des Handelns oder bin ich mir ganz bewußt, daß

---

[92] Siehe: Eine Vorlesung Kants über Ethik, hrsg. v. Paul Menzer, Berlin 1924, S. 54.

ich, wenn ich ein Wissen habe, noch lange nicht dieses Wissen in ein Tun umsetzen kann?

Was zeigt oder offenbart ein Wissen von Tapferkeit, Gerechtigkeit, Besonnenheit? Ich habe vielleicht gelebte Beispiele gesehen oder kann sie mir vorstellen. So kann ich etwas zu Besonnenheit und Maß sagen, was im Beispiel und, vielleicht weitergehend, allgemein dazu gehört. Im Sehen des Beispiels wie aber auch im Wissen von dem, was allgemein zur Besonnenheit gehört, weiß ich wohl etwas darüber, weiß aber nicht, was mich spezifisch betrifft. Hier tut sich ein Riß auf in der Frage des Wissens selbst. Ein Wissen, das von Beispielen zu einem Allgemeinen hinausgehen kann und das von Aristoteles als die Methode der Induktion bezeichnet wird, führt einerseits zu jenem, was wir Wissen, gar wissenschaftliches Wissen nennen können, aber andererseits nicht zu dem, was ich für mich wissen muß. Diesem Problem stellt er sich in der Ethik, und zwar besonders in dem genannten sechsten Buch. Dort behandelt er nun, wie man allgemein sagen kann, eine Verstandestugend. Es ist die *phronäsis*, die wir immer noch nicht übersetzt haben. Nun, in den Texten steht Klugheit, auch praktische Vernunft, und wir können hinzufügen Urteilskraft, um dann einen Sprung bis Kant hin zu machen, der das Problem in seiner Weise aufrollt. Aristoteles bietet hier viele Hinweise an, die auch zu Formulierungen führen. So spricht er vom Wissen für mich, welches zur *phronäsis*, eben zum einsichtigen, klugen Tun führt. Und mit Einsicht, gar sittlicher Einsicht wird *phronäsis* auch in den zitierten deutschen Texten übersetzt.

Bei unseren Überlegungen über die Rolle des Verstandes, nämlich der Verstandestugend *phronäsis* müssen wir die doch gerade von Aristoteles aufgerissene weitere Dimension des Problems sehen. Aristoteles' Ethik steht vor der Hauptaufgabe, das Ethische, die ethischen Tugenden in den Blick zu bekommen, weshalb es überhaupt erstmals zu einem Werktitel 'Ethik' kommt.

Man teilt bis heute die verschiedenen Ethiken ein und hält dann beispielsweise Kants Moralphilosophie für eine formale Ethik und demgegenüber Aristoteles' für eine materiale Ethik. Dieser böte eine Tugend-, Güter- und schließlich Glücks-Ethik. All dies stimmt wohl. Wenn man aber so einteilt, dann redet man letzlich am Problem der Ethik vorbei. Denn dieses besteht darin, was auch der Name Ethik besagen soll: Der Mensch ist nicht nur auf die *physis*, nicht nur auf die *psychä*, nicht nur auf den *logos* verwiesen, was dann bei Aristoteles zu Werken wie ›Physik‹, ›Über die Seele‹ und die ›Logik‹ geführt hat, sondern auf das Ethische, gar das Ethisch-Politische.

Das Ethische und die Ethik stehen bei Aristoteles innerhalb des Politischen, und so ist die Ethik ein Teil der Politik. Bevor man hier von Gütern, Tugenden und dergleichen als der Sache der Ethik sprechen kann, muß man sehen, worauf das Ethische und die Ethik uns verweisen. Es ist jenes, um es einfach wie schwierig mit Aristoteles kurz anzusprechen, daß der Mensch, um sein Leben zu leben, um viele Tätigkeiten auszuüben, nicht einfach sich nach einem Wissen richten und dieses durch Lernen herbeischaffen kann, vielmehr sich ins Leben und seine Handlungen eingewöhnen, in ihnen sich üben muß. Dies besagt Ethik, Ethisches bzw. ethische Tugenden.

Wenn wir nun das gewohnte Wort Wahrheit benützen, könnte man so sagen: Die Wahrheit dieser Ethik beruht in den ethischen Tugenden. Von der Wahrheitsrede in dieser Weise können wir dann weitergehen und sagen, im Ethischen, im Gewöhnen und Üben, wie wir einmal notdürftig übersetzen, zeigt sich, worauf es ankommt, worum es geht. Nicht im Reden, vielmehr im Tun selbst bewahrheitet sich diese Ethik. In diesem Sinne könnten wir *alätheuein* doch übersetzen.

Aristoteles macht im ersten Buch seiner Ethik klar: das Politische beginnt im Ethischen (NE I). Der Mensch strebt in allem seinen Tun auf ein Gut, und die Zielkette dieses Guten trifft das umfassendste Gut, d. h. den Menschen und alle seine Gemeinschaften umfassend in der politischen Gemeinschaft. Und davon handelt die Politik, die politische Wissenschaft. Diese ist aber auf die Ethik verwiesen, auf die ethische Aufgabe des Menschen, wie ich es einmal formulieren möchte. Aristoteles' Satz über das Wahrheiten *(alätheuein)* steht in der Ethik, ja aufs Ganze hin gesehen in seiner Politik bzw. politischen Wissenschaft. Wir müssen uns darauf besinnen, daß die Ethik ein Teil der Politik und zwar der politischen Wissenschaft ist. Es wird von der *epistämä politikä*, aber nirgendwo von der *epistämä ethikä* gesprochen.

Die Ethik betrifft die Frage des Ethischen, der ethischen Tugenden. Von denen ist bis hin zu jenem Buch die Rede, in dem dann dieser Satz über das fünffache Wahrheiten steht. Es ist das Buch über die *phronäsis*, der wichtigsten Verstandestugend. Im Anschluß daran kommt er wiederum zu ethischen Tugenden, wobei er seine besondere Aufmerksamkeit der Freundschaft *(philia)* widmet, um dort wohl das Ethisch-Praktische besonders zu betonen.

Im abschließenden zehnten Buch, das dann in die Politik im engeren Sinne überleiten soll, spricht er vom höchsten Glück, das der Mensch in der Theorie, im *bios theoretikos* erreichen kann. Ein solches Leben, eine solche *praxis* ist wohl in der *polis* möglich, ja gerade die *polis* hat das Verdienst, daß Menschen sich dem rein theoretischen Leben hingeben können. Das scheint hier auch auf. Aber wenn er immer wieder von dieser hohen und gar höchsten Möglichkeit des theoretischen Lebensvollzuges spricht, winkt er doch letztlich ab. Es betrifft nicht den menschlichen Menschen, sondern den göttlichen Menschen, das Göttliche, das ja nicht so verstanden werden kann, daß ich vom Göttlichen im Menschen sprechen kann. Nein, der Mensch geht mit der Theorie letztlich über sich hinaus und reicht ins Göttliche. Das entspricht auch der klassischen Auffassung, daß der Mensch nicht das Höchste und Wichtigste in der Welt ist. Das bemerkt Aristoteles gerade im Buch VI wie im Buch X. Im Buch VI bei Gelegenheit des Unterschiedes von *phronäsis* und *sophia*. Beides sind Weisen des *alätheuein*, aber die erste betrifft den Menschen als Menschen.

Es ist hier die Frage nach dem Menschen in der *polis*, in der politischen Gemeinschaft. Von dieser handelt dann die Politik im engeren Sinne und betont in ihrem ersten Satz, daß es um das Leben und Tun im Bezug auf die politische Gemeinschaft geht. Dies ist das politische Gut und, da es die wichtigste Gemeinschaft ist, auch das wichtigste, und wir können auch sagen, höchste Gut. Die politische Wissenschaft ist nicht die höchste Wissenschaft. Das ist die *sophia*. Diese geht aber über den Menschen hinaus. Aber die politische Wissenschaft hat nichts anderes im Auge als den Menschen, den Menschen unter Menschen, die da sind die Menschen in der *polis*. Wir können ohne Widerspruch sagen, daß es ein zweifaches höchstes Gut gibt. Einmal das höchste Gut der Theorie, welches dann zur *eudaimonia* des Menschen führen könnte, dann aber auch das höchste, weil wichtigste menschliche Gut, welches das politische Gut ist, das Gut der politischen Gemeinschaft. Darauf verweist Aristoteles am Anfang seiner Ethik und damit leitet er die Politik ein, d. h. das Buch Politik I.

Der Mensch ist ein Lebewesen des Ethischen. Dies wird doppelt ausgedrückt, nämlich mit *ethos* und *äthos*. Man kann das erste übersetzen mit Gewöhnung und das zweite mit Aufenthalt. Man kann dann von einer Gewöhnung in den Aufenthalt sprechen. Beim Aufenthalt kann man an den dortigen Aufenthalt in der *polis* vor allem denken. So wäre dann die Ethik also eine Überlegung und Lehre vom Gewöhnen in den wichtigsten und so wesentlichen Lebensaufenthalt, nämlich den politischen.

In der Ethik geht es Aristoteles allein um das dem Menschen

Wesentliche. „Gesucht wird aber, was nur dem Menschen eigentümlich ist" (NE I, 6, 1098a [Dirlmeier-Übersetzung]). „Die dem Menschen eigentümliche Leistung ist: ein Tätigsein der Seele gemäß dem rationalen Element oder jedenfalls nicht ohne dieses" (ebd. 1098a 8 f.). In diesem Abschnitt nimmt Aristoteles einen dreifachen Anlauf, um das dem Menschen Spezifische zu formulieren. Wir können direkt aus dem griechischen Text zitieren, der ohne große Griechischkenntnisse im europäischen Sprachzusammenhang wohl gut verständlich ist. Denn gesprochen wird von der *energeia* der Seele *(psychä)* gemäß dem *logos (kata logon)*. Dann (15 f.) vom Werk *(ergon)* dieses Lebewesens *(zoän)*, das in der *energeia* und *praxis* mittels des *logos (meta logou)* besteht und (19 f.) zu dem menschlich Guten *(agathon anthropinon)* führt, das aus der *energeia* der Seele erwachsen ist gemäß ihrem guten Zustand *(kat aretän)*.

Ethik betrifft die Tugend *(aretä)*, den guten Zustand, wie ich übersetze, um nicht einen moralisierenden Unterton zu haben. Der *logos* dient hier, ist Mittel für den einen menschlichen Zweck, den guten Zustand des Menschen zu erreichen. Dieser liegt aber im Ethischen, gerade auch in den von Aristoteles genannten ethischen Tugenden, von denen er die dianoetischen, die Verstandestugenden, unterscheidet. Beide braucht der Mensch, um wirklich den menschlichen guten Zustand *(aretä* bzw. *anthropinon agathon)* zu erreichen.

Im Buch (VI) über die *phronäsis* wird schließlich gezeigt, daß die *phronäsis* nur Mittel für Ziel und Zweck ist, wobei das Mittel nur dann hilft, wenn der Mensch ohnehin sich bereits im Ethischen befindet, darin lebt und strebt. Mit *phronäsis* allein ist nichts zu erreichen. Wir stehen hier vor dem Problem, daß der Mensch für ein gutes Leben, das menschlich Gute, den guten Zustand *(aretä)*, wie immer wir dies mit Aristoteles, oder ohne ihn, formulieren wollen, die *phronäsis* braucht, sie einsetzen muß. *Phronäsis* ist unumgänglich auf dem Weg zum guten Zustand des Menschen, wobei er immer schon auf diesem Weg des Lebens selbst sein muß und auch als Mensch ist.

In der *phronäsis* haben wir das für den Menschen spezifische *alätheuein*. Anders gesagt: Die *phronäsis* ist die menschliche Wahrheit; in ihr besteht das menschliche Wahrheitsproblem, die menschliche Wahrheitsfrage. Vom griechischen Wort *(alätheuein)* her können wir sagen, daß in der *phronäsis* offenbar wird und auch nicht, an den Tag kommt und auch nicht, wie der Mensch sein Leben lebt, damit es ein gutes Leben ist, er einen guten Zustand *(aretä)* erreicht. Alles ist auf den guten Zustand gerichtet, welcher wiederum wesentlich vom

Ethischen, den ethischen Tugenden abhängt. Diesen Tugenden soll und kann die *phronäsis* helfen. Sie ist Mittel für diesen Zweck. In diesem Sinne ist die *phronäsis* wie auch alle weiteren Verstandestugenden sekundär im Vergleich zum Primären der ethischen Tugenden. Jene sind begleitend, helfend, vermittelnd. Zwar können wir anhand von Aristoteles' Darlegung sehen, daß es sich bei der *phronäsis* um eine komplizierte Vermittlung handelt, demgegenüber aber alles Ethische noch viel schwieriger, weil komplexer ist. Das Komplexe des Ethischen besteht darin, daß wir nicht einfach an einem Anfang eines Weges des Lebens stehen, den wir dann auf ein Ziel hin gehen können. Wir sind immer schon mitten auf dem Weg des Lebens und d. h. nun in Übung und Gewöhnung, also im Ethischen. Freilich können wir immer wieder einen Anlauf nehmen, etwas neu und besser zu machen. Und dieses Anfangen im Leben kann es immer wieder geben.

Nach jener klassischen Beschreibung von Aristoteles wie auch bereits von Platon leben wir in einem Aufenthalt *(äthos)*, wobei wir auch immer schon Haltungen *(hexis ethikä)* und *äthos* im Sinne von Charakter angenommen haben. Wir leben immer schon in dem, was *energeia, praxis* genannt wurde. Und hier ist nun das menschliche Tätigsein *(energeia* und *praxis)* offensichtlich auf die *polis* gerichtet, auf die politische Lebensgemeinschaft wie aber überhaupt auf den Aufenthalt in Gemeinschaft. Gemeinschaft und so vor allem die politische Gemeinschaft ist überhaupt der dem Menschen wesentliche Lebensaufenthalt. Um die Dimension dieses Aufenthalts zu erfassen, kann dann sowohl von Grund als auch von Ziel gesprochen werden. Die *polis,* aber auch andere Lebensgemeinschaften wie die Familie sind Grund wie Ziel des Lebens. Freilich kommt nun nach der klassischen Auffassung hinzu, daß alles auf das Politische ausgerichtet bzw. von dort her gegründet ist.

Ich meine, daß wir diese klassische Perspektive durchaus auch für heute anerkennen können, ja anerkennen müssen, wenn immer wir gerade heute erfahren, wie wichtig, wie lebensentscheidend gerade die Dimension des Politischen ist, das heute von der *polis* ins Weltpolitische hinausgegangen ist. Die Dimension scheint sich in eine große ungeheure Weite zu verlängern. Ich denke hier aber auch an andere Gemeinschaften wie besonders jene von der Natur, welche wir heute recht umständlich Umwelt nennen. Es sind die entscheidenden Lebensgrundlagen. Ich möchte – und nicht nur im Anschluß an die klassische Sprechweise – von einem gemeinschaftlichen Aufenthalt sprechen. Das ist unser Aufenthalt in der Natur und mit den sich für heute daraus ergebenden sogenannten Umweltproblemen.

Im Hinblick auf die Dimension des Lebens in diesen Gemeinschaften stellt sich das Wahrheitsproblem. Es ist nicht nur die Wahrheit im Verstand, also auch nicht die Wahrheit in Sätzen bzw. Urteilen, nein, vielmehr die Wahrheit und d. h. nun das Wahrheiten *(alätheuein)*, nämlich die Wahrheit als ein lebendiger Vorgang, an den wir beim Leben in diesen verschiedenen Formen der Gemeinschaft von der Natur bis zum Politischen hin teilnehmen. Nun könnte man sogleich einwenden, daß ich von heute aus das von Aristoteles gestellte Problem des *alätheuein* auf das Ethisch-Politische ausdehne, aber Aristoteles das *alätheuein* mehr oder weniger im Verstand verortet ließ. *Phronäsis* ist ja Verstandestugend, und damit bleibt es bei jener Wahrheit, welche beim und im Verstand ist. Das wäre aber ein mißverstandener Aristoteles, der in der Ethik wie nirgendwo sonst auf das komplexe Problem des *alätheuein* verweist, das vielleicht teilweise in der Logik gelöst werden kann, aber dort nicht auf den komplexen Sachverhalt stößt, der sich nur in der Ethik zeigt.

3. *Alätheuein* in fünf Bereichen

Fünffach ist das *alätheuein*; und es fällt auf, daß in der Aufzählung die *phronäsis* genau in der Mitte steht. Sie ist die Herzmitte der Wahrheitsfrage. Sie betrifft die Wahrheit des menschlichen Lebens, d. h. des Menschen, der ethisch zu leben versucht, um dadurch nicht ein moralisch, sittlich besonders hochstehendes Lebewesen zu werden, wie wir heute Moral verstehen. Nein, der sich im Ethischen einfach um das Leben bemüht, um darin einen guten Zusand, guten Aufenthalt zu erreichen. Bei und mit der *phronäsis* geht es um das menschliche Leben selbst und nicht darüber hinaus.

Hingegen sind *technä* und *sophia* eigenständige, ja gar ureigene Wahrheitsbereiche, in denen jeweils sich *alätheuein* ereignet, die letztlich nicht den Menschen betreffen. Es zeichnet die Analyse von Aristoteles aus, daß er den je eigenen Rang von *technä* und *sophia* betont. Denn man muß dies auch für die *technä* und nicht nur für die *sophia* sehen. Wenn immer die Rede von Sein und Seiendem einen Sinn haben soll, dann könnte man gerade hier diese Unterscheidung treffen, daß es nämlich in der *technä* um das *alätheuein* des Seienden und in der *sophia* um das *alätheuein* des Seins geht. Freilich wird damit das *alätheuein* ganz auf das Sein hin bezogen, wie wir dies auch in jener Redeweise von der Philosophie haben, in der es um Wahrheit und Sein geht. Dabei werden Seiendes wie Sein allerdings so verstanden, daß in ihnen die Wahrheit voll aufgeht. Aber dies würde wiederum nicht dem griechischen *alätheuein* entsprechen, weil dies doch gerade besagen will, daß sich im Seienden wie Sein etwas abspielt. Das *alätheuein* des *technä*-Seienden wie auch das *alätheuein* des *sophia*-Seins wäre doch dann nur *alätheuein*, wenn sich im Seienden des Technischen wie im Sein der *sophia* etwas zeigt wie auch nicht zeigt.

Bei der *technä* will uns nicht nur Aristoteles, sondern die ganze klassische Philosophie aufmerksam machen, daß hier das Sein gewissermaßen erprobt wird. Es geht nicht einfach um Künstliches, auch nicht nur um Künstlerisches, sondern um Können als Kunst. Dies hat man immer schon in dieser Weise verstanden und ist es so sprachlich zum Ausdruck gekommen. Im *technazein*, dem technischen Erproben von Dingen, geht es um *alätheuein*, d. h. das an einem Ding hervorzubringen, in ihm Gestalt, Erscheinung gewinnen zu lassen, was es in bester Weise als technisches zu sein vermag. Es kommt zu einem Seienden, das im technischen Prozeß, wie wir wohl sagen können, hervorkommt.

So will hier auch Technik immer eine gute Technik sein. Eine schlechte Technik ist wohl denkbar und auch sachlich möglich, dürfte aber letztlich gar nicht *technä* genannt werden. *Technä* bzw. *technäzei* bezieht sich als ein *alätheuein* auf etwas, das technisch dann so, aber auch anders ist. Gerade dies besagt *alätheuein*. Auch hier steckt wie überhaupt in allen weiteren Wahrheitsweisen das Problem, was ja auch das Wort *alätheuein* gerade aussagt, daß etwas verborgen bleibt, daß bei allem Hervorkommen, Erscheinen, also letztlich jenem, was das Seiende oder auch das Anwesende genannt wird, etwas abwesend bleibt.

Wir können hier einerseits darin jenes sehen, daß Technik und ihr Seiendes immer wieder neu und d. h. zunächst auch anders sein kann. Es gibt hier nicht das Seiende schlechthin, eine Technik, die ein für alle mal so und nicht anders ist. Technisch Seiendes ist solches, das so und anders und wohl auch immer neu möglich ist. Dies besagt *alätheuein* der *technä*. Indem hier aber von *alätheuein* gesprochen wird, müssen wir andererseits gerade die weitere Dimension bemerken, die hier immer mitschwingt, in jedem Technischen einbezogen, in ihm versteckt ist. Man kann von einer Dialektik des Zeigenden und Nichtzeigenden, des Entborgenen und Verborgenen sprechen. Darauf verweist *alätheuein* besonders.

Geht es also im Entbergen zugleich um ein Verbergen? Wohl doch gerade so, daß wir in der *technä*, in den Werken der Technik das Werk einmal so, aber auch anders für uns bereitstellen können. Es wird von Aristoteles dann in der näheren Analyse von Buch VI, Kapitel 4 zur *technä* besonders darauf verwiesen: In der *technä* geht es um das Seiende, das so oder auch anders sein kann. Es geht immer um Seiendes. Das muß unterstrichen werden. Eine in der Technik herausgeholte Sache, sei es ein Werkzeug oder eine Maschine heutzutage, ist zunächst dergestalt, daß es klassisch philosophisch ein Seiendes genannt werden kann. Es ist ja wirklich etwas und nie nichts. Aber wir können die technischen Dinge ändern. Gerade dies ruht in jedem technischen Seienden. Es kann geändert und, wie immer wir das auch verstehen, verbessert werden. Hier zeichnet sich der sogenannte Fortschritt der technischen Werke ab. Die Variabilität, die Mobilität und so auch der Fortschritt der Technik sind im *alätheuein* der *technä* bzw. des *technazein* ausgesprochen. Wie wir schon gesagt haben, heißt dies zunächst, daß in einem Werk die *technä* sich so zeigt, aber indem dies umkonstruiert, anders konstruiert wird, sich auch anders zeigen kann. Es ist Entbergen und *Verbergen* zugleich.

Wir können aus der Reihenfolge des *alätheuein* von der *technä*, *epistämä*, *phronäsis*, *sophia* bis zum *nous* auch herauslesen, daß das *alätheuein* in einer Spanne sich ereignet, in der das *alätheuein* immer schwieriger wird. So können wir meinen, daß im ersten Bereich des *alätheuein*, nämlich in der *technä*, der Mensch noch ganz in diesen Bereich eindringen kann, während dies bei der *sophia* schwieriger ist. Wir könnten nun annehmen, daß in der *technä*, *epistämä* und *phronäsis* der Mensch um die Wahrheit ringt, während *sophia* und *nous* über seine Kräfte hinausgehen.

Alätheuein, der Vorgang, die Bewegung des Öffnens, Zeigens. Aber dabei liegt das Entscheidende nicht darin, daß sich etwas einfach zeigt, vielmehr daß wir im *alätheuein* auf das Verborgene verwiesen werden.

Wenn nun allerdings die *sophia* ein *alätheuein* sein soll, gar ein *alätheuein* im Bezug auf die Seele des Menschen, dann ergeben sich schon Schwierigkeiten. Denn *sophia* müßte mit ihrem Durchblick auf alle Gründe und so letztlich den sogenannten ersten Grund, in den sich alle Gründungszüge des Denkens versammeln, alles offenbar machen.

Die Struktur des Außen und Hinausgehenden, die Dimension des radikal Offenen wird aber gerade durch die *sophia* aufgerissen und in gewisser Weise für uns umrissen. Der Umriß heißt erster Grund.

Aber es dürfte doch dabei klar und d. h. offen sein, daß dieser Grund
fernab, weit, zu weit für den Menschen draußen ist. Die *sophia* eröffnet eine Dimension, welche für den Menschen ungeheuerlich ist.
Darin besteht erstlich wie letztlich das *alätheuein* der *sophia*. Das
Seiende der Technik wie das Sein der *sophia* verweisen eigentlich
über uns und alles hinaus.

Viel näher steht uns die Wissenschaft, *epistämä*. Dies ist nun eine
unerwartete und fragwürdige Behauptung. Wir müssen aber nur an
den Zusammenhang von *nous* und *epistämä* denken, der hier aufgezeigt wird. Die Wissenschaft denkt innerhalb der vom *nous* gelieferten Axiome und *archai*, worin wir Grund, Grundsätze bzw. Prinzipien
sehen können. In diesem Rahmen ereignet sich im *alätheuein* der
Wissenschaft ein relativ einfaches Geschehen. Es ist eine Wissenschaft mit Verfahren, und wir können auch schon griechisch sagen,
mit Methode, worin sich die Wissenschaft genau halten kann. Wissenschaft und Wahrheit! Wir können die Wissenschaft von damals
bis ganz besonders heute als den Bereich der Wahrheit sehen. Wenn
man heute auf Wahrheit aus ist, dann sucht man sie in bzw. verlangt
man sie von der Wissenschaft.

Wie steht es nun aber bei der *epistämä*, welche doch darin besteht,
daß in ihr mit den vom *nous* gelieferten Axiomen, Ausgangssätzen,
wie es auch in Übersetzungen heißt, verfahren, d. h. wissenschaftlich
'bewiesen' wird? Wir können knapp wie lapidar sagen: Die Wissenschaft kann soviel beweisen, wie die Axiome zulassen. Ihre Wahrheit,
ihr *alätheuein,* hängt davon ab, was die Axiome hergeben. Also hängt
die Wahrheit der Wissenschaft letztlich von der Wahrheit der Vernunft *(nous)* ab. Worin besteht dann in der so verstandenen Wissenschaft die Wahrheit im Sinne des *alätheuein*? Handelt es sich hier
überhaupt noch um ein *alätheuein*? Es wird doch klipp und klar etwas
ausgeführt und gezeigt, bei dem nichts offenbleibt. Wir können das
alätheuein der *epistämä* darin sehen, daß sie zu solchem führt, was
notwendig und ewig ist. Darauf verweist Aristoteles in NE VI, 3.

Vielleicht sagt das noch mehr über das *alätheuein*, was Aristoteles
vom Ewigen näher sagt. Die Wissenschaft soll sagen und d. h. erkennen, daß sie auf jenes geht, was für Aristoteles das Ewige ist, das
„ungeworden und unzerstörbar ist" (NE VI, 3, 1139b 25). In der
Rede vom Unzerstörbaren klingt am meisten durch, was Aristoteles
hier vom *alätheuein* der Wissenschaft sich verspricht. Er soll erstmals
das Wort 'unzerstörbar' in dieser Weise verwendet haben (vgl. Dirl-
meier-Ausgabe, S. 446). Ungeworden und unzerstörbar sind die Dinge der *technä* sicher nicht. Ja, sie sind noch mehr geworden und

zerstörbarer als die Dinge der *physis*. Damit betont Aristoteles, daß
es sich bei der Wissenschaft um eine Wissenschaft vom Sein handeln
soll. Philosophie geht auf Wahrheit und Sein, wird behauptet. Damit
stünde die Wissenschaft ihr am nächsten. Aber welche Wissenschaft
wäre dies? Es ist jene der Aristotelischen Logik, der Mathematik,
aber keinesfalls der Physik, sofern es dort um eine Überlegung der
verschiedenen Bewegungen geht, wozu dann auch die Lebensbewe-
gungen gehören, wie das Altern und Sterben, aber nicht dann die
Bewegungen der *psychä* wie auch des *äthos*.

Bringt *sophia* Unverborgenheit? Es wird bei der *sophia* nicht von
alätheia, sondern wie in den anderen Bereichen von *alätheuein* gesprochen, und das heißt doch, daß auch hier das Öffnen nicht in einer
vollkommenen Offenheit abgeschlossen ist. In der *sophia* geht es um
alätheuein, und das heißt, daß bei ihrer ganzen Offenheit gerade
auch das Verborgene nach wie vor, ja in einer ungeheuren Weise da
ist. Und dies wird auch von Aristoteles unterstrichen, wenn er die
sophia als eine den Menschen übersteigende Weise des Wissens sieht.
Ja, indem das *alätheuein* von der *technä* bis in die *sophia* hinein ver-
läuft, ja dort ihre höchste Wirklichkeit, ihr Endziel, ihr höchstes Gut
erfährt, muß auch gerade sich dort jenes abspielen, was das Wort
ausdrückt. Es ist *a-lätheuein*, das im Zeigen und eben im vollkommenen und vollendeten Zeigen des Wissens der *sophia* alles zugleich
zurücknimmt, zurückhält. Und diese Zurücknahme wird dem Menschen immer zugemutet. Der Mensch blickt auf die *sophia* als das
hellste, was ihm erscheinen mag, das aber zugleich ihm immer verborgen und dunkel bleibt. *Sophia* ist die vollkommene *alätheia*: das
alätheuein, das zeigt und gerade nicht zeigt, das uns aufgegeben, aber
nie gegeben ist.

Die Wahrheitsstruktur des *alätheuein* wird besonders in der *sophia*
aufgezeigt, und darauf konzentriert sich Aristoteles' Beschreibung
der *sophia*. Wer dies nicht sieht, nicht sehen will, verzeichnet die
sophia und zugleich die menschliche Lage. Und hier beginnt jenes,
was ich die Lüge nenne. Von dieser wird in der klassischen Philosophie kaum gesprochen bzw. verwirrend, indem *pseudos* als Falsches,
Irres bis Lügenhaftes je verschieden ausgelegt werden kann. Aber
wenn wir heute nach der langen Geschichte der Philosophie und
Wissenschaft das Problem stellen, müssen wir in der *alätheia*, im *alätheuein* gerade jenes ansetzen, was man dann später und heute die
Lüge nennt. Ja, wir müssen von hier aus überhaupt auf neue Weise
verstehen oder zumindest deuten lernen, was wir unter Lüge verstehen können und müssen.

Freilich haben wir den klassisch philosophischen Ansatz für das Problem von Wahrheit und Lüge. *Philosophia* betrifft Sein und Wahrheit – alles, was sich gegen die Philosophie stellt, fällt in Lüge und Nichts. So wären dann die Sophisten zu nennen. Und in deren Namen haben wir dann bereits den Hinweis auf den Zusammenhang von Wissen und Lüge, d. h. Anspruch und Behauptung des Wissens, das aber kein wirkliches, sondern nur ein falsches, ein fälschlich behauptetes Wissen ist. Der Sophist ist der Wissende, aber damit der Lügner. Der Philosoph strebt zur Weisheit und kommt damit zu Wissen, zu bestimmtem Wissen von der Kunst bis zur Wissenschaft, aber nicht zur *sophia*. Er bleibt in der Spanne von Wissen und Weisheit. Hier kann das Problem von Wahrheit angesetzt und für heute neu überlegt werden.

Wir haben immerhin Platons Rede von der großen Lüge, wie dies gern englisch übersetzt wird bzw. von der wahren Lüge, wie es dort im Text heißt, die darin besteht, daß in der Seele selbst und nicht nur in Worten gelogen wird. Platon macht den Unterschied zwischen *psychä* und den Worten, die aus ihr hervorstreben mögen. Es klingt auch der Unterschied zwischen Abbild und Urbild an. Dies hat den Sinn, daß hier in der Seele die Idee selbst verborgen, ihre Sicht zugeschüttet werden kann. Es ist die Unwissenheit der Seele, *agnoia psychä*. Und diese ist die wirkliche, wahre Lüge, welche die Seele erfüllen und prägen kann. Demgegenüber sind die kleinen, in die Rede einfließenden Lügen ein geringes Lügenspiel, eben nur ein kleines Abbild von jenem, was im Innern geschehen kann.

Technä will das Seiende hervorbringen, hat das Seiende im Blick, wobei aber jedes technisch auch gut Gelungene und so Hergestellte mit dem *alätheuein* nie zu Ende ist. Es ist immer stets anderes Seiendes möglich. Dies sagt gerade *technä* als *alätheuein*. Und so wird es auch bei der *sophia* gesehen werden müssen, obwohl dies dort unangemessen vorkommt. Denn sollte man nicht gerade von der *sophia* erwarten, daß sie wirklich zum vollendenden, alles zeigenden Wissen kommt, was der Wissenschaft *(epistämä)* nicht, noch nicht möglich ist?

Gerade auch der *nous* ist durch das *alätheuein* zu kennzeichnen. Er gibt uns Axiome, verweist uns auf Prinzipien, wobei aber auch offenbar wird, daß sich *archai* zurückhalten, eben wie jener sogenannte erste Grund, der dann für die *sophia* zugänglich sein soll. Gerade *nous*, wie ich meine, ist der wichtigste wie entscheidende Bereich des *alätheuein*. Der *nous* gibt, gibt aber auch nicht, entzieht sich. Das wird auch deutlich, wenn davon gesprochen wird, daß wir vom *nous* berührt sind *(thiggein)*[93], daß er einbricht *(thyrathen)*[94]. Die ins Offene weisende Struktur und Dimension wird damit aufgerissen.

4. Die ethische Wahrheit der *phronäsis*

Die Wissenschaft 'wahrheitet' *(alätheuein)* Ungewordenes und Unzerstörbares, die Weisheit *(sophia)* Göttliches, *technä* Veränderliches und *nous* die *archai*, die Gründe, welche bestimmen und herrschen, was im Wort *archai* mit ausgesagt ist. Es ist die Vernunft *(nous)*, die begründen, bestimmen, definieren und so auch begrenzen läßt. Es ist dort ein in Grenzen sich haltendes Wahrheiten. Vernunft geht auf Grund als Grenze, wie Aristoteles sich ausdrückt, um damit den Halt zu fixieren, der von der Vernunft geliefert wird. Vernunft hat diese Doppelstruktur, daß sie von außen her uns einen Halt gibt, der in der Wissenschaft gewonnen, aber in der *sophia* wiederum verloren werden kann. Dies deutet sich an und gehört zum *alätheuein*, eben von *epistämä, nous* und *sophia*.

In der Mitte der fünf Wahrheiten, d. h. des fünffachen *alätheuein* steht die *phronäsis*. Deren *alätheuein* betrifft den Menschen mehr als alle anderen Wahrheiten. Umrankt von diesen Wahrheiten steht der Mensch letztlich einem ureigenen Wahrheitsgeschehen gegenüber, das er in der *phronäsis* bewältigen soll. Es ist die Wahrheit von Fall zu Fall, welches Einzelnes, Einzigartiges *(hekaston)* wie Letztes *(eschaton)* sein kann. Es ist eine ungleich schwierigere Wahrheit als alle Wahrheiten von der Wissenschaft bis zur *sophia*. Dies klingt nun vermessen, gerade angesichts dessen, was Aristoteles und überhaupt die klassische Philosophie in der sogenannten Metaphysik entwickelt. *Phronäsis* ist aber die Wahrheit des Menschen. Mit ihr soll ihm klarwerden, was ihm im ethischen Zustand des Lebens hilft oder auch nicht. Die *phronäsis* soll dem Ethischen des Menschen entsprechen. Das Wissen der Wissenschaft ist allgemein, das Wissen der *phronäsis* ist aber je eigen und so besonders. Es geht um die Wahrheit des Besonderen. Indem dies ein *alätheuein* ist, wird beim Menschen, und d. h. dann in Ethik und Politik als das den Menschen wesentlich betreffende Leben, erfahren, was Wahrheit im Sinne des *alätheuein* überhaupt ist.

Wir können sogar soweit gehen und behaupten, daß jenes, was

---

[93] Vgl. Aristoteles, Metaphysik 1072b 21.
[94] Vgl. Aristoteles, De anima 404a 17.

Wahrheit im Sinne von *alätheuein* ist, gerade in Ethik und Politik erfahren wird. Wir können gar vermuten, daß bei der *sophia* und bei der Wissenschaft es viel weniger um *alätheuein* geht, da ja dort zumindest zunächst ein volles Zeigen, eben von Seiendem und Sein, wie dies griechisch ausgesprochen wird, sich ereignet. Nicht so beim Menschen, in der Ethik und Politik, in welcher die fragile *phronäsis* nun eine tragende Rolle spielen soll. Wissenschaftliche Wahrheiten kann man in Sätzen festhalten, in Büchern niederschreiben, kaum aber die Wahrheit des menschlichen Lebens, das sich von Tag zu Tag in Ethik und Politik bewähren muß.

Wir müssen hier immer vorrangig im Auge behalten, daß es um Ethik und Politik, um politische Wissenschaft und nicht um eine andere und schon gar nicht um die erste Wissenschaft und gar *sophia* geht. Aristoteles fragt hier nach der Wissenschaft vom Menschen. Dies heißt noch lange nicht Anthropologie mit der Kantschen Grundfrage der Philosophie: „Was ist der Mensch?". Die Grundfrage dieser Ethik und Politik können wir so formulieren: Was ist das Ethische und Politische, in welchem der Mensch wesentlich lebt? Es ist die Frage nach dem Menschen als einem ethisch-politischen Lebewesen. Es ist nicht die Frage nach dem Logischen wie in der Logik oder nach dem Sein und Seienden wie in der sogenannten Metaphysik.

Wir müssen uns auch davor hüten, diese Ethik und Politik in den Zusammenhang einer Philosophie zu stellen, nach welcher es wichtige und weniger wichtige Teile, eventuell eine Grundphilosophie und dazu Nebenphilosophien gibt. Diesen Hang kann man wohl immer wieder feststellen, wenn behauptet wird, daß die Metaphysik oder, klassisch formuliert, die Wissenschaft, welche nach dem ersten Grund fragt, dann die Grundphilosophie sei, der entsprechend die Philosophie über den Menschen, das Ethische und das Politische nachrangig wären.

Freilich weist Aristoteles gerade in Ethik und Politik darauf hin, daß es wichtigere Dinge als die Betrachtung des Menschen gibt. Gleichwohl dürfen wir dabei nicht übersehen, worauf uns Aristoteles hier hinweisen will und was auch das bleibende Problem aller weiteren Philosophie bis heute bleibt. Es ist die Frage nach dem spezifisch Menschlichen, das damals im politischen Zusammenhang, in der politischen Gemeinschaft gesehen wird, in der es sich einzugewöhnen, zu üben gilt. Deshalb die politische Ethik. Darin zentriert diese Ethik, wobei wir dies vergessen haben, gerade neuzeitlich und besonders bei Kant, wenn alles auf eine Moralphilosophie hin ge-

richtet wird, in der der Mensch sich als vernünftiges Wesen in der
Welt einrichten kann. Darum geht es bei Aristoteles nicht. Dafür hat
er die Trennung zwischen *phronäsis* und *sophia* gemacht.

Gern kann man zugeben, daß er im Buch VI über die *phronäsis*
oder dann im Abschluß der Ethik in Buch X auf die *sophia* beim
Menschen wieder hinblicken läßt. Aber man kann doch schwerlich
behaupten, daß das hier gestellte Problem einer Ethik mit der *sophia*
zu lösen ist. Gerade dies hat Aristoteles zurückgewiesen. Es wäre ein
falscher, weil unmöglicher Weg des Menschen. Sein wirklicher Weg
ist jener der *energeia* und *praxis* in Ethik und Politik. Gemäß unserem Thema müßte man von einer Lüge sprechen, wenn man den
Menschen auf die *sophia* hin trimmen wollte, worauf aber gerade die
neuzeitliche Philosophie, angefangen von Descartes bis schließlich
zum Deutschen Idealismus, den Menschen gedacht hat. Es wird dort
letztlich eine Weisheitslehre gesucht, welche sich im Gang der Wissenschaften ergeben soll.

Phronäsis steht in der Mitte der Möglichkeiten der Wahrheit, des
alätheuein. Und es wird fragwürdig, ob und inwieweit die anderen
Bereiche, besonders *epistämä* und *sophia*, mit diesem *alätheuein*
wirklich zu tun haben. Bei der Wissenschaft wird aus Wissen Gewißheit, bei der *sophia* dann schließlich Weisheit. Bei der *technä* und bei
der *phronäsis* haben wir andere Weisen des Wissens. Überall ist Wissen dabei. Wissenschaft wird bei Aristoteles zu einer menschlichen
Haltung des Beweisens *(hexis apodeiktikä)* (NE VI, 3, 1139b 32).
Demgegenüber gibt es ein poietisches Verhalten wie auch ein praktisches, zu welchem auch Wissen gehört. Aristoteles spricht davon,
daß es Verhalten *meta logou* ist (vgl. ebd. 1140a 4 ff.). Für *nous* und
sophia gibt es freilich keine Haltung, in der sich der Mensch einleben
kann. *Nous* kommt von draußen und *sophia* bleibt draußen.

Anders wiederum bei der *phronäsis*, bei der es gerade darauf ankommt, daß wir sie und d. h. ihr *alätheuein* auf dem Weg zu einer
ethischen Haltung *(hexis ethikä* bzw. *aretä)* in Gang halten. Es betrifft dasselbe, wenn von *hexis aretä* (beispielsweise NE VI, 13, 1144b
28) gesprochen wird oder von *äthikäs aretäs* (ebd. 1144b 33). *Aretä*
und *phronäsis* sind allerdings nicht dasselbe. Deren Identifizierung
kritisiert Aristoteles (NE VI, 13, 1144b 18 f.). Ohne *phronäsis* gibt es
zwar keine *aretä*, d. h. keinen guten menschlichen Zustand, keine
ethische Haltung; aber die *phronäsis* ist eben nur Mittel für jenes,
worin das Leben besteht, seinen Weg geht. Es ist der Weg des Strebens *(orexis)*, der *energeia* und *praxis* (des Wirkens und Durchge-
hens) von Anfang bis Ende, worin wir immer uns schon üben, ethisch

bewegen, um hier weiter uns auf ein Ziel, ein Gut wie letztlich auf das politische Gut uns hin zu bewegen. Wir leben in der Spannung dieses ethisch-politischen Verhaltens. Diese Grundspannung durchzieht das Leben und aus ihm bildet sich die Grundhaltung, die *hexis ethikä* bzw. *hexis praktikä.*

Die *hexis aretä* ist wesentlich *hexis ethikä* bzw. *hexis praktikä.* Darin ereignet sich das *alätheuein*, das ethisch-praktisch ist. Und es kann vielleicht und schließlich zu einer Haltung, einer Grundhaltung führen, in der wir durch viel Übung gewöhnt sind, richtig und d. h. für das Leben tauglich und somit gut zu handeln. Aber hier sind wir vor irrtümlichen bis falschen Handlungen nicht gefeit. Es wäre eine Lüge, das Gegenteil anzunehmen, eben dann, wenn wir uns auf Wissenschaft und gar Weisheit beziehen wollten. Und darauf läuft ja manches hinaus, was besonders die neuzeitliche Philosophie und Wissenschaft anbahnen wollen.

Im Abschnitt 5, welcher der *phronäsis* gewidmet ist, wird das Ethisch-Praktische besonders unterstrichen, obwohl die zwei Stellen, die wohl die wichtigsten, weil geradezu Definitionen der *phronäsis* sind, immer wieder dazu verführen, auf den *logos* zu verweisen, der freilich bei der *phronäsis* als einer Verstandestugend eine Rolle spielt. Aber das dabei immer genannte *alätheuein* bezieht sich nicht nur auf den Verstand, sondern eben auch auf jenes, was in der *praxis* mit Hilfe des Verstandes erfolgt. So wird von der praktischen Haltung gesprochen, welche mittels des *logos* das Wahre darstellt. Es ist die Haltung des praktisch Wahren, in der über das für den Menschen Gute und Schlechte gehandelt wird *(Hexin aläthä meta logou praktikän, peri ta anthropo agatha kai kaka* [ebd. 1140b 7f.]). Und abschließend heißt es, was aber die obige Definition nur erweitert und präzisiert: *Phronäsis* ist die Haltung (auch wieder durch den *logos* das Wahrheiten herbeiführend), welche das für den Menschen Gute praktiziert, praktisch erreicht *(hexin einai meta logou aläthä, peri ta anthropina agatha praktikän)* (ebd. 1140b 21f.).

Im abschließenden Kapitel 13 des Buches VI finden wir gleich am Anfang nochmals eine schöne Definition der *phronäsis*. Sie ist jenes, was das Gerechte und Schlechte, das menschlich Gute und d. h. die wichtigen und weniger wichtigen Güter für den Menschen unterscheiden hilft. Es ist die Unterscheidung von äußeren, leiblichen und seelischen Gütern (wie oben besonders im Kapitel über die klassische Güterlehre dargestellt). Seelische Güter können jene genannt werden, die letztlich mehr für das Leben, den Lebensvollzug, die *praxis* bringen. Aber hier scheiden sich immer die Menschen, die in

der Spanne des Mehr-haben-wollens und der Idee des Guten leben,
worin der Blick auf das wirklich Gute für den Menschen sich trüben,
ja verkehren kann, wie dies im Kapitel über die Ideologie dargestellt
wurde. *Phronäsis* hilft nur, wenn wir schon auf dem Weg, der Übung und
Gewöhnung *(ethos)* einer *praxis* sind. *Ethos* und *praxis* sind unab-
dingbare Wirklichkeit und Voraussetzung für *phronäsis*, die in diesem Sinne praktische Vernunft ist. Dies gilt es aus der Aristotelischen
Überlegung über das Wahrheiten *(alätheuein)* der *phronäsis* zu sehen. Freilich, wenn es keine *praxis* gibt, dann kann auch *phronäsis*
nichts für eine *praxis* zeigen und weisen. Praktische Vernunft gibt es
nur aus und in der *praxis* selbst.[95]

---

[95] Dies wäre heute zu beachten, wenn wir von der *phronäsis* (Aristoteles
und Klassik) über die praktische, d. h. besser moralische Vernunft (Kant und
die Neuzeit) zur „kommunikativen Vernunft" (Habermas) weitergehen wollen. Es könnte sein, daß die kommunikative Vernunft, welche im demokratischen Diskurs walten und sich ereignen soll, einerseits eine Fortsetzung der
Auffassung vom Menschen als einem logisch-politischen Lebewesen ist, aber
andererseits mehr als je zuvor in eine Krisis von Theorie und Praxis gerät.
Die Diskurse werden denn auch „kontrafaktisch" geführt. Siehe hierzu die
Arbeiten von Jürgen Habermas, bes. Faktizität und Geltung. Beiträge zur
Diskurstheorie des Rechts und des demokratischen Rechtsstaats, Frankfurt
a. M. 1992. Vgl. hierzu meine Rezension ›Rechts-Autonomie und Rechts-Au-
topoiesis der Gesellschaft?‹ im Philosophischen Jahrbuch (103. Jg., 1996/I,
S. 181–190), in der ich die neueren Anstrengungen zu einer Rechtsphiloso-
phie von Habermas und Luhmann (Das Recht der Gesellschaft, Frankfurt
a. M. 1993) mit Gustav Radbruchs Rechtsphilosophie vergleiche (siehe auch
Anm. 31).

BIBLIOGRAPHIE

Autoren mit Werk- bzw. Gesamtausgaben werden mit der Nennung der Band- und Seitenzahlen im Text zitiert.

Arendt, H.: Wahrheit und Lüge in der Politik, 2. Aufl., München 1987.

Aristoteles: Aristoteles Opera. Edition Bekker, Berlin 1830–70, Nachdruck Berlin 1960–61.

–: Werke (in dt. Übers.), hrsg. v. E. Grumach u. H. Flashar, Darmstadt 1956 ff.

–: Nikomachische Ethik, übers. v. F. Dirlmeier, Darmstadt 1956.

–: Die Nikomachische Ethik, übers. v. O. Gigon, München 1972.

Augustinus, A.: Der Gottesstaat, in dt. Sprache, mit einer Einführung von C. J. Perl, 3 Bde., Salzburg 1951–1953.

–: Theologische Frühschriften: Vom freien Willen; Von der wahren Religion, übers. und erläutert v. W. Thimme, Stuttgart 1962.

–: Die Lüge und Gegen die Lüge, übertragen und erläutert v. P. Keseling, Würzburg 1953, Nachdruck 1986.

Barth, H.: Wahrheit und Ideologie, Frankfurt a. M. 1974.

Baruzzi, A.: Ideologie, in: Staatslexikon, hrsg. v. der Görres-Gesellschaft, Bd. 3, 7. Aufl., Freiburg–Basel–Wien 1987, Sp. 28–32.

–: Freiheit, Recht und Gemeinwohl. Grundfragen einer Rechtsphilosophie, Darmstadt 1990.

–: Die Zukunft der Freiheit, Darmstadt 1993.

–: Einführung in die politische Philosophie der Neuzeit, Darmstadt 1983, 3., verb. Aufl. 1993.

–: Europäische Philosophie der Machbarkeit, in: G. Stenger u. M. Röhrig (Hrsg.): Philosophie der Struktur – „Fahrzeug" der Zukunft? Für Heinrich Rombach, Freiburg–München 1995, S. 233–249.

–: Rechts-Autonomie und Rechts-Autopoiesis der Gesellschaft?, in: Philosophisches Jahrbuch, 103. Jg., 1996/I, S. 181–190.

Blanchot, M.: Sade, Berlin 1963.

Bloch, E.: Das Prinzip Hoffnung, Frankfurt a. M. 1959.

Brochier, J.-J.: Le Marquis de Sade et la conquête de l'unique, Paris 1966.

Camus, A.: L'homme revolté, Paris 1951.

Constant de Rebecque, B.: Werke, hrsg. v. A. Blaeschke, Berlin 1970 ff.

Doderer, H. v.: Die Dämonen, München 1956.

–: Tangenten. Tagebuch eines Schriftstellers 1940–1950, München 1964.

–: Die Wiederkehr der Drachen, München 1970.

Erasmus, D.: Das Lob der Torheit, übers. v. A. Hartmann, 6. Aufl. Basel 1966.

Geismann, G./H. Oberer (Hrsg.): Kant und das Recht der Lüge, Würzburg 1986.

Görland, A.: Der Begriff der Lüge im System der Ethiker von Spinoza bis zur Gegenwart, in: O. Lipmann u. P. Plant, Die Lüge, Leipzig 1927.

Häberle, P.: Wahrheitsprobleme und Verfassungsstaat, Baden-Baden 1995.

Habermas, J.: Faktizität und Geltung. Beiträge zur Diskurstheorie des Rechts und des demokratischen Rechtsstaats, Frankfurt a. M. 1992.

Hannah Arendt – Karl Jaspers. Briefwechsel 1926–1969, hrsg. v. L. Köhler und H. Saner, München 1985.

Hegel, G. W. F.: Werke in zwanzig Bänden, hrsg. v. E. Moldenhauer u. K. M. Michel, Frankfurt a. M. 1969–1971.

–: Werke in zwanzig Bänden, Register, Frankfurt a. M. 1979.

–: Einleitung in die Geschichte der Philosophie, hrsg. v. J. Hoffmeister, 3. Aufl., Hamburg 1959.

Heidegger, M.: Gesamtausgabe, Frankfurt a. M. 1975 ff.

–: Der Satz vom Grund, Pfullingen 1957.

–: Gelassenheit, Pfullingen 1959.

–: Zur Sache des Denkens, Tübingen 1969.

Heisenberg, W.: Das Naturbild der heutigen Physik, Hamburg 1955.

Hobbes, Th.: Opera Philosophica quae Latine Scripsit Omnia, Ed. W. Molesworth, 5 Bde., London 1839–1845, Nachdruck Aalen 1961–62.

–: Vom Menschen. Vom Bürger, eingel. u. hrsg. v. G. Gawlick, Hamburg 1959.

–: Leviathan oder Stoff, Form und Gewalt eines bürgerlichen und kirchlichen Staates, hrsg. u. eingel. v. I. Fetscher, übers. v. W. Euchner, Neuwied–Berlin 1966 u. Frankfurt a. M. 1976.

Jaspers, K.: Wahrheit, Freiheit und Friede, München 1958.

–: Notizen zu Martin Heidegger, hrsg. v. H. Saner, München 1978.

–: Von der Wahrheit, 3. Aufl., München 1983.

Jünger, F. G.: Sprache und Denken, Frankfurt a. M. 1962.

Kant, I.: Kant's gesammelte Schriften, hrsg. v. der Preußischen Akademie der Wissenschaften, Berlin 1902 ff.

–: Werke in sechs Bänden, hrsg. v. W. Weischedel, Darmstadt 1966.

–: Grundlegung zur Metaphysik der Sitten, hrsg. v. K. Vorländer, Hamburg 1952.

–: Metaphysik der Sitten, Erster Teil: Anfangsgründe der Rechtslehre, Zweiter Teil: Metaphysische Anfangsgründe der Tugendlehre, hrsg. v. K. Vorländer, Hamburg 1922, Nachdruck 1959.

–: Kritik der praktischen Vernunft, hrsg. v. K. Vorländer, Hamburg 1967.

–: Briefwechsel, Auswahl und Anmerkungen v. O. Schöndörffer, mit einer Einleitung v. R. Malter u. J. Kopper, Hamburg 1972.

Leibniz, G. W.: Grundwahrheiten der Philosophie, Monadologie. Französisch-deutsche Parallelausgabe unter Benutzung älterer Übersetzungen und Kommentare aus dem Französischen neu übertragen, mit einer Vorrede und einer Einleitung versehen sowie erstmals fortlaufend kommentiert von J. C. Horn, Frankfurt a. M. 1963.

–: Philosophische Schriften, hrsg. u. übers. v. H. H. Holz, Darmstadt 1965.

–: Philosophische Schriften, Bd. 2, 1. u. 2. Hälfte, hrsg. u. übers. v. H. Herring, Darmstadt 1985

Lem, S.: Summa technologiae, Frankfurt a. M. 1976.

Locke, J.: Two Treatises of Government, hrsg. v. P. Laslett, Cambridge 1967.

–: Über die Regierung (The Second Treatise of Government), hrsg. v. P. C. Mayer-Tasch, Stuttgart 1974.

Luhmann, N.: Das Recht der Gesellschaft, Frankfurt a. M. 1993.

Luther, W.: Sprachphilosophie als Grundwissenschaft. Ihre Bedeutung für die wissenschaftliche Grundlagenbildung und die sozialpolitische Erziehung, Heidelberg 1970.

Marx, K./F. Engels: Werke (MEW), hrsg. v. Institut für Marxismus-Leninismus beim ZK der SED, Berlin 1956 ff.

–: MEW Ergänzungsband: Schriften, Manuskripte, Briefe bis 1844. Erster Teil, Berlin 1968.

Maunz, T./G. Dürig u. a.: Grundgesetz-Kommentar Bd. 1, Art. 1–12, Lieferung 1–32, München 1994.

Menzer, P. (Hrsg.): Eine Vorlesung Kants über Ethik, Berlin 1924.

Nietzsche, F.: Kritische Gesamtausgabe, hrsg. v. G. Colli u. M. Montinari, Berlin 1967 ff.

Platon: Werke in acht Bänden, gr. und dt., hrsg. v. G. Eigler, Darmstadt 1970–1983.

–: Sämtliche Werke in drei Bänden, hrsg. v. E. Loewenthal, 8. durchgesehene Aufl. der Berliner Ausgabe von 1940, Heidelberg 1982.

–: Der Staat. Über das Gerechte, eingeführt v. G. Krüger, übertragen v. R. Rufener, Zürich 1950.

–: Der Staat (Politeia), eingel., übers. und erklärt v. K. Vretska, Stuttgart 1958.

–: Der Staat. Über das Gerechte, übers. und erläutert v. O. Apelt, durchgesehen v. K. Bormann, Einleitung v. P. Wilpert, Hamburg 1961.

Puntel, L. B.: Wahrheitstheorien in der neueren Philosophie, 2. Aufl., Darmstadt 1983.

Radbruch, G.: Gesamtausgabe, hrsg. v. Arthur Kaufmann, Bd. 1–3 (= Rechtsphilosophie I–III), Heidelberg 1987 ff.

Rombach, H.: Substanz, System, Strukur. Die Ontologie des Funktionalismus und der philosophische Hintergrund der modernen Wissenschaft, Freiburg–München 1966, 2. Aufl. 1981.

–: Phänomenologie des gegenwärtigen Bewußtseins, Freiburg–München 1980.

Sade, Marquis de: Œvres complètes du Marquis de Sade. Edition definitive, 16 Bde., Paris 1966–67.

–: Ausgewählte Werke, hrsg. v. M. Luckow, 3 Bde., Hamburg 1962–63.

Schelling, F. W. J.: Ausgewählte Werke, Darmstadt 1976–1990.

–: Über das Wesen der menschlichen Freiheit und die damit zusammenhängenden Gegenstände, Stuttgart 1977.

Skirbekk, G. (Hrsg.): Wahrheitstheorien. Eine Auswahl aus den Diskussionen über Wahrheit im 20. Jahrhundert, Frankfurt a. M. 1977.

Sommer, V.: Lob der Lüge. Täuschung und Selbstbetrug bei Tier und Mensch, München 1992, 2. Aufl. 1993.

Sommer, V.: Die evolutionäre Logik der Lüge bei Tier und Mensch, in: Ethik und Sozialwissenschaften (= EuS) 4 (1993), 3, S. 439 ff.

Spinoza, B. de: Opera (Werke), lat. u.dt., Bd. 2, hrsg. v. K. Blumenstock, Darmstadt 1967.

Thomas v. Aquin: Questiones disputatae de veritate, in: Opera omnia 3, Stuttgart 1980.

Voegelin, E.: The Collected Works of Eric Voegelin, Bd. 28, What is History? and Other Late Unpublished Writings, Baton Rouge und London 1990.

–: Order and History, Bd. III, Plato and Aristotle, Baton Rouge 1957.

–: Die neue Wissenschaft der Politik. Eine Einführung, München 1959, 2. Aufl. 1991.

Weinrich, H.: Linguistik der Lüge, Heidelberg 1970.

Wernecke, J.: Denken im Modell. Theorie und Erfahrung im Paradigma eines pragmatischen Modellbegriffs, Berlin 1994.

REGISTER

Namen

Apelt, O. 152 f.
Archimedes 73
Arendt, H. 41. 83. 110. 168
Aristoteles VII f. 3. 16. 22. 46. 51 f.
  55. 59. 92 f. 101 f. 104. 111. 129–
  132. 161. 163. 173–197
Augustinus, A. VIII. 1. 5. 9. 15. 17.
  19. 23. 28. 45–53. 60 f. 64 f. 68. 72.
  74. 89–91. 108. 113. 119 f.

Barth, H. 155
Blanchot, M. 70
Brochier, J.-J. 70

Camus, A. 69
Constant, B. 74. 81. 83

Descartes 66. 71. 101 f. 150. 195
Dion 140
Dirlmeier, F. 176. 179. 185. 190
Doderer, H. v. 16. 40
Dürig, G. 37

Erasmus v. Rotterdam 4. 6 f.
Euchner, W. 125

Fetscher, I. 125

Galilei, G. 18. 22. 150
Geismann, G. 82
Gigon, O. 176. 179
Glatzel, J. 18
Görland, A. 19

Häberle, P. 105
Habermas, J. 127. 197

Hegel, G. W. F. 22. 66 f. 85. 101 f.
  156. 164. 180
Heidegger, M. VIII. 17. 41. 73. 110.
  115 f. 120. 124. 146. 159. 161–172.
  178
Heisenberg, W. 9
Helvetius 155
Herring, H. 121
Herzog, R. 37
Hitler, A. 41
Hobbes, T. VIII. 14. 18. 22. 61–66.
  115 f. 121. 125 f. 130. 150
Holz, H. H. 110
Horn, J. C. 110

Jaspers, K. 41. 44. 68. 130. 131. 139.
  168
Jesus 57
Johannes 48
Jünger, F. G. 144

Kain u. Abel 51. 56
Kant, I. VIII. 8 f. 19. 45. 51. 53. 69.
  74–97. 99. 133. 151. 181 f. 194–
  197
Kaufmann, A. 100
Keseling, P. 45
Kierkegaard, S. 44
Kurz, D. 151

Leibniz, G. W. 37. 110–112. 115.
  116. 120–124. 129
Lipmann, O. 19
Locke, J. 37. 82. 142
Luhmann, N. 105. 127. 197
Luther, W. 162

Marx, K. 68. 108. 127. 155. 156
Maunz, T. 37
Musil, R. 40

Nietzsche, F. 1. 12. 57. 71–73. 108.
116

Oberer, H. 82

Planck, M. 148
Plant, P. 19
Platon VII f. 17. 38–40. 42. 44.
52. 58–60. 68. 72. 94 f. 101 f.
118. 130–142. 150–173. 181. 186.
192
Portmann, A. 10
Puntel, L. B. 25

Radbruch, G. 100. 197
Röhrig, M. 150
Rombach, H. 105. 122 f. 150
Rufener, R. 152

Sade, Marquis de VIII. 1. 69–71.
73
Safranski, R. 105
Schelling, F. W. J. VIII. 71. 101.
105 f. 120. 126
Skirbekk, G. 25
Sokrates 6. 52. 157
Sommer, V. 1–15. 18
Spinoza, B. de 19. 119. 127
Stachowiak, H. 143
Stenger, G. 150

Teuffel, W. S. 152 f.
Thomas v. Aquin 162

Voegelin, E. 101. 153
Vretska, K. 152

Weinrich, H. 46
Wernecke, J. 143
Wiegand, W. 152
Wittgenstein, L. 112

Sachen

Abbild/Urbild 151. 192
Abgrund 106–108. 126. 169
Achtung 70. 89 f.
– Demut, Ehrfurcht 69. 89
adaequatio 162. 174. 179
agnoia 151
– *psychä* 192
alätheia (Wahrheit, Unverborgenheit) 20 f. 39. 161–163. 166. 169.
171. 178 f.
alätheuein (wahrheiten) VIII. 16 f.
39. 166 f. 169 f. 176–178. 183. 187–
193. 195 f.
aläthos pseudos 151 f.
amor Dei/sui 47 f. 60. 68. 89
animal rationale 14. 175
animal sociale 175
Anspruch – als Aufgabe, Pflicht 97
Anspruchs-Recht 96

Anthropologie (neuzeitliche) 8
aretä 3. 195
arm – reich 29. 31 f. 115. 117 f. 138
Atombombe, – wissenschaft, etc.
63. 130
auctoritas 30. 64–66. 116. 121
Aufenthalt *(äthos)* 169 f. 184. 186
Aufklärung VIII. 71. 74. 96. 104.
155
Auschwitz, -lüge VIII. 28–30. 36.
38
Auto 33. 104–109
Autogenese 123
Autonomie 27. 90 f. 94. 141 f.
– des Gesetzes, Naturgesetzes, der
Menschheit 88
– als Freiheit der Selbstbestimmung 27. 88
– Selbstbestimmung 105

– als Selbstgesetzgebung (als
  Selbstverpflichtung) 78. 88 f. 93.
  96
Autonomierecht 95 f.
Autopoiesis 137 f.
äthos 169 f. 180. 184. 186

Begierde *(epithymätikon)* 40–42.
  44. 57–59. 137–139. 150. 154 f.
  159. 168
Besitz 6. 15. 37. 40 f. 43. 52. 60–64.
  96 f. 117. 135. 137–139
– als Selbstbesitz 69 f.
– Recht 83. 96
Besitztümer (Leben, Freiheit, Eigentum) 82
Besonnenheit 42
Betrug 53 f. 78
Beute *(lovu)* 6. 12
Bibel 15. 51
Biologie VIII. 1–3. 8
– als Grundwissenschaft 1. 13
Biologe als Philosoph 7
bios
– *apolaustikos* 104
– *politikos* 94. 132. 142
– *theoretikos* 183

causa sui 119 f. 127 f.
certitudo 21 f. 66
civitas 47 f. 60
cogito 150
cognoscere 21
conditio humana 15
conscientia 21
convenientia 174
correspondentia 162. 174

Definieren (Umgrenzen, Umfassen) 21
Denken VIII. 16–18. 128. 145–147.
  163. 168
Deutsche Demokratische Republik
  31. 33
Ding 145. 150 f. 178

Dogma 75 f.
Doktrin 76

Eigentum 141
Eitelkeit VIII. 61. 63
energeia 185 f. 195
epistämä 176 f. 195
Epistemologie 177
erkennen *(cognoscere)* 21
Erkenntnistheorie 1
eros 58 f. 102
eschaton 193
Ethik 1–3. 7. 19 f. 93 f. 180. 183 f.
  194 f.
– formale/materiale 182
– klassische 19. 94
– politische 194
ethos 3. 92. 101. 169 f. 180. 184. 197
eudaimonia 184
Evolution 13
Evolutionstheorie 2
Ewige, das 190

Feindschaft 61. 138
Französische Revolution 71
Freiheit(en) VIII. 16. 33. 35. 43. 71.
  101. 103 f. 106 f. 118. 129–131.
  140. 142. 168–170. 172
– als Autonomie 27. 38. 87 f. 104.
  141 f. 169
– des Besitzes 38. 42
– bügerliche 130
– Dimension der 31
– des Eigentums 37
– der Idee 167
– Kritik 104
– des Lebens 37
– Lüge 16. 40. 42 f.
– ökonomische 31
– Pflicht 95
– politische 143
– als Sucht 33
– als Unfreiheit 31 f. 34. 107
– zu Vernunft 88
– als Wille 91

206 Register

Freiheitslüge VIII
Freiheits-Recht 96. 131. 139
Freundschaft *(philia)* 55 f. 77. 183
Friede VIII. 129. 131
Furcht 61
– Gottesfurcht 68
– Todesfurcht VIII. 61–63

Ganze, das 88. 91
– Wille 93
Gegenstand 144 f. 147–151
Gegenständlichkeit 146–148
Gemeinschaft VIII. 16. 18. 186
– politische *(koinonia politikä)*
  18. 30. 102. 139. 183 f. 186
– Weltgemeinschaft 30
generatio 64 f. 116. 121. 125. 150
Gerechte, das *(dikaion)* 175
– Ungerechte, das *(adikon)* 175
Gerechtigkeit 118. 134
Gericht 44. 68
Geschichtsphilosophie 163
Gesetz *(nomoi)* 29. 74. 84. 88 f.
  141. 157 f.
– Sittengesetz 74
Gesetzeslüge 29
Gewinn *(lucrum)* 6. 12. 14 f. 53
Gewißheit VIII. 21. 26 f. 38. 40. 65
Gewissen 21. 37–39
Gewissensfreiheit 36–40
Gleichheit 142
Glück 140 f. 183
Glücks-Ethik 182
Gott VIII. 15. 17. 45 f. 47. 49. 51.
  54–56. 58. 65. 70. 73. 89 f. 108.
  112 f. 121. 124. 141. 154. 158
– als Liebe 48 f. 54 f. 57 f. 65
– als Wahrheit 48 f. 51 f. 54. 57.
  64 f. 90
Götter 153
Gotteslüge 56
Gottesmord 46
Gottesstaat *(civitas Dei)* 47
Göttliche, das 17. 154. 184
Grund 119. 126–128

– *archä/archai* 129. 156. 192 f.
– ausreichender 115 f. 119. 127 f.
– der erste 115. 189. 192
– Suche nach 101
– Ur- bzw. Ungrund 101
– als Ursache *(causa)* 115 f.
Grundsatz *(principium)* 116
Grundsätze (neuzeitliche) 18. 150
Gutachten 26 f. 147
– Schlechtachten 143
Gute, das *(agathon)* 175
– Schlechte, das *(kakon)* 175
– menschlich *(agathon anthropi-
  non)* 101. 185
Güter/Gut 94. 101–103. 106. 108 f.
  118. 139 f. 158. 196
Güterethik 93 f.
Güterlehre 118. 140 f.
Güterordnung 176

Hab-/Selbstsucht VIII. 53 f. 60. 65.
  68 f. 72. 108. 116. 119
Haltungen
– ethische *(hexis aretä/ethikä/prak-
  tikä)* 186. 196
– des Beweisens *(hexis apodeiktikä)* 195
hekaston 193
Herrschaft VIII. 73. 138. 155–157
– Gesetzesherrschaft (Nomokratie) 157
– Ideenherrschaft 157
– als Knechtschaft 130
– Tyrannenherrschaft 140
Hochmut 65. 89. 116
homoiosis 174. 179
Höhlengleichnis 162–164. 169–172
l'homme unique 70 f. 73
humilitas 60. 89
hybris 50
Hypothesen 144

idea 172
Idee VIII. 155. 157. 159. 163. 172
– als Ausblick auf das Gute 95

- Einsicht, Sehen 159. 164. 168.
  172
- des Guten 94 f. 101 f. 153 f. 158 f.
  162. 164–167. 169–172. 197
- Scheinidee 156
- Symptom 156
Ideengleichnisse 134. 164
Identitätswahrheit 110. 121
Ideologie VIII. 155 f.
Ideologiekritik 155 f.
Irre 167 f. 170 f.
- der Wahrheit VIII., 169
Irrtum 144. 152. 159
Ismen 24. 76

jenseits (epekeina, trans) 95. 107.
  154. 157. 165. 171 f.

Kategorien 173
kategorischer Imperativ 78. 80 f.
  87 f.
Kohärenztheorie 25. 177. 179 f.
Kohärenzwahrheit 143
Konsenstheorie 25. 177. 179 f.
Konstruktivismus 24
Konsum 32 f. 139
Korrespondenztheorie 25. 162.
  173 f. 177. 179 f.
kosmos noetos/aistethos 163. 171
Krieg VIII. 124–126. 130 f. 138
Krisis
- zwischen Mensch und Gott 17
- von Theorie und Praxis 197
Kritischer Rationalismus 24. 97
Kritische Theorie 24. 97
Kult der Wahrheit/Wissenschaft
  26 f.
Kultur VII. 15. 26
- der äußeren Güter 142
- von Wahrheit und Lüge 19. 27
Kunst 27. 38
Kybernetik 63
kyriotata 151. 153

Leben 3. 12. 14 f. 30

- freies 43
- gutes 130 f.
- gut leben (commodious life)
  130
- als Selbsterhaltung 12. 14
- als Selbststeigerung 12
- als Überleben 130
Lebensform (praxis, bios politikos)
  132. 142
Lebenslüge 52
Lebensphilosophie 73
Lebewesen (zoän) 185
- der Begierde 57
- ethisches 3. 184
- liebendes 57
- logisches 9. 175
- moralisches 85
- sprechendes 9
- politisches 19. 132. 175. 194
Leviathan 125 f.
Liberalismus 167
Licht 161–163. 166. 171 f.
Lichtphilosophie 163 f.
Lichtung VIII. 161. 165 f. 169–172
Liebe (philia) 55–58. 68. 70. 77. 101
- als Vermittlung 66 f. 101 f.
- Sein 72
Liniengleichnis 172
Logik 2. 3. 9. 176
logos 3. 9. 128. 174 f. 180 f. 185. 196
- apophantikos 174
Lüge 1. 4 f. 23. 27. 79. 97
- als Abkehr von Freiheit 32
- als Aktivität 28
- äußere 79
- Bewußtsein 28
- Definition der 28. 45. 50. 85
- Evolution der 16
- evolutionäre Logik der 1–3
- Freiheit zur/der 16. 41 f.
- als Gottesmord 46. 51
- große/wahrhafte VII. 38. 56.
  153. 167 f. 192
- innere 79
- kleine (Gewinn-)Lüge 53. 54

Lüge (Forts.)
- Kultur der 14. 16
- als Lebensziel 15
- Lob der VIII. 1. 4
- aus Menschenliebe 99
- Nichts 50
- Notlüge 46. 74. 98 f.
- als *questio magna moralis*/der Ethik 1. 19. 46
- Sein selbst als 28
- Spiel der 5. 16
- als erstes Verbrechen 15. 51
- als Verhalten 3
- Verkehrung (der Tatsache, von Wahrheit) 23. 28 f. 36. 65. 159
- wahre *(aläthos pseudos)* 151
- (über die) Wahrheit 19. 27. 30. 40. 52
- als wahre Weisheit 6. 8
- Wille 5. 7. 10. 28. 50
- als Wirklichkeit des Lebens 7
Lügner 5. 7

Machbarkeit 116 f. 126
Macht 42–44. 65. 130. 138
Mauer, -lüge VIII. 31. 35–36
Medien 33. 40. 104. 107
Mehr-haben-wollen *(pleonexia)* 6 f. 14 f. 32. 41. 52 f. 72. 103. 136 f. 154 f. 197
- Freiheit des 32
Mehr-sein-wollen 50
Meinung *(doxa)* 38 f. 75. 131. 133. 144. 147 f. 179
Meinungsfreiheit 36–40. 82
Mensch
- als gemeinschaftliches Lebewesen 18
- Kantsche Frage nach dem 8 f.
- Lebewesen der Freiheit 43
- Übermensch 15. 57
- Willensmensch 57
Menschenliebe 83 f.
Menschenrechte VIII. 37. 40. 62. 82 f. 86. 96

- Anspruchsrechte 96
- als Ich-Recht 96
Menschenwürde VIII. 35. 37. 74. 78. 85. 88 f.
- Nichtswürdigkeit 86. 89
Menschheit 81. 85. 88–90. 92 f. 96
Menschheitslüge 8
Menschheitsrecht/Gesetzesrecht 96
Messen 145. 148 f.
Metaphysik 165
metaxy 169. 171 f.
methexis, participatio 102. 153. 163
Methode 24. 38. 144 f.
- dialektische 6
- der Induktion 182
- phänomenologische 172
Mimesis 10 f. 14
Mimikry 10 f. 13 f.
Mittel 104
Modell 143 f.
Monade 125
Monadologie 123
monas 122
Moral 69 f. 187
Moralität 93 f.
Moralphilosophie 194
Mord 29 f. 36. 56. 69. 71
- Gottesmord 46. 51. 56. 69
- Königsmord 69
- Menschenmord 51. 56. 69

Natur *(physis)* VIII. 2. 13. 62. 143. 149
Naturerkenntnis als Selbsterkenntnis 9
Naturrecht 61. 98
Naturwissenschaft 9. 64
Neues Testament 48. 53. 57
Neuzeit 12. 35. 96. 107. 139
noämata 173
nous 111. 176. 192 f.
- *thiggein* 193
- *thyrathen* 59. 129. 193

Ontologie 108 f.

Ordnung
- der Freiheit 48
- göttliche *(civitas Dei)* 47–49. 60
- irdische *(civitas terrena)* 47 f. 60
- Lebensordnung 132. 136
- menschliche 132
- politische 132. 137. 173
- Selbstordnung 132
- teuflische *(civitas diaboli)* 47 f.
  60
- Unordnung 49. 135 f.
- Verdrehung der 65
ousia 72. 178

pathämata 173 f.
pathos 59. 173
Pflicht 78 f. 90. 95
- Anspruch 88 f. 91
- Gesetz als 84
- Selbstverpflichtung 89
Pflichtethik 93
Pflicht-Recht 95 f.
- als Gesetzesrecht 96
- als Menschheitsrecht 96
phainomenon 174
philia 55–59. 102 f.
Philodox/Philodoxie 38 f. 59 f. 75 f.
  131. 133 f.
Philomyth 59
Philosoph 60
- als Gesetzgeber 88
Philosophenkönig 133. 156 f.
philosophia 56. 192
Philosophie VII f. 2. 4. 7. 45. 55. 59.
  81. 101. 129. 133. 139. 144. 178
- *ancilla theologiae* 51
- als Aufklärung 64. 81
- christliche 15. 45
- dogmatische 80
- als *eros* 58
- als Finden 64
- Fortschritt in der 39 f.
- Frieden in der 80 f.
- klassische 20. 130
- als Krieg 75 f. 80

- kritische 45. 74. 76. 78–81. 133
- als Liebe zur Weisheit/Wahrheit
  20
- der Lüge VII
- als *mania* 59
- neuzeitliche 22 f. 40. 63. 67. 127.
  130. 195
- politische 68. 130
- praktische VII. 74. 78. 79
- Schulphilosophie 75. 81
- Suche nach Wahrheit VII. 20–
  23. 51. 90. 111
- als Suche nach dem ersten
  Grund 59
- theoretische 78 f.
- als Vermittlung von Wahrheit 67
- Weltbegriff 46
- weltbürgerliche 74 f.
- des Willens 101
- (als) Wissenschaft 22. 39
- als Wissenschaft vom Seienden
  178
- der Gewißheit 23
phronäsis 176 f. 182–187. 193–197
physis 2 f. 12 f. 163 f. 191
phythourgos 164
polis 101. 132. 138. 142. 157. 170.
  184
politeia 48. 132. 134. 136. 138. 141 f.
  154. 158. 170–173. 176
- *en auto* 136–138. 154. 170 f. 173.
  176
polites 142
Politik VIII. 20. 29 f. 64. 74. 107.
  117 f. 120. 124. 139. 140. 176. 183.
  194 f.
Postmoderne 105
pragmata/-ton 173 f. 178
praxis 3. 132. 185 f. 195–197
Praxis VIII. 18. 74. 166. 170
- Lebensvollzug 102
pseudos 46. 52. 152. 191

ratio 116
Rationalismus 24

Raum und Zeit 163. 165. 170 f.
Realität – erste, zweite, pseudologische 40 f.
Recht 27. 62. 97
– als Anspruch 83 f.
– als Ausnahmerecht 97. 99
– Besitz 82 f. 97. 99
– auf Eigentum 96
– auf Freiheit 96
– Freiheit zum Recht 82
– gerechtes 99 f.
– Gewißheit 27
– auf Leben 83
– auf Lüge VIII. 38. 81–84. 86. 95–97. 99
– auf Meinung 96
– Menschheit 86
– Moral 85–87
– Politik 87
– Positivierung von 83
– Selbstwohl/Gemeinwohl 98 f.
– auf Wahrheit 82. 84. 86
Rechtsanspruch 62. 99
Rechtsgerechtigkeit 98–100
Rechtsnutzen 98–100
Rechtsphilosophie 100. 197
Rechtssicherheit 97–100
Rechtsstaat 83
Religionskritik 68
Richtigkeit (rectitudo, orthotes) 161

Sache 144 f. 172
Sachlichkeit 147
Sachzwänge 107
Satz 179
– Aussage (logos) 173 f. 180
– vom Grund 110. 112. 117. 126 f.
– der Identität 109. 111. 121
– Urteil 173. 176 f.
– vom Widerspruch 109–111
Satz-Wahrheit 174
Seele (psychä) 47. 136–138. 141 f. 153 f. 179. 185. 192
Seelenordnung 137 f.

Seiendes (on) 120. 124. 136. 187–189
– als Seiendes 108
Sein VIII. 9. 105. 108. 166. 172. 178. 187 f.
– als Abwesenheit 106
– als Anwesenheit (ousia) 72
– Bewußtsein 30
– Haben 97
– Jenseits von 94
– Nichts VIII. 30. 66. 70. 107. 120. 122. 124–126. 138 f. 158
– Schein 10. 17. 159. 168. 171
– Suche nach 101
– Ursein VIII. 101. 105 f.
– das, was ist (ta onta) 151. 158
Seinsgleichnis 172
Seinsgrund VIII. 106. 119
Seinsphilosophie VIII. 101
Selbst, das 12
Selbstbegründung VIII. 119 f. 127
Selbsterhebung 50 f. 89. 91
Selbstherstellung 63
Sollen, das 80. 95
Sonnengleichnis 163 f. 167. 171–173
sophia 59. 176 f. 184. 187. 189–192. 195
Sophist 52. 75. 158. 192
Sozialismus 167
Sprache (logos) 9. 145. 175
Staat, totalitärer 33 f. 82. 130
Staatsutopie 133
Standesdenken 134
Stimme (phonä) 175
Streben (orexis), Suchen 56. 90. 101 f. 129. 195
– Finden 104. 108
Strukturontologie 105. 127
Subjekt-Objekt-Verhältnis 144. 151. 161
Subjekt-Prädikat-Verhältnis 161
Systemtheorie 24. 105. 127 f. 137 f.

Tatsachen 29. 36 f. 111 f. 122
– Fakten 35 f.

– *fait, factum*, das Gemachte 111.
   121. 128
– geschichtliche 34
Tatsachenlüge 112
Tatsachenwahrheit 41. 110–115.
   117. 121–124. 126–129
– als Grundwahrheit 123
– *veritates facti* 111
technä 176 f. 187–190. 192 f.
technazein 188 f.
Technik VIII. 103. 188 f.
Terminologie 145
Teufel 15. 51. 54. 56. 68. 70. 90.
   108. 113
– Erhebung/Steigerung zum Gott
   15. 49–51
– als Gegengott 52
– als Lüge, Haß 49. 52. 56
– als Vater der Lüge 49. 51. 53
– als erster Lügner 51
Theodizee 121–123
Theorie 183 f.
Tier/Mensch 1–3. 8. 11 f. 15–18
– Art-/Selbsterhaltung 10 f. 13
– als Individuum 10
– Täuschung/Selbstbetrug 9 f. 13 f.
– mit Verstand, Wille 10 f. 14. 17
Tod 51. 61
Tor
– reiner 5
– als wahrer Weiser 7
Torheit 4. 5. 8
– als wahre Weisheit 4. 6
Transzendentales 91. 95
Transzendenz 88. 91. 94 f. 108
Transzendenzerfahrung 170
Tugend (*aretä*, guter Zustand) 131.
   136. 181. 185
– ethische 92. 101. 181–183. 185 f.
– dianoetische 181. 185
– seelische 142
Tugendlehre 85

Umwelt 148. 186 f.
Umweltschutz 142

Unwissenheit (*agnoia*) 151.
   153 f.

Verfassung 136
Verfassungsordnung 136. 138
Verfassungsrecht 137
Verkehr(-smittel) 107. 114
Verkehrung 15. 113. 120
Vernichtung
– absolute 69
– Gottes 50
– des Menschen VIII
Vernunft VIII. 45. 57. 74. 89. 97.
   111 f. 141. 193. 197
– Kritik der 96
– *logistikon* 154
– *theoria* 111
– Vernehmen 112
Vernunftfreiheit 104
Vernunftwahrheit 110–114. 121.
   124. 129
– *veritates rationis* 111
Verstand (*dianoia*) 10. 177 f.
Vertrag 87
Vielgeschäftigkeit (*polypragmosy-
   ne*) 134 f. 158. 160
vis activa 125
Vorstellungen (*noämata*) 173. 178

Wahrhaftigkeit 46. 79 f.
– als Pflicht 87
– aus Vernunft 80
Wahrheit VII f. 6. 8. 16 f. 60. 90. 97.
   101. 105. 110. 129. 131. 133. 139.
   148. 161. 164. 166 f. 169. 174–178.
   180. 187. 193 f.
– als Bewegung/Geschehen/*alätheuein* 16
– Dimensionen der VIII. 30
– Fallen/Fälschen der 28
– als Gewißheit 21–24. 27. 36 f.
   39 f. 66. 101 f.
– des Lebens 8
– Lüge 21. 30
– Mut der (als Abkehr von) 22 f.

Wahrheit(Forts.)
- philosophische 150
- statistische 146 f.
- Verkehrung/Abkehr von der 23. 37
- wissenschaftliche 143. 146 f. 150.
  179
Wahrheitsbegriff 143. 173
Wahrheitsbewegungen 23
Wahrheitsgeschehen/-gang 165 f.
  169 f. 188
Wahrheitsordnung 49. 167
Wahrheitsregionen 105
Wahrheitstheorien VIII. 25. 161.
  173. 177. 179
Wahrscheinlichkeit 24. 147
- statistische 146
Waldsterben 145
Weisheit *(sophia)* VIII. 60. 79. 131.
  192 f. 195
Weisheitslehre 78 f. 195
Werk *(ergon)* 185
Wert(e) 167
Wesen/wesen 166 f.
Wesensordnung 167
Wille, Wollen VIII. 7. 50 f. 65. 67.
  71. 88. 90–93. 96. 101. 103–109.
  113–116. 119. 125. 128
- das Ganze 94
- guter 91. 92. 94 f. 97
- zum Grund 121. 125 f.
- zum Leben 103
- zum Lügen 7
- zur Macht 71–73
- zum Mehr-haben-wollen 117
- des/zum Nichts 57. 71–73
- Pflicht 93–95
- Sein 109
- das Sein fälschender 30
- *thymoeides* 59
- Transzendenz des 57

- als transzendentale Struktur des
  Menschen 94
- als Ursprung 106
- Wille zum 72 f.
Willensgrund 120
Willensphilosophie VIII. 101. 103.
  106. 108. 116. 120. 129
Willenspolitik 117
Willensrecht 96
Willenstätigkeit 94
Willenswahrheit 126. 129
Wirkliche, das *(ta onta)* 153 f. 158
Wirklichkeit 34. 41. 148–150
- Möglichkeit 106
Wirtschaft 103. 135
Wissen VII. 4. 8 f. 21. 145 f. 163.
  192. 195
- Handeln/Tun 181. 183
- durch Methode 25 f. 144
- Nichtwissen 64
- Unwissenheit 38 f.
- wahres 26
- wissenschaftliches 148. 150. 182
Wissenschaft *(epistämä)* VIII. 4.
  18–20. 25. 27. 50. 66. 143 f. 147–
  149. 190–194
- als angewandte Wissen-
  schaft/Technik 149
- als Grundlagenwissenschaft 149
- politische *(epistämä politikä)* 183
- Wahrheit 20. 26
Wissenschaftslehre 78
Wissenschaftstheorie 25. 177
- als Philosophie 26
Wissensgleichnis 172
Wissensordnung 49

Ziel *(telos)* 156
zoon logon echon 9
zoon logon/politikon 132. 175